民用核设施公众风险
应对行为研究

曾 静 著

科学出版社
北京

内 容 简 介

本书综合运用公共危机管理、管理科学、行为科学、社会心理学、风险沟通等相关理论，借鉴国内外已有的研究成果，关注公众面对民用核设施项目建设可能带来风险时的心理和行为反应。本书的研究以中国民用核设施附近的居民为对象，基于风险信息搜寻与处理（RISP）模型、防护行为决策模型（PADM）和启发-系统式处理模型（HSM）理论，对核设施项目建设情景下公众的风险感知以及可能采取的风险应对行为意向的影响因素进行研究，深入探究公众对核电项目的风险信息搜寻行为意向和抵制行为意向的特征和影响因素，并以此研究为依据提出有效的风险信息沟通的对策和建议，为政府和核电企业有效干预、调控公众的风险感知和风险应对行为提供重要的理论和现实依据，对于大力发展核电产业具有重大的现实意义。

本书可供重大工程项目政府风险评估和决策者、核电行业各级政府决策者、核电企业管理人员、相关科研单位及大专院校经管专业师生参考阅读。

图书在版编目(CIP)数据

民用核设施公众风险应对行为研究 / 曾静著. —北京：科学出版社，2018.11
　　ISBN 978-7-03-059210-1

Ⅰ. ①民⋯　Ⅱ. ①曾⋯　Ⅲ. ①民用工业-核设施-工程项目管理-风险管理-研究-中国　Ⅳ. ①F426.23

中国版本图书馆 CIP 数据核字（2018）第 240416 号

责任编辑：张　展　侯若男 / 责任校对：江　茂
责任印制：罗　科 / 封面设计：墨创文化

科学出版社 出版
北京东黄城根北街16号
邮政编码：100717
http://www.sciencep.com

四川煤田地质制图印刷厂印刷
科学出版社发行　各地新华书店经销

*

2018 年 11 月第　一　版　　开本：720×1000　B5
2018 年 11 月第一次印刷　　印张：10 3/4
字数：217 千字
定价：72.00 元
（如有印装质量问题，我社负责调换）

序

民用核设施项目是我国国民经济发展中的重要产业之一，但建设中的民用核设施所带来的环境和健康风险使得公众出现不同的心理反应，并做出不同的风险应对行为决策。特别是"后福岛时代"，民用核设施的建设是一个备受争议的话题，其中"邻避效应"是核能产业发展过程中面临的重要挑战。公众对民用核设施风险的担忧而引发的社会问题，已经成为国内外学者普遍关注的课题。该书不仅有很好的研究背景，也对其他涉及公众行为的研究具有借鉴意义，具有一定的理论价值和实践指导意义。

呈现给大家的这本专著，是曾静博士期间研究成果的集中体现。该书梳理了国内外公众风险感知与应对行为的相关研究，对公众面对民用核设施项目可能带来的环境和健康风险的感知与应对行为决策进行了研究。该书以中国核电项目的附近居民为调研对象，实证研究了公众对民用核设施项目产生的心理与行为反应。首先，分析民用核设施建设情景下公众风险感知的影响因素。其次，探讨民用核设施建设情景下公众可能采取的风险应对行为意向的影响因素，深入探究公众对民用核设施项目的风险信息搜寻行为意向和抵制行为意向的特征和影响因素。该书主要探讨公众对民用核设施项目的风险感知等社会心理因素在风险应对行为意向中的作用，深入剖析居住距离对公众的核设施项目风险应对行为意向与其影响因素之间关系的调节作用。接着，构建了判别公众抵制行为选择的指标体系，通过多层感知神经网络分析验证了该指标体系判别行为的有效性，研究结果可以提高政府和核电企业对影响公众核设施项目风险应对行为的因素的认知。最后，以此研究为依据提出有效的风险信息沟通的对策和建议，为政府和核电企业有效干预、调控公众的风险感知和风险应对行为提供重要的理论和现实依据，对于大力发展核电产业具有重大的现实意义。

该书的特色表现在如下几个方面：

(1) 首次基于民用核设施建设情景，应用并拓展了 RISP 模型。基于风险信息搜寻行为模型构建了公众的民用核设施风险信息搜寻行为意向的概念模型，通过对实际情况的调查研究，对整合模型进行了修正和简化，更好地从风险感知的角度来解释民用核设施建设情景下公众的风险信息搜寻行为意向，并通过问卷调查、数据收集和结构方程模型数据分析方法验证了该模型。证实了渠道信任对信息需求和信息搜寻行为意向的影响作用，并发现了感知知识对风险感知的负向影响作用。

(2) 从风险感知和信息处理的视角研究了公众的核设施抵制行为。首次从风险感知和信息处理的视角对核设施抵制行为进行研究。该书从风险感知的视角研究公众的核设施抵制行为决策，基于 PADM 的信息流，并整合 HSM 构建解释公众的核设施抵制行为决策的假设模型，论证了风险信息与公众的核风险感知和核设施抵制行为之间的关系，揭示了公众的核风险感知对其核设施抵制行为的影响机制。

(3) 拓展并丰富了 PADM。定量评价和分析了公众的民用核设施抵制行为意向及其影响因素，将抵制行为分为常规行为和示范行为两类，考虑利益感知和"核邻避情结"，基于 PADM 构建了民用核设施抵制行为意向的概念模型，并通过问卷调查、数据收集和结构方程模型数据分析方法来验证该模型。本研究将 PADM 的应用从传统的自然灾害领域拓展到技术风险领域，分析公众在民用核设施建设情景下行为选择的心理决策过程，实现对 PADM 的延伸和深化，同时发现了"核邻避情结"对抵制行为意向的正向影响作用，并发现了感知知识与"核邻避情结"、抵制行为意向的倒 U 形关系。

(4) 结合实际案例分析提出民用核设施建设中的风险沟通对策和建议。综合采用深度访谈、网络数据挖掘和内容分析法等，对海阳核电站建设过程中的风险沟通进行了深度分析，从信息释放机制、涉核舆情引导机制、公众参与机制、核电知识普及、提高公众信任度五个方面提出风险沟通对策和建议，为政府和核电企业有效干预、调控公众的核电风险感知和风险应对行为提供了重要的理论和实践依据。

该书基于中国大力发展核能产业的现实需求，针对社会风险管理的基本特征，寻求核能产业发展过程中存在的社会风险，并对风险沟通的途径等重要问题进行研究。我认为，《民用核设施公众风险应对行为研究》紧跟国内外学术研究前沿，关注公众面对民用核设施项目建设可能带来的风险时的行为反应，理论创新和实践研究并重，主要创新体现在如下几个方面：构建了公众对民用核设施项目风险信息搜寻行为意向的假设模型；构建了公众对民用核设施项目抵制行为意向的假设模型，揭示了风险感知等社会心理因素对风险应对行为意向的作用机理；探究了居住距离在风险应对行为意向的调节作用。该书结构清晰合理，逻辑严谨，内容翔实，数据来源可靠，研究结论明确，创新点明显。该书以理论研究为基础，模型构建合理，研究方法规范，所得结论具有一定的现实意义。该书的问世也必将有助于重大工程项目社会风险问题研究的不断深入。当然，书中亦有某些不成熟或不完善的内容，作者从自身研究视角和方法提出的一些观点和见解，也只是一家之言，有些研究还需要做得更深、更广。然，瑕不掩瑜，作者认真、求实和创新的精神是值得肯定的。

魏玖长

2018 年 5 月于中国科学技术大学

前　言

在"后福岛时代",核电的发展是一个备受争议的话题。"邻避效应"是核电产业发展过程中面临的重要挑战。随着公众环保理念和维权意识的不断提升,公众面对民用核设施建设过程,可能会考虑民用核设施所带来的环境和健康风险而出现不同的心理反应,并做出不同的风险应对行为决策。本书将公众的民用核设施风险应对行为分为积极应对行为(风险信息搜寻行为和抵制行为)和规避风险行为(搬迁和购买防辐射用品)。其中,搬迁一般是由于政府征地而引导的行为,同时会受到经济条件的制约。购买防辐射用品通常发生在核事故后所采取的风险应对行为。因此,本书主要聚焦民用核设施建设过程中公众的积极应对行为,即风险信息搜寻行为和抵制行为。低效且无针对性的风险沟通是公众对民用核设施风险感知过高并采取积极应对行为的根本原因。公众对民用核设施风险的担忧而引发的社会问题,已经成为国内外学者普遍关注的课题。然而,针对民用核设施建设情景下的公众风险应对行为和信息沟通的实证研究仍较为匮乏。本书以山东海阳核电站的建设为实证背景,主要开展以下七个方面的研究:

(1)公众对民用核设施的风险感知分析。本书探究风险信息对公众民用核设施风险感知的影响,并基于防护性行为决策模型(PADM)的信息流,构建公众风险感知的影响因素模型。本书以海阳核电站建设为实证背景,采用问卷调研的方法收集数据,研究了影响公众对民用核设施风险感知的因素。研究发现,公众对民用核设施的风险感知是从官方信息渠道和新媒体信息渠道获取的有关核电站建设的信息,以及自我评估的有关核能和核事故的知识。利益感知对风险感知也存在显著的影响,而且二者之间存在倒 U 形关系。

(2)公众面对民用核设施建设风险时的信息搜寻行为意向。本书在风险信息搜寻与处理(RISP)模型、风险信息和搜寻框架(FRIS)、计划风险信息搜寻模型(PRISM)的基础上,归纳分析民用核设施建设情景下影响个人风险信息搜寻行为意向的因素,构建了公众对民用核设施风险信息搜寻行为意向的概念模型,并通过实证调研和结构方程验证了该模型。研究发现,公众的信息需求作为核心中介变量,在风险信息搜寻行为意向中起到了重要作用。感知自己对核电知识略有了解的公众通过评估认为自己对民用核设施建设的信息是不充分的,进而引发了信息搜寻的意向。此外,公众对信息渠道越信任,越愿意使用这些信息渠道去搜寻他们想要的风险信息。信息渠道的信任对信息需求有显著的负向影响作用。风险感知对信息需求有显著的正向影响作用。然而，公众的风险感知不是直接而是间接地通过信息需求影响信息搜寻行为意向。

(3) 民用核设施建设情景下公众的抵制行为意向。本书整合了 PADM 和"核邻避情结"的影响因素，归纳分析了民用核设施建设情景下影响个人抵制行为意向的因素，构建了公众对民用核设施抵制行为的概念模型，并通过实证调研和结构方程验证了该模型。研究发现，"核邻避情结"、感知知识和风险感知三个社会心理因素显著影响公众对民用核设施的抵制行为意向。感知知识对预测风险感知、利益感知、"核邻避情结"和抵制行为意向都有重要的作用。而且，感知知识与"核邻避情结"之间，以及与抵制行为意向之间均呈现倒 U 形关系。公众参与和信息获取显著正向影响抵制行为意向。"核邻避情结"和抵制行为意向均被风险感知而非利益感知所影响。

(4) 风险感知和信息处理对公众抵制行为的影响分析。探析风险感知和信息处理对公众抵制民用核设施行为意向的影响作用，通过整合 PADM 和启发-系统式处理模型(HSM)，构建一个从风险感知和信息处理的视角研究公众抵制行为意向的概念模型。采用结构方程模型从信息流视角分析风险感知和信息处理对民用核设施抵制行为意向的影响。实证研究结果证实个体感知到的有关核能的知识会刺激他们对信息需求和信息搜寻的意向，进而导致他们的风险感知，更进一步地引起个体对风险信息的处理，最后触发了个体的核风险感知和核设施抵制行为意向。风险感知一方面是影响公众抵制行为意向的关键因素，同时又部分中介了知识和信息行为对核设施抵制行为意向的影响。

(5) 公众风险应对行为意向的居住距离差异分析。本书应用多群组结构方程模型分析居住在核心区域(距离核电设施 10 公里以内)和非核心区域(距离核电设施 10 公里以外)的两个不同群组的风险应对行为意向与其影响因素之间关系的差异。研究发现，居住距离对公众的风险应对行为意向与其影响因素之间的关系具有显著的调节作用。政府和核电企业在制定风险沟通策略时，应针对不同区域的群体采取不同的沟通方式。

(6) 民用核设施公众风险应对行为选择的判别分析。本书基于公众对民用核设施的风险感知和风险应对行为影响因素的分析，从人口统计特征、核设施信息、信息行为和核能感知四个方面构建了判别公众风险应对行为选择的指标体系，并通过多层感知器神经网络分析验证了该指标体系判别行为的有效性。研究发现，该指标体系能够较准确地判别公众风险行为的选择。而且相比非核心区域，该指标体系可以更准确地判别核心区域公众的风险应对行为的选择。

(7) 民用核设施建设过程中的风险沟通。基于风险沟通基本框架，通过对山东海阳核电站周边居民的分层抽样调查和网络数据的收集，用案例研究的方法分析海阳核电站建设过程中信息释放、公众参与、公众获取信息的程度，以及公众对当地政府和核电企业的信任程度，并为民用核设施建设过程中的风险沟通提出对策和建议。研究发现，核电的发展和决策主要由国家政府部门、核电企业和科研机构组成的"铁三角"主导。官方信息渠道、新媒体信息渠道和核电企业网站作为二手信息源，信息释放的增量与核电站建设阶段的政策和国家核电发展政策有关。核电站建设过程中公众主要通过官方信息渠道获取信息，公众参与率低。公众对当地政府和核电企业信息释放的信任程度都相对较低。结合研究结果，本书从信息释放机制、涉核舆情引导机制、公众参与机制、核电知识普及、提高公众信任度五个方面提出了风险沟通的对策和建议。

  本书的主要贡献体现在：①构建了民用核设施建设情景下公众的风险信息搜寻行为意向的假设模型，拓展了 RISP 模型的应用范围，丰富了信息搜寻行为的研究内容。②构建了公众抵制民用核设施的行为意向的假设模型，拓展了 PADM 的应用领域，将 PADM 从自然灾害领域的应用拓展到技术风险领域，实现了对 PADM 的延伸和深化。③揭示了风险感知等社会心理因素对风险应对行为意向的作用机理，丰富了风险感知的研究内容。④通过整合 PADM 和 HSM，将信息行为纳入 PADM 的信息流，并通过在核技术风险领域的实证研究证实了信息行为对风险感知和行为意向的影响。⑤首次探究了居住距离在风险应对行为意向模型中的调节作用。⑥基于风险应对行为意向的研究结果，结合案例研究提出民用核设施建设过程中的风险沟通对策和建议，拓展了风险沟通领域的研究，为有效的风险管理提供新的理论和实践依据。

曾   静
2018 年 5 月 18 日

目　录

第1章　绪论 ··· 1
　1.1　研究背景与意义 ··· 1
　　1.1.1　研究背景 ··· 1
　　1.1.2　研究意义 ··· 3
　1.2　研究内容与方法 ··· 3
　　1.2.1　研究内容 ··· 3
　　1.2.2　研究方法 ··· 5
　1.3　技术路线与研究思路 ·· 5
　1.4　研究创新之处 ·· 8
第2章　理论基础和文献综述 ·· 10
　2.1　风险感知 ··· 10
　　2.1.1　风险和技术风险的内涵 ··· 10
　　2.1.2　风险感知内涵和相关研究 ·· 11
　　2.1.3　公众对核设施风险感知的研究综述 ·································· 12
　2.2　风险应对行为 ·· 13
　　2.2.1　民用核设施公众的风险应对行为的分类 ··························· 13
　　2.2.2　行为决策理论 ·· 13
　　2.2.3　防护行为决策模型 ·· 15
　　2.2.4　防护行为决策模型的研究综述 ·· 16
　2.3　信息搜寻行为 ·· 16
　　2.3.1　Wilson信息搜寻行为模型 ·· 16
　　2.3.2　Godbold信息搜寻行为的扩展模型 ··································· 17
　　2.3.3　信息处理模型 ·· 18
　　2.3.4　风险信息搜寻与处理模型 ·· 19
　　2.3.5　风险信息搜寻与处理模型的研究综述 ······························ 20
　2.4　风险沟通 ··· 20

  2.4.1 风险传播和沟通的内涵·················20
  2.4.2 风险沟通的研究综述·················22
 2.5 研究现状的总体述评·····················23
第3章 民用核设施的公众风险感知研究·················25
 3.1 民用核设施的风险感知的内涵·················25
  3.1.1 风险感知的测量范式·················25
  3.1.2 基于心理测量范式的风险感知的研究·················25
  3.1.3 民用核设施的公众风险感知·················27
 3.2 民用核设施的公众风险感知的影响因素分析·················28
  3.2.1 信息获取·················29
  3.2.2 风险知识·················30
  3.2.3 利益感知·················31
  3.2.4 负面情绪·················32
  3.2.5 人口统计特征·················33
 3.3 研究问题和研究假设·················33
 3.4 问卷设计和数据收集·················34
  3.4.1 问卷设计·················34
  3.4.2 测量工具·················34
  3.4.3 数据收集·················36
 3.5 公众对核设施的风险感知的影响因素分析·················38
  3.5.1 信度和效度分析·················39
  3.5.2 描述性统计和相关性分析·················41
  3.5.3 数据分析方法及分析结果·················42
  3.5.4 公众的信息渠道使用习惯分析·················46
 3.6 公众对核设施风险感知的影响因素分析结果讨论·················48
 3.7 本章小结·················50
第4章 民用核设施的公众风险信息搜寻行为意向研究·················51
 4.1 引言·················51
 4.2 风险信息搜寻行为意向的概念模型和研究假设·················52
  4.2.1 感知知识·················53
  4.2.2 风险感知·················54
  4.2.3 渠道信任·················54

4.2.4　信息需求和信息搜寻行为意向 ································· 55
　4.3　研究方法 ··· 55
　4.4　数据分析结果 ··· 57
　　4.4.1　描述性统计和相关性统计分析 ································· 57
　　4.4.2　数据分析方法 ··· 58
　　4.4.3　测量模型的分析结果 ··· 58
　　4.4.4　结构模型分析结果 ·· 60
　4.5　公众的风险信息搜寻行为意向的结果讨论 ························· 61
　4.6　本章小结 ··· 62

第5章　民用核设施的公众抵制行为意向研究 ···························· 63
　5.1　引言 ·· 63
　　5.1.1　公众"核邻避情结"内涵 ······································ 63
　　5.1.2　核电接受性和"核邻避情结"的影响因素 ····················· 64
　　5.1.3　公众参与的内涵 ·· 65
　5.2　抵制行为意向的概念模型和研究假设 ······························ 65
　　5.2.1　网络信息获取和公众参与 ······································ 66
　　5.2.2　感知知识 ·· 67
　　5.2.3　风险感知和利益感知 ··· 67
　　5.2.4　"核邻避情结"和抵制行为意向 ································ 68
　5.3　研究方法 ··· 69
　5.4　数据分析结果 ··· 70
　　5.4.1　描述性统计和相关性统计分析 ································· 70
　　5.4.2　数据分析方法 ·· 71
　　5.4.3　测量模型分析结果 ··· 72
　　5.4.4　结构模型分析结果 ··· 73
　5.5　公众抵制行为意向的结果讨论 ····································· 76
　5.6　本章小结 ··· 78

第6章　风险感知和信息处理对公众抵制行为的影响分析 ················ 79
　6.1　公众抵制行为 ·· 79
　6.2　基于风险感知和信息处理的公众抵制行为意向概念模型 ·········· 80
　6.3　研究假设及问卷设计 ·· 81
　　6.3.1　研究假设提出 ·· 81

  6.3.2 问卷设计及抽样 ··········· 86
 6.4 研究结果与假设检验 ··········· 88
  6.4.1 信度和效度检验 ··········· 88
  6.4.2 数据分析方法 ··········· 89
  6.4.3 SEM 分析结果 ··········· 90
  6.4.4 风险感知的中介效应检验 ··········· 92
 6.5 基于风险感知的公众核设施抵制行为意向分析结果讨论 ··········· 92
 6.6 本章小结 ··········· 95

第 7 章 公众风险应对行为意向的居住距离差异分析 ··········· 96
 7.1 引言 ··········· 96
 7.2 以居住距离为调节变量的多群组分析 ··········· 97
  7.2.1 数据收集 ··········· 97
  7.2.2 民用核设施风险信息搜寻行为意向的居住距离差异分析 ··········· 98
  7.2.3 民用核设施抵制行为意向的居住距离的差异分析 ··········· 101
 7.3 结果讨论 ··········· 103
  7.3.1 民用核设施风险信息搜寻行为意向差异分析的结果讨论 ··········· 103
  7.3.2 民用核设施抵制行为意向的差异分析的结果讨论 ··········· 104
 7.4 本章小结 ··········· 106

第 8 章 民用核设施公众风险应对行为选择的判别分析 ··········· 107
 8.1 公众风险应对行为选择判别的必要性和可行性分析 ··········· 107
 8.2 民用核设施公众风险应对行为选择判别指标体系构建 ··········· 108
 8.3 基于多层感知器神经网络的公众风险应对行为选择判别分析 ··········· 110
  8.3.1 多层感知器神经网络简介 ··········· 110
  8.3.2 多层感知器神经网络判别分析参数设置 ··········· 111
  8.3.3 民用核设施公众风险应对行为选择判别分析 ··········· 112
  8.3.4 分区域的公众风险应对行为选择判别分析 ··········· 114
 8.4 本章小结 ··········· 117

第 9 章 民用核设施建设中的风险沟通研究 ··········· 119
 9.1 引言 ··········· 119
 9.2 研究方法 ··········· 120
  9.2.1 风险沟通基本框架 ··········· 120
  9.2.2 数据收集 ··········· 120

9.3 数据分析 121
  9.3.1 风险信息源分析 121
  9.3.2 信息获取和公众参与分析 124
  9.3.3 公众对核电企业和政府在核电站建设决策过程中的信任程度 126
9.4 研究结论 127
9.5 风险沟通的对策和建议 128
  9.5.1 构建满足公众信息需求、多样化的信息释放机制 129
  9.5.2 构建涉核网络舆情的监测引导机制 130
  9.5.3 规范民用核设施建设决策的公众参与机制 130
  9.5.4 多途径宣传与普及核电知识 131
  9.5.5 提高各级政府和核电企业的公众信任度 131
9.6 本章小结 132

第10章 结论与展望 133
10.1 研究结论 133
10.2 理论贡献 135
10.3 研究不足与展望 136

参考文献 138
附录 151

第1章 绪 论

1.1 研究背景与意义

1.1.1 研究背景

当前,全球面临气候变暖、能源紧缺的巨大挑战。为了应对日益增长的能源需求,缓解温室气体的潜在威胁,核能、风能、太阳能和水能等非化石能源被认为是满足未来电力需求的重要来源。中国能源结构中化石能源占比91%,其中煤炭占比近70%;核能占比2%。而在世界能源结构中,煤炭只占比33%。由此可见,中国的能源结构单一,化石能源占比过大。核电作为低碳清洁能源,是中国能源可持续发展的重要基础。为了应对全球气候变化这一人类面临的重大挑战,中国和美国于2014年11月联合发布了《中美气候变化联合声明》。声明中强调,中国将努力在2030年左右甚至更早达到二氧化碳排放的峰值,并且还计划到2030年将一次能源消费中非化石能源的比重提高到20%左右。为了完成上述艰巨的任务,在未来的数十年内,中国需要实现节能减排和能源结构的重大调整。核能被视为一个可以帮助中国解决这些挑战的可行的能源选择,并且在中国的能源政策中起到了重要的作用。截至2017年3月15日,中国现已运营核电机组36台,在建核电机组20台,是全世界在建核电规模最大的国家。中国国务院发布的《能源发展战略行动计划(2014-2020年)》中指出,到2020年中国核电装机容量和在建容量总计达到8800万千瓦以上。这意味着中国在"十三五"期间约建造30台核电机组。2017年1月,国家能源局发布了《能源发展"十三五"规划》,指出将稳步发展可再生能源,以核电、水电等重大项目作为规划重点,继续发展核能等非化石能源。2017年2月8日,《"十三五"核工业发展规划》发布,内陆核电站的选址和海上核电已列入规划范围,由此可见中国大力发展核电的决心。

然而,"邻避效应"是核电产业发展过程中面临的主要挑战。尤其在2011年3月发生重大核事故——福岛核事故后,公众核电风险感知增加,多个国家民众开始抵制核电站的建设。时隔四年的2015年3月,上万的日本东京市民组成的反核电团体集合在国会大厦周边抗议,反对重启核电。在中国,核电发展也是一个备受争议的话题,比较典型的案例是2013年7月发生在中国广东省江门市的一起因"邻避效应"而引发的群体性抗议事件(李炜炜 等,2015),是"后福岛时代"在中国发生的社会影响较大的反核事件之一。居住在核电设施附近或拟建核设施附近的居民,因害怕核事故而引起的健康危害和环境风险而抵制核电设施建在他们周边,出现了明显的反核情绪。这种不愿意核电设施建在自家附近的消极态度和反应称为"核邻避情结"。这种"核邻避情结"可能会导致居民采取抵制民用核设施的行为,给核电产业的健康发展带来诸多负面效应。

已有许多研究证明了风险情景下公众的应对行为决策受到风险感知的影响(Lindell and Perry,2012;Perry and Lindell,2008;Wei et al.,2015a)。公众的风险感知过低不利于采取有效的自我保护行为。但是,如果公众具有过高的风险感知,会导致他们对风险事件反应过于激烈,进而产生过激的行为反应,扰乱公共秩序,可能造成较严重的社会问题。公众特别是核电设施周边的居民,在面对核电设施存在的潜在风险时,可能会产生不同的心理反应并做出不同的行为决策,如对民用核设施安全性的担忧,担心核电设施可能带来的环境和健康风险,搜寻有关核电的风险信息、搬迁到其他地方、采取抵制民用核设施的行为等。因此,探究民用核设施建设情景下公众风险应对行为的驱动因素,可以为有关部门的风险沟通提供理论依据。

Lindell 和 Perry(2012)发现公众在遭遇风险时,总会感觉可用于风险评估和进行风险应对行为决策的信息是不充分的,因此人们可能会通过搜寻信息的方式来应对这种信息不充分。Griffin 等使用"信息不充分"来描述公众所需求的信息和他们已掌握的信息之间的"缺口",并定义信息搜寻行为是个人收集信息应对这种信息"缺口"所做出的努力(Griffin et al.,1999,2008)。满足公众的信息需求是风险沟通不可或缺的环节。在一定风险情景下,公众的风险感知能够影响其信息行为,因此决定了该情景下的信息沟通(Fischhoff et al.,2009;Kim et al.,2015)。由于公众往往会把专家言论和媒体作为最可靠和最主要的信息来源(Desai,2011),因此,公众对风险事件的风险感知和风险应对行为决策还受到专家言论和媒体的影响(Einwiller et al.,2010),风险信息的信息源和传播渠道也会影响公众风险感知的形成(Zavyalova et al.,2012),进一步影响公众的风险应对行为决策。尤其在网络信息时代,信息渠道多样化、公众的信息需求复杂化、信息内容多元化,导致公众风险感知和风险应对行为决策也出现了不确定性和难以预测性,因此加大了政府风险管理方案制定的难度。公众对核电设施的风险感知过高而采取非理性风险应对行为的根本原因是低效而无针对性的风险沟通。公众对民用核设施的不信任往往是由于对核电不了解,而政府风险管理低效率是因为对公众风险感知与风险应对行为特征和影响因素的认识不足。公众对民用核设施风险的担忧而产生过激的行为反应最终可能造成的社会问题,已经成为学术界普遍关注的课题。然而,针对民用核设施的公众风险应对行为和信息沟通的实证研究仍较为匮乏。因此,基于上述研究背景,本书通过对民用核设施建设情景下公众风险应对行为与信息沟通的研究,提出进行有效风险信息沟通的对策和建议,可为政府和核电企业有效干预和调控公众核电风险感知和风险应对行为提供重要的理论和现实依据。

1.1.2 研究意义

本书基于中国大力发展核电产业的现实需求,针对社会风险管理的基本特征,寻求核电产业发展过程中存在的社会风险与风险沟通的途径等重要问题。本书以中国民用核设施附近居民为调研对象,对民用核设施建设情景下公众的风险感知及可能采取的风险应对行为意向的影响因素进行研究,深入探究公众对民用核设施的风险感知、风险信息搜寻行为意向和抵制行为意向的特征和影响因素。特别地,本书主要探讨公众对民用核设施的风险感知等社会心理因素在风险应对行为意向中的作用,深入剖析居住距离对公众的民用核设施风险应对行为意向与其影响因素之间关系的调节作用,可以提高政府和核电企业对影响公众民用核设施风险应对行为的因素的认知,判别公众风险应对行为选择的关键因素,并以此研究为依据提出有效的风险信息沟通的对策和建议,为政府和核电企业有效干预和调控公众的风险感知和风险应对行为提供重要的理论和现实依据,对于大力发展核电产业具有重大的现实意义。此外,过去研究公众风险应对行为的情景选择多是自然灾害,当前则多为公众对环境和健康伤害的风险,如食品安全、环境污染等更为关注,而在核设施领域的研究成果非常少。因此,本书将公众的风险应对行为决策理论从自然灾害拓展到技术风险领域,并在一定程度上延伸了风险信息搜寻行为模型的应用范围,具有一定的新颖性和前沿性。

1.2 研究内容与方法

1.2.1 研究内容

本书的工作主要聚焦在民用核设施建设情景下,公众的风险感知与风险应对行为之间的逻辑关系,强化以公众风险感知和风险应对行为干预和风险沟通为目标的社会风险管理研究,具体内容包括如下七个方面:

(1)公众对民用核设施风险感知的研究。公众往往对核设施表现出较高的风险感知,进而反对核设施项目的建设,甚至是采取非理性行为阻碍核电项目的顺利实施。本书系统地探究风险信息如何影响公众对核设施的风险感知。基于防护性行为决策模型(protective action decision model,PADM),从信息流视角构建了一个影响因素模型用来研究公众的风险感知。采用问卷调研方法,本书选取了位于我国山东省海阳市的海阳核电站建设为实证研究背景,对海阳核电站附近的居民展开了调研。并采用分层回归,利用调研数据验证假设模型,得出理论和实践启示。

(2)公众的风险信息搜寻行为意向的影响研究。研究民用核设施建设情景下,公众的风险信息搜寻行为意向的影响因素,主要研究风险感知等社会心理因素对信息搜寻行为的作用。在风险信息搜寻与处理(risk information seeking and processing, RISP)模型、风险信息和搜寻框架(framework for risk information and seeking, FRIS)、计划风险信息搜寻模型(planned risk information seeking model, PRISM)的基础上,归纳分析民用核设施建设风险情景下影响个人风险信息搜寻行为的因素,构建核设施风险信息搜寻行为意向的影响因素模型。采用结构方程模型分析公众风险感知等社会心理因素对核电风险信息搜寻行为意向的影响。

(3)公众对民用核设施的抵制行为意向研究。研究民用核设施建设情景下,公众应对风险所采取的抵制行为决策的影响因素,主要研究公众风险感知等社会心理因素对抵制行为意向的影响作用。在PADM的基础上,归纳分析公众对民用核设施可能采取的抵制行为决策类型(公开发表反对建核设施的意见、签署反对建核设施的请愿书、到当地政府主管部门上访、参加游行示威等抗议活动),构建公众对民用核设施的抵制行为意向模型;采用结构方程模型分析公众风险感知等社会心理因素对民用核设施抵制行为意向的影响。

(4)风险感知和信息处理对公众抵制行为的影响分析。探析风险感知和信息处理对公众抵制民用核设施行为意向的影响作用,通过整合PADM和启发-系统式处理模型(heuristic-systematic model, HSM),构建一个从风险感知和信息处理的视角研究公众抵制行为意向的概念模型。采用结构方程模型从信息流视角分析风险感知和信息处理对民用核设施抵制行为意向的影响。

(5)公众风险应对行为意向的居住距离差异分析。在(2)、(3)研究的基础上,深入剖析居住在核心区域(距核电设施10公里内)和非核心区域(距核电设施10公里外)两个群组的公众风险感知等社会心理因素对风险应对行为意向影响的差异。采用结构方程模型的多群组分析验证居住距离在民用核设施风险信息搜寻行为意向模型和民用核设施的抵制行为意向模型两个模型中的调节作用。

(6)民用核设施公众风险应对行为选择的判别分析。有效地判别民用核设施建设情景下公众风险应对行为选择对政府及时了解公众的行为趋势,并与公众及时进行沟通有重要的意义。本书从人口统计特征、核设施信息、信息行为和核能感知四个方面构建判别公众风险应对行为选择的指标,通过实证调研数据验证该指标体系判别行为的有效性,以及识别出判别公众风险应对行为选择的关键因素。

(7)民用核设施建设中的风险沟通研究。基于风险沟通框架,通过案例研究的方法分析民用核设施建设过程中信息释放、公众参与、公众从各种渠道获取信息的程度以及对当地政府和核电企业的信任程度,结合前面六点的研究,从信息释放机制、涉核舆情引导机制、公众参与机制、核电知识普及、提高公众信任度五个方面提出民用核设施的风险沟通对策和建议,为政府和核电企业有效的风险管理提供新的理论和实践依据。

1.2.2 研究方法

本书所选用的研究方法主要包括理论分析、实证调研、模型研究、统计分析和案例研究,具体如下:

(1)规范的理论分析。本书通过阅读和梳理已有的研究成果,进行文献的搜集、整理、归纳和总结,基于对社会问题的思考,寻找研究问题的突破口。关注的理论和文献主要涉及:风险感知、行为决策理论、信息搜寻行为、PADM、风险沟通理论的相关文献、核能接受性等方面。

(2)实证调研方法。本书通过实地调研,选取在建核电站之一的山东海阳核电站作为调研地。海阳核电站规划建设6台核电机组,全部建成后将成为目前为止中国最大的民用核设施。本书以海阳核电站为中心,采取不同地区分层抽样的调查方式,将辐射半径在5公里以内、5~10公里、10~22公里的居民纳入观察范围,如此可以使得本研究样本更具有代表性。

(3)模型研究方法。本书主要探讨公众的社会心理因素与行为之间的关系,变量涉及多,关系复杂,且变量呈现多维度、多层次的特征,因此一般的统计回归不能充分揭示变量之间的复杂关系。本书通过运用结构方程模型深入分析公众社会心理因素对民用核设施风险应对行为意向的影响。

(4)统计分析方法。本书主要使用 SPSS 和 AMOS 统计分析工具,运用的统计分析方法包括信度和效度检验、描述性统计、探索性因子分析、验证性因子分析、分层多元回归分析、结构方程模型进行路径分析以及多群组分析。

(5)案例和访谈研究方法。本书采用深度访谈、网络数据挖掘和内容分析法等,对海阳核电站建设过程中的风险沟通进行深度分析,提出风险沟通对策和建议。

1.3 技术路线与研究思路

本书综合运用公共危机管理、管理科学、行为科学、社会心理学、风险沟通等相关理论和相关研究,建立研究框架。首先,对于风险感知、风险应对行为等进行概念上的界定和分类,明确本书的主要研究对象。通过归纳总结前人的研究问题、研究方法和研究结论,综合运用多学科的研究理论,基于 RISP 模型、HSM

和 PADM 等，选择本书中需要考虑的民用核设施建设情景下公众的风险信息搜寻行为意向和抵制行为意向的主要影响因素(社会心理因素等)，通过进行系统的文献梳理、专家咨询和预调查等方法，构建民用核设施建设情景下公众的风险应对行为意向的假设模型，提出研究假设，确定量表测量题项，并最终设计调查问卷。运用分层抽样取得研究样本，通过对本书研究的对象群体发放问卷，收集研究数据，使用 SPSS 和 AMOS 等数据统计分析工具，运用结构方程模型等数据分析方法对书中提出的概念模型进行检验和修正。最后，对于研究结果进行归纳整理，结合研究中存在的缺陷和不足以及最新研究趋势，探讨未来的研究方向。本书结构框架如图 1.1 所示。

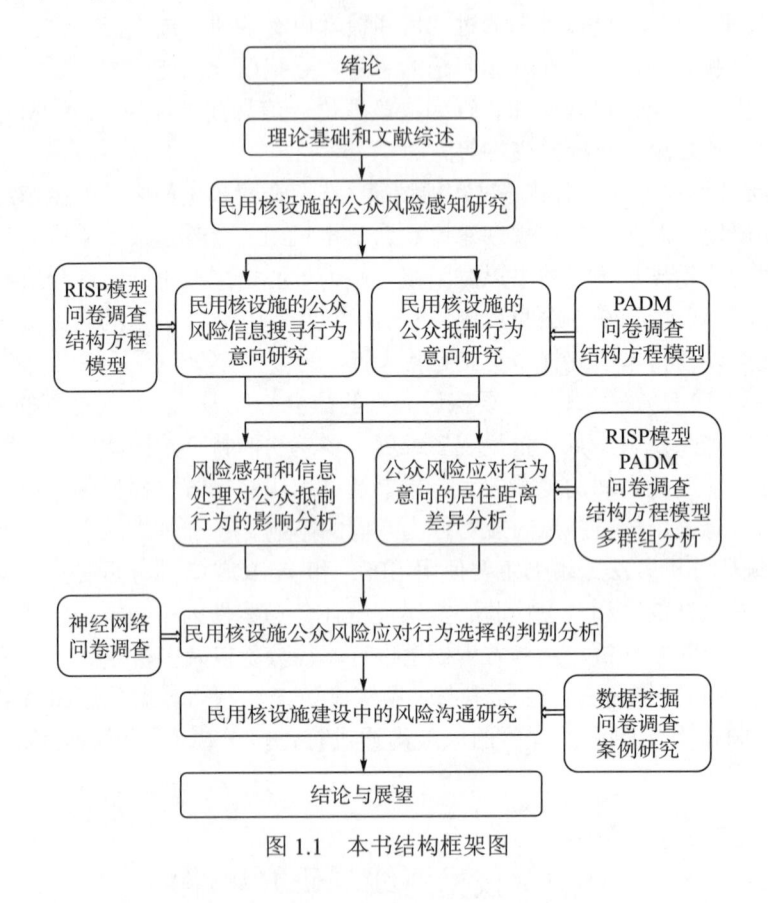

图 1.1　本书结构框架图

根据上述的结构框架，本书共安排 10 章：

第 1 章，绪论。本章首先阐述研究背景和意义，提出研究问题；然后，阐述研究内容与方法；接下来，理清研究思路，绘制本书结构框架图；最后，总结本研究的创新之处。

第 2 章，理论基础和文献综述。本章从风险感知及其相关研究、风险应对行

第 1 章 绪论

为及其相关研究、信息搜寻行为及其相关研究、风险沟通及其相关研究几个方面对前人的研究工作进行梳理和总结，作为本书的基础和依据，同时发现前人研究的不足之处，作为本书的出发点，予以研究。

第 3 章，民用核设施的公众风险感知研究。公众往往对核设施表现出较高的风险感知，进而反对核设施项目的建设，甚至是采取非理性行为阻碍核电项目的顺利实施。本书系统地探究风险信息如何影响公众对核设施的风险感知。基于 PADM 模型，从信息流视角构建了一个影响因素模型用来研究公众的风险感知。采用问卷调研方法，本章选取了位于我国山东省海阳市的海阳核电站建设为实证研究背景，对海阳核电站附近的居民展开了调研。并采用结构方程模型（SEM），利用调研数据验证假设模型，得出理论和实践启示。

第 4 章，民用核设施的公众风险信息搜寻行为意向研究。民用核设施建设情景下，公众可能需要获取额外的信息来帮助他们评估风险的可能性、严重性和及时性。本章试图研究民用核设施建设情景下公众的风险信息搜寻行为意向的影响因素。为探究这一问题，本章将基于风险信息搜寻模型，如 RISP 模型，提出民用核设施风险信息搜寻行为意向的概念模型，设计问卷，对问卷进行前测后修改问卷，在山东海阳核电站分层抽样选择附近的居民开展问卷调研，运用 SEM 模型验证该概念模型中所假设的因果关系，得出研究结论。

第 5 章，民用核设施的公众抵制行为意向研究。民用核设施建设情景下，"核邻避情结"可能影响民用核设施的实施。本章试图验证民用核设施建设情景下核设施周围的居民对其抵制行为意向的影响因素，包括信息获取、公众参与、感知知识、风险感知、利益感知和"核邻避情结"。为探究这一问题，本章将基于 PADM，提出民用核设施抵制行为意向的概念模型，并设计问卷，对问卷进行前测后修改问卷，同样在海阳核电站分层抽样选择附近的居民开展问卷调研，运用 SEM 验证该概念模型中所假设的因果关系，得出有意义的研究结论。

第 6 章，风险感知和信息处理对公众抵制行为的影响分析。公众在面对核设施建设风险时会做出各种各样的行为选择，如购买防护物品、撤离核辐射区域、抵制核电项目。本章的主要目的是试图从风险感知和信息处理的角度探究影响民众对核设施建设抵制行为的关键因素，并基于 PADM 和 HSM 从风险信息的视角构建了一个概念模型。本章同样设定调研的情景为海阳核电站建设，采用了 SEM 来验证假设模型，根据分析结果得出了有意义的结论。

第 7 章，公众风险应对行为意向的居住距离差异分析。本章主要探究公众风险感知等社会心理因素对风险应对行为意向的影响中居住距离的调节作用，即居住在核心区域（距核电设施 10 公里以内）和非核心区域（距核电设施 10 公里以外）两个群组面对民用核设施建设风险时所采取的风险应对行为意向和影响因素之间的关系可能会存在的差异分析。本章主要研究居住距离在民用核设施风险信息搜寻行为意向模型和抵制行为意向模型两个模型中的调节作用。通过如上的实证调研数据,运用 SEM 的多群组分析验证居住距离的调节作用。

第 8 章,民用核设施公众风险应对行为选择的判别分析。有效地判别民用核设施建设情景下公众风险应对行为选择对政府及时了解公众的行为趋势,并与公众及时进行沟通有重要的意义。本章从人口统计特征、核设施信息、信息行为和核能感知四个方面构建判别公众风险应对行为选择的指标,通过实证调研数据验证该指标体系判别行为的有效性,以及识别出判别公众风险应对行为选择的关键因素。

第 9 章,民用核设施建设中的风险沟通研究。本章基于风险沟通框架,通过案例研究的方法分析民用核设施建设过程中信息释放、公众参与、公众从各种渠道获取信息的程度,以及对当地政府和核电企业的信任程度,结合公众对民用核设施风险应对行为意向的研究结果,从信息释放机制、涉核舆情引导机制、公众参与机制、核电知识普及、提高公众信任度五个方面提出民用核设施的风险沟通对策和建议,为政府和核电企业有效的风险管理提供新的理论和实践依据。

第 10 章,结论与展望。本章首先归纳总结本书的研究所得出的结论;然后阐述本书的理论贡献;最后结合当前研究的不足提出有待进一步改进和挖掘的研究方向。

1.4 研究创新之处

本书的创新之处在于将民用核设施建设情景下的公众风险应对行为分为积极应对行为和规避风险行为,主要聚焦民用核设施建设过程中的公众积极应对行为,并对积极应对行为中的风险信息搜寻行为和抵制行为进行独立研究,系统地梳理和检验了预测不同风险应对行为的重要变量,从而提出风险沟通的对策和建议,为核电产业的健康发展提供新的路径和思路。

(1) 首次基于民用核设施建设情景,应用并拓展了 RISP 模型。本书基于风险信息搜寻行为模型构建了公众的民用核设施风险信息搜寻行为意向的概念模型,通过对实际情况的调查研究,对整合模型进行了修正和简化,更好地从风险感知的角度来解释民用核设施建设情景下公众的风险信息搜寻行为意向,并通过问卷调查、数据收集和 SEM 数据分析方法来验证了该模型。证实了渠道信任对信息需求和信息搜寻行为意向的影响作用,并发现了感知知识对风险感知的负向影响作用。

(2) 从风险感知和信息处理的视角研究了公众的核设施抵制行为。主要体现在以下两个方面的创新点:首先是研究问题上,先前国内外关于核设施建设风险的研究主要集中在描述公众对核电站和核废物存储选址的风险认知、态度及接受性等方面。仅有少数的几篇文献研究了公众对核设施的抵制行为,这说明国内外学者对公众核设施抵制行为的关注不够。其次是研究视角上,先前的研究多从信念、价值观等视角对公众的核设施抵制行为的影响因素进行研究，本研究首次从风险感知和信息处理的视角对核设施抵制行为进行研究。大量的研究发现，风险情境下公众的风险应对行为受到风险感知的影响，而风险感知又是对通过记忆存在人脑中的风险信息的反映。因此，本书从风险感知的视角研究公众的核设施抵制行为决策，基于 PADM 的信息流，并整合 HSM 构建解释公众核设施抵制行为决策的假设模型，论证了风险信息与公众核风险感知和核设施抵制行为之间的关系，揭示了公众的核风险感知对其核设施抵制行为的影响机制。

(3) 本书拓展并丰富了 PADM。本书定量评价和分析公众的民用核设施抵制行为意向及其影响因素，将抵制行为分为常规行为和示范行为两类，考虑利益感知和"核邻避情结"，基于 PADM 构建了民用核设施抵制行为意向的概念模型，并通过问卷调查、数据收集和 SEM 数据分析方法来验证了该模型。本研究将 PADM 的应用从传统的自然灾害领域拓展到技术风险领域，分析公众在民用核设施建设情景下的行为选择的心理决策过程，实现对 PADM 的延伸和深化，同时发现了"核邻避情结"对抵制行为意向的正向影响作用，并发现了感知知识与"核邻避情结"、抵制行为意向的倒 U 形关系。

(4) 本书首次探究了居住距离在风险应对行为意向模型中的调节作用。通过多群组结构方程模型方法分析居住在不同区域的群组中风险应对行为意向与其影响因素之间关系的差异，证实了居住距离在风险应对行为意向模型中的调节作用。

(5) 结合实际案例分析提出民用核设施建设中的风险沟通对策和建议。综合采用深度访谈、网络数据挖掘和内容分析法等，对海阳核电站建设过程中的风险沟通进行深度分析，本书从信息释放机制、涉核舆情引导机制、公众参与机制、核电知识普及、提高公众信任度五个方面提出风险沟通对策和建议，为政府和核电企业有效干预和调控公众核电风险感知和风险应对行为提供重要的理论和实践依据。

第 2 章　理论基础和文献综述

2.1　风　险　感　知

2.1.1　风险和技术风险的内涵

当今社会各种风险层出不穷,已经由技术社会向风险社会转变。风险(risk)的概念从16世纪西方资本主义发展进程中开始使用,迄今为止,风险的内涵仍然没有一致的界定。经济学家Frank Knight于1921年出版的《风险、不定性和利润》中定义风险为某种事件造成破坏或伤害的可能性或概率,用公式表示为:风险(R)=伤害的程度(H)×发生的可能性(P)。社会学家贝克指出"风险可被界定为系统地处理现代化自身引致的危险和不安全感的方式"。风险不再直接等同于个人利益损失,而是建立在各实体事件之间的一种社会关系,在一定条件下,风险可能会转化为危险。学术界从不同视角、不同领域对其有不同的解释。在自然科学领域,风险是指通过客观的评估方法对自然过程或物理事件发生概率的度量;而在社会科学领域,风险被认为是个体对于结果或损失的不确定性的感知与体验,无法通过客观尺度准确度量。Adams(1995)将风险定义为某一不利事件未来在数量上增加的不确定性,风险不仅关系事件发生的概率大小,而且还涉及事件发生后的结果。Sjöberg(1998)从心理学角度探讨风险,认为风险是指可能的消极事件。风险总是与损失相联系,Yates和Stone(1992)认为风险应包括三个要素:损失(风险的负向性特征)、损失的重大性和不确定性(可能性)。综上所述,风险包含三个因素:①风险的发生偏离了主题的意愿;②风险具有不确定性;③风险的不确定性伴随着损失。

技术风险作为风险的子集,伴随着科学技术的发展而对人们生产与生活产生威胁的风险。技术风险通常指由于技术的不确定性因素而导致发生危害性后果的可能性。技术风险在技术的研发、转移、应用和实践中由于技术本身、主体认知的有限性和环境因素等不确定性因素导致偏离技术主体意愿造成损害的可能性。技术风险具有客观性和主观性两方面。技术风险的客观性可以用概率来度量,技术的客观性风险是可以预测、度量、评估、预防和控制的。技术风险的主观性是根据主体自身的知识结构、利害关系、生活经历、风险性质、风险距离、风险态度、风险偏好等因素构建的(闫坤如,2016)。目前学术界对技术风险还没有统一的分类方法，根据风险可能发生的概率把技术风险划分为如下三种：①可以计算发生概率的、普遍和熟知的风险；②概率低但后果十分严重的风险；③从未发生但可能发生的风险(刘中梅 等，2014)。生物技术、化工技术、核技术等属于典型的技术风险源，其中核技术应该属于概率低但后果十分严重的风险。核电行业从技术的客观性对核电风险进行定义，认为核电风险是指堆芯损坏频率以及放射性物质大规模向环境释放的概率(杨波，2013)。中国现行的核安全法规的标准是堆芯损坏概率小于 10^{-5}，放射性物质大量释放的频率小于 10^{-6}。与核电行业专家相比，公众对核电风险的感知是一个感性的、动态的和复杂的过程。不同的人对核电风险的感知从方法上和结果上都不尽相同。

2.1.2　风险感知内涵和相关研究

风险感知(risk perception)又称风险认知、风险知觉，属于心理学范畴，用来表示人们对风险的直觉感受和态度。20 世纪 80 年代，国外学者开始展开对风险感知的研究。这些学者除了探索本国的各种风险感知之余，还针对美国、挪威、匈牙利、波兰以及苏联进行跨文化的比较研究。学者们在对公众风险感知不断深入研究的同时，也致力于总结已有的研究成果，构建风险感知的理论框架。这方面的工作，尤以著名风险与决策领域的心理学家 Slovic 为代表。Slovic(1987,1992)指出，公众的风险感知与客观的实际风险之间存在差距，将风险感知定义为公众对某一特定风险事件的主观直觉判断。Sjöberg(1999)也认为风险感知是公众对特定事件发生概率的一种主观评价，既包括对不利事件发生概率的主观评价，也包括对其结果严重性的主观评价。Slovic 等提出的心理测量范式是目前风险感知研究中主流的研究方法，该方法使用调查问卷来询问公众的风险感知，分析结果表明公众对风险的恐惧程度、后果严重程度以及对风险源可能带来的伤亡率三个变量能较好地解释公众风险程度的判断(朱正威 等，2016)。风险感知的影响因素成为近年来的研究焦点，总结如下：①公众个体的特征，包括性别、年龄、职业、受教育程度、信仰及种族等(Zhao et al.，2015)；②风险事件的性质，时勘等学者在关于 SARS 事件的研究中，通过结构模型的建构和分析发现，负性信息、不熟悉感、难以控制感更容易引起公众的高风险评价；③风险的暴露程度，越是不确定的风险，公众风险感知往往越高；④个体的风险经历，在生活中经历过类似风险事件的个体，他的风险感知水平会相对较低。

公众风险感知的形成与演变是一个通过不断寻找信息和满足信息需求的动态调控过程，同时也是一个贝叶斯学习过程(Liu et al.，1998)。公众风险感知的演变具有一定主观性，而且公众与外部环境的正面与负面信息存在着信息不对称。媒体信息的连续性、可靠性和精确性是影响公众风险感知的重要影响因素(Sorensen，2000)。另一方面从信息传播的角度，公众风险感知的形成与演变又依赖于危机事件信息的来源、编码、传播主体和传播渠道(Fischhoff et al., 2009)，而且媒体报道的数量都将影响公众的风险感知(Wei et al., 2012)。然而信息对公众并非都是有效的，公众需要选择能够让他们降低风险的信息。所以，危机信息促使了公众风险感知的形成(Mileti and Peek, 2000)。Wei 等(2012)基于公众记忆理论，通过公众对危机信息的选择性记忆度测度了公众风险感知。王炼和贾建民(2014)从时间演变和空间分布两个维度分析了地震后公众风险感知的动态特征。

2.1.3 公众对核设施风险感知的研究综述

风险感知的研究是提供认知和理解公众对于各种风险反应的基础。国内外最初研究风险感知的主要目的是研究公众面对自然灾害威胁时，可能产生的行为反应。随着化学工业及核能的迅速发展，学术界逐渐关注新兴科学技术的发展而引发的不断增长的风险问题。Slovic 认为风险感知的研究是测验公众对某些事件、活动或新兴科学技术的潜在风险进行评价时所做出的判断，有助于风险分析、评估和风险管理，可增进公众与决策人员、技术专家之间的风险信息沟通(谢晓非和徐联仓, 1995)。国内外对核电风险的研究主要探讨了公众的风险感知及核电的接受性(Kim et al., 2014; Mah et al., 2014; Siegrist et al., 2014; Sun and Zhu, 2014)。Slovic (1992)指出，公众对核电的风险感知在很大程度上受到主观特征的影响。公众往往将核电设施视为高度非自愿的、未知的、新的、推迟的、不可控的、致命的、灾难性的。国内外许多研究探讨了影响公众核电风险感知的影响因素(邓理峰 等, 2016)。Taylor(2012)梳理了 1990~2012 年关于此研究主题的主要研究成果，研究发现，认知和情感两方面的因素务必考虑，而文化和社会因素不常被考虑。此外，信任、情感、不确定性、价值(de Groot et al., 2013)和政策等因素被纳入考虑范围。公众对政府、机构、科学家和政策的不信任(Visschers and Siegrist, 2013; Visschers et al., 2011; 陶威锭 等, 2016)，对核能的恐惧、利益感知缺乏(Visschers and Siegrist, 2013; Siegrist et al., 2014)，低水平的核能知识(Huang et al., 2013; Kunreuther, 2002; 陶威锭 等, 2016)等因素都可能增加公众的核电风险感知。

先前许多研究已经证明了风险情景下公众的风险应对行为决策受到风险感知的影响 (Lindell and Perry, 2012; Perry and Lindell, 2008; Wei et al., 2015b; Zhu et al., 2016)。Griffin 等(2008)认为风险感知能影响个人对风险信息的需求，从而促使个人搜寻更多的有关灾难或风险的信息。Lindell 和 Hwang (2008)验证了风险感知是影响个人应对各种风险所采取的行为意向的主要因素，例如，个人因风险感知而搜寻有关灾难或风险的可能性、严重性和即时性等信息。公众的风险感知过低不利于采取有效的自我防护行为一系列，过高又将导致风险反应过于激烈，产生过度的非理性行为，进而产生一系列社会问题。

2.2 风险应对行为

2.2.1 民用核设施公众的风险应对行为的分类

Lindell 和 Perry(2012)将个人在危机情景下的行为反应分为信息搜寻、防护反应和情绪反应。风险情景下,公众可能需要获取额外的信息来帮助他们评估风险的可能性、严重性和及时性(Lindell and Perry,2012;Lindell and Hwang,2008),并通过各种渠道(如电视、广播、网络和个人)获取和搜寻信息。防护反应指处理危机问题的一种反应,既是指在地震、飓风、洪水等自然灾难发生时的一种应急反应,如撤离风险区域,也是指一种长期的灾害调整,如购买灾害保险、应急准备等(Lindell and Perry,2012;Terpstra and Lindell,2012)。情绪反应中比较典型的例子,如非理性的抢购行为,其发生源于风险情景下高情绪唤醒状态。这些行为反应对于公众来说都是危机情景下一种自我保护的合理反应(王飞,2014)。

目前,国内外学者对公众的环境风险应对行为关注得较多,将公众环境风险应对行为分为环境友好行为(亲环境行为)、环境风险规避行为和环境抗争行为。环境友好行为是指公众为保护环境而不断调整自身活动的社会行为(龚文娟,2008)。环境风险规避行为通常是指发生环境危害后公众所采取的非激进的、非暴力的防护行为,通过改变生活习惯而采取的一种规避风险的行为,比如搬离环境危害区、减少出门、关闭门窗等个人行为(Shriver and Webb,2009)。较为激进的环境抗争行为通常表现为因沟通无效从最初的"理性表达"上升到"暴力冲突"的行为,会不断加深社会矛盾(罗亚娟,2009)。

在民用核设施建设风险情景下,公众可能会有不同的心理反应并做出不同的行为选择,如因对民用核设施项目的担忧,可能采取信息搜寻行为、搬离核设施建设区域、购买防辐射物品、公开发表反对建核设施的意见、签署反对建核设施的请愿书、到当地政府主管部门上访、参加游行示威等抗议活动。本书基于以上对风险应对行为的分类并结合中国出现的反核运动的实际情况,将民用核设施风险应对行为分为积极应对行为(信息搜寻行为和抵制行为)和规避风险行为(搬离核辐射区和购买防辐射物品)两类。其中,搬离核辐射区一般因政府征地而引导的行为且受经济条件的限制,购买防辐射物品通常发生在核事故后所采取的风险应对行为。因此,本书主要研究民用核设施建设过程中公众的积极应对行为。

2.2.2 行为决策理论

在决策理论发展的早期,冯·诺依曼和摩根斯坦(1944)基于人的行为是理性假设所提出的期望效用理论影响最广。在考虑了人的心理因素对行为决策的影响作用后，Simon(1947)提出了"有限理性"(bounded rationality)假设，这是因为在高度不确定和极其复杂的现实环境，人的知识、想象和计算能力是有限的，个人无法获得所有信息或全面考虑问题来做出合理的决定，因此，人只具有有限的理性。有限理性假设对决策科学的发展具有深远影响。认知心理学家 Kahneman 和 Tversky (1979)发现人们在不确定条件下进行判断和决策时常常会产生偏差，但是这种偏差是有规律性的。他们在一系列认知心理实验的基础上开创了"探索法与偏差"(heuristics and biases)的研究，并提出了前景理论(prospect theory)，标志着运用行为描述模式(descriptive model)对个体决策问题的研究有了更系统的思路。早期的一些行为决策理论还包括理性行为理论(theory of reasoned action，TRA)(Fishbein and Ajzen, 1975)、期望效用(expected utility, EU)模型(Ronis, 1992)和计划行为理论(theory of planned behavior, TPB)(Ajzen, 1991)。EU 模型是假设决策者在绝对理性的条件下，理性人的行为决策遵循效用最大化原则的一种经济学模型。理性行为理论认为个体的行为的主观标准和态度可以预测行为意向，并且行为意向又可以预测个体行为。行为的态度是指从事某一行为的正向或负向的心理情感，这种情感是对行为结果的可能性和重要程度评估而决定的。主观标准是指个体认为对自己有重要影响的人所期望的感知程度。理性行为理论假设个体有完全控制自己行为的能力。计划行为理论引入了感知行为控制变量，认为行为意向是由感知行为控制、个体的主观标准和行为的态度所共同决定的。感知行为控制是指个体控制自己行为能力的感知程度。尽管这些理论有一些有用的部分，但是不完全适用于风险应对行为决策。

Rogers(1983)等提出防护动机理论(protection motivation theory, PMT)，认为防护动机是人们通过对危险评估和应对评估两方面的综合评估而做出的决策。该理论特别关注人们应对威胁事件的反应，主要组成部分包括严重性、易感性、反应效能、自我效能、保护意愿和保护行为。防护动机理论假设防护动机是个体对威胁的严重性、易感性、反应效能、自我效能四个认知的线性函数。大量研究已经将 PMT 应用于个体面对各种威胁时所进行的行为选择的相关领域，包括癌症预防行为、日常生活习惯、医疗方案依从程度、食品安全、人身安全、环境保护、互联网的信息安全和政治问题等。

另外一个可以用来解释人们对威胁事件反应的理论框架是防护行为决策模型(protective action decision model, PADM)。该模型是 Lindell 和 Perry 两位学者在 1992 年首次提出，并于 2012 年整合了信息处理过程，对原有模型进行修改完善，将人们应对环境灾害和灾难时的反应描述为一个多阶段的过程(Lindell and Perry, 1992, 2004, 2012)。PADM 主要解释人们在遭遇环境灾害和灾难时，对自然环境和社会环境所提供的风险信息的整个心理决策过程，最终的行为反应是由防护行为决策、促进和阻碍人们将要采取行为的自然和社会情景共同决定的。本书基于 PADM 在民用核设施建设的情景下对公众的抵制行为意向进行研究。

2.2.3 防护行为决策模型

如图 2.1 所示，PADM 用一个流程图来描述个人应对环境灾难和灾害的反应。个人的防护行为决策过程始于环境因素、社会因素和警示消息。环境因素是个人对一个威胁事件最初的所见、所闻或所听。社会因素是个人对他人行为的观察。警示消息是信息源通过某种信道传送给接收者，作用效果受接收者的个体特征影响。接收者的个人特征包括身体素质(如力量)、神经运动功能(如视力和听力)、认知能力(如学历)、经济资源能力(如钱和车)和社会资源能力(如亲人、朋友、邻居和同事)。环境因素、社会因素和警示消息引起一系列的预决策过程(暴露、关注和理解)，进而引起防护行为的感知、威胁感知和利益相关者感知。这些感知为个人可能采取的防护行为提供决策基础。最后，防护行为决策、促进和阻碍人们将要采取行为的自然和社会情景共同作用，产生风险应对行为反应。通常，这些行为反应被分为信息搜寻、关注问题的防护反应和关注情绪的行为反应。在许多情景下，个人将已经采用的防护行为效果进行评估，反馈到流程图最初阶段，作为额外的环境因素、社会因素或警示消息被接收者所接收，进而促使个人调整行为决策。该流程图的主要部分就是从信息获取到完成防护行为决策这一过程。

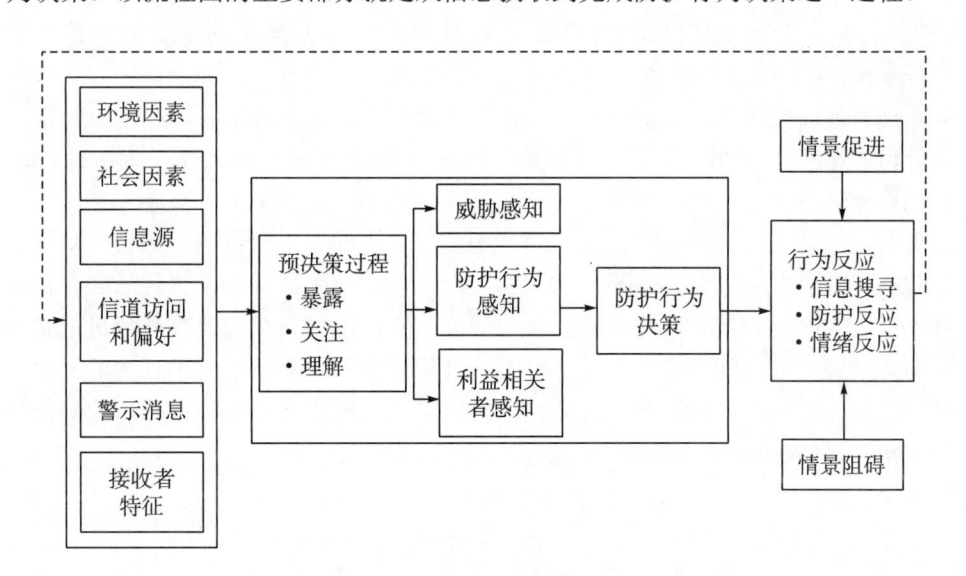

图 2.1　PADM (来源于：Lindell and Perry，2012)

2.2.4 防护行为决策模型的研究综述

PADM 主要应用于三个领域：风险沟通、疏散模型和长期灾难调整。风险沟通领域应用 PADM 对社区风险沟通计划进行建议，认为持续灾难的风险沟通活动和不断升级或应急响应的灾害风险沟通活动是有区别的。持续灾难的风险沟通需要鼓励长期灾害调整，比如减轻灾害、应急准备和购买灾害保险。不断升级或应急响应的风险沟通需要鼓励适当的即时灾害响应。Lindell 等(2005)将 PADM 应用于飓风"莉莉"的决策和逃离，验证了风险区域的居民接收飓风信息主要来源于电视，然后依次是当地的无线广播、个人和当地权威机构，而当地报纸和互联网作为信息源的利用率是最低的。风险区域的居民在遭遇飓风时采取逃离的行为受海岸线距离、房屋结构、风险信息源、逃离阻碍决定。长期灾难调整应用 PADM 研究个人统计特征、灾难经历、灾难距离、灾难侵入性对灾难调整采纳的影响作用。

PADM 被应用于地震(Lindell and Perry，2000)、飓风(Huang et al.，2012；Lindell et al.，2005)、火山(Perry and Lindell，2008)、洪水(Terpstra and Lindell，2012)等不同自然风险情景，解释个人应对自然灾害和灾难时的行为决策过程。随着研究的不断深入，Lindell 和 Perry 把适用于紧急威胁事件的 PADM 进行改进，拓展后的 PADM 也为长期灾害和灾难的防护行为决策提供重要的理论基础(Terpstra and Lindell，2012)。

现有的研究认为，公众防护行为决策受到公众个体特征的影响，包括性别、年龄、受教育程度、收入、信仰及种族等(Lindell and Perry，2012；Zavyalova et al.，2012)。公众风险感知也是影响公众防护行为决策的重要因素。风险感知愈高的公众更有可能采取防护行为(Feng et al.，2014)，并倾向于采取资源需求较少且有效的防护行为(Terpstra and Lindell，2012)。此外，公众防护行为决策还受到危机事件特征、信息环境特征等因素的影响。Lindell 和 Perry(2000，2012)从危机信息环境和风险感知的角度提出了个体 PADM，并识别出了公众采取防护行为的三阶段决策过程。另外，危机情景下公众的危机信息处理模式也会影响到公众的防护行为决策选择(Wei et al.，2015b)。

2.3 信息搜寻行为

2.3.1 Wilson 信息搜寻行为模型

Wilson 把信息搜寻行为定义为满足某些目标的需求而有目的的搜寻信息

(Wilson，2000)。早在 1981 年，Wilson 从多学科领域研究人类信息行为，提出信息搜寻行为模型，如图 2.2 所示。该模型认为信息搜寻行为由个人心理、认知和情感三方面的需求引起。每一种需求处在不同背景下——个人自身的某种需求，个人工作或生活中的社会角色需求，以及个人工作或生活的环境(政治、经济、技术等)需求的背景。除此之外，在寻求满足需要的信息过程中，需求者可能会遇到同样背景下妨碍信息搜寻的不同障碍(Wilson，1999)。

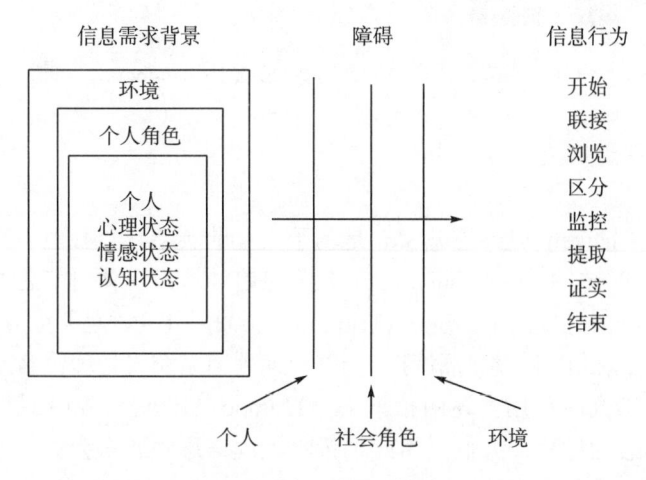

图 2.2　Wilson 信息搜寻行为模型(来源于：Wilson，1981)

2.3.2　Godbold 信息搜寻行为的扩展模型

Dervin 的意义构建理论(sense making theory)由 4 个要素构成：状态(situation)、差距(gap)、结果(outcome)和桥梁(bridge)(Dervin，1999)。"状态"被限定在反映问题提出背景的特定时空；"差距"是个体认识上的缺口，现实状态和理想状态的区别，是个体认识上"不确定性"的体现；"结果"是指问题得到解决后的结果；"桥梁"试图弥合"状态"和"结果"之间的差距。由初始状态到解决问题后的结果就经历了一个意义构建过程，这一过程可以重复进行。这一过程可以理解为：首先，置于时空背景下的个人，在现实世界中总会遇到认知上的差距，于是需要信息搜寻对内容加以理解和甄别，最后获得理想的认知结果，从而使得个体达到一个新的认知水平和状态。Godbold (2006)整合了Wilson(1981)和 Dervin(1999)的研究结果，提出信息搜寻行为扩展模型，如图 2.3 所示。用"差距"代替"障碍"。该模型从多个方向阐述了个人如何应对"差距"而进行的信息搜寻行为。此外，个人信息行为过程是多次"意义构建"过程。

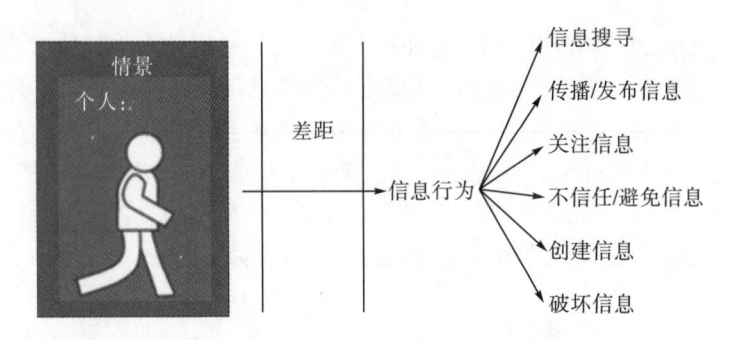

图 2.3　信息搜寻行为的扩展模型（来源于：Godbold，2006）

2.3.3　信息处理模型

　　Eagly 和 Chaiken 提出的 HSM 是基于大量的实验社会心理学研究而建立的（Eagly and Chaiken，1993；Chaiken，1980）。HSM 假设个体对信息的处理是一个形成他们对事物的态度的前因变量（Trumbo，2002）。HSM 是一个双重过程模型，该模型假设人们在处理信息时既可能会单独地采用系统式处理策略或者启发式处理策略，也可能同时采用上述两种策略（Trumbo，1999）。系统式处理指的是一个全面分析信息的过程，人们采用此种策略处理信息时通常会对信息进行仔细的检查、比较和联系相关信息来做出判断（Chaiken，1980；Trumbo，1999）。在系统式处理模式中，人们进行决策制定需要依据有较高质量和审查标准的信息（Trumbo，1999）。相比较而言，启发式处理则是一个有限的信息处理过程，在这个过程中人们只采用简单的决策规则，并付诸较少的努力来帮助他们对信息进行判断和制定决策（Chaiken，1980；Trumbo，1999）。在启发式处理模式中，人们往往倾向于花费较少的认知努力和资源，只是简单地接收他们从外部获取的信息，例如，赞同专家和舆论的观点（Aaker and Maheswaran，1997；Trumbo，1999）。

　　近些年，越来越多的学者开始关注信息处理对风险判断的影响，并将 HSM 的应用范围从实验室内的环境扩展到了风险情境中（Kahlor et al.，2003；Kim and Paek，2009；Griffin，Dunwoody and Neuwirth，1999；Griffin et al.，2008）。先前的研究证实了信息处理可能会影响人们的风险应对，并且证实了在风险情境中 HSM 是一种有效的和有价值的研究范式（Kahlor et al.，2003；Griffin et al.，1999）。Griffin 等在 1999 年开展的研究便是其中比较突出的一项。该研究提出的 RISP 模型主要是基于 HSM，将信息充分性和信息搜索/处理行为作为模型的核心变量，并将个人特征也囊括进去，试图探究人物自身因素对信息搜索和处理行为的影响。此外，RISP 模型还整合 TPB（Ajzen，1988；Ajzen and Fishbein，1980；Fishbein and Ajzen，1975），试图预测后续的风险应对行为的变化。RISP 模型可以帮助解释个体如何应对风险信息。该模型假设风险情境下个人特征、信息充分性、相关渠道信任和感知信息收集能力会影响人们在常规渠道和非常规渠道的信息搜索，以及人们会采取何种信息处理方式处理信息的程度。Griffin 等（1999）在研究中只是提出了 RISP 模型，并未对模型中变量之间的关系进行验证。为此，后续不断有学者通过实证研究验证了 RISP 模型中变量之间的关系。

2.3.4 风险信息搜寻与处理模型

信息"差距"不能解释信息搜寻的整个过程，还有一些其他影响因素在信息搜寻中起到重要作用，包括满足信息需求及信息源的可用性和有效性。许多人在没有完整的信息或者依靠信念的情况下做出决策，结果是搜集信息的过程中遇到的障碍可能会阻碍个人搜寻信息的动机，导致搜寻到一些负面信息。在信息科学领域，尽管 Godbold 的信息搜寻扩展模型能够对信息搜寻行为做出一些解释，但是还是有一些与信息搜寻行为相关的因素未被涉及。Griffin 等提出了首个风险信息搜寻和处理模型(risk information seeking and processing，RISP)，如图 2.4 所示。Griffin 等将启发-系统信息处理模型(heuristic-systematic model，HSM)(Eagly and Chaiken，1993)与 TPB 结合，提出了 RISP 模型，试图探究个人如何应对风险信息及个人应对风险信息的搜寻行为的决定因素(Griffin et al.，1999)。该模型假设风险情景下，个人特征、感知灾难特征、应对风险的情感反应、信息主观标准、信息充分性、感知信息收集能力和相关渠道信任七个因素影响个人在各种渠道进行信息搜索。其中，信息充分性、感知信息收集能力和相关渠道信任是影响信息

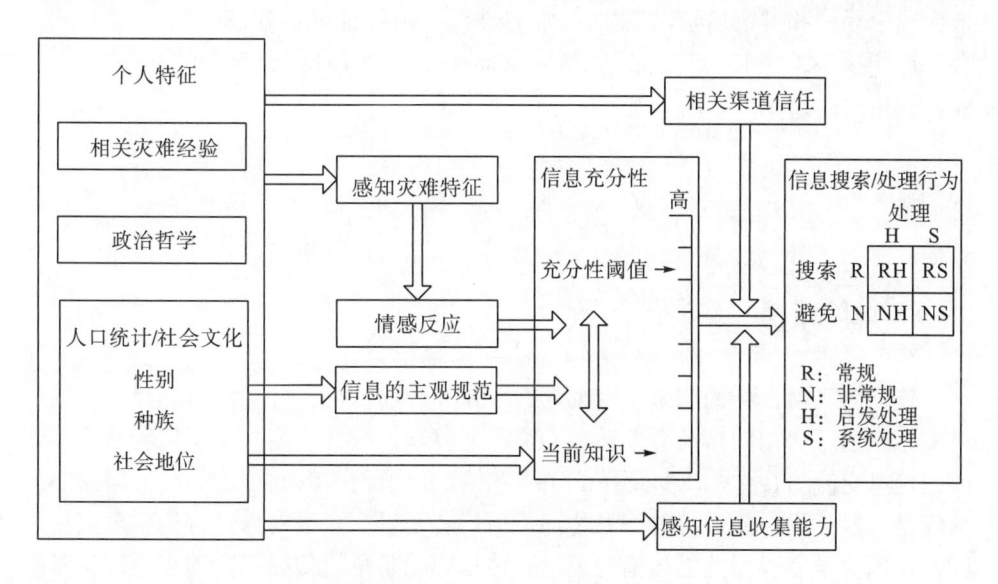

图 2.4　风险信息搜寻与处理模型(来源于：Griffin et al.，1999)

搜寻和处理的三个直接因素。信息充分性是个人做出信息搜寻和处理决策的关键点,指个人为处理风险而需要的信息量。渠道信任指个人对信息渠道(如电视新闻、报纸、杂志和网络等)的信任。感知信息收集能力指个人感知到的能力,是为达到个人所希望的结果而去完成信息搜寻和处理所必需的步骤的能力。另外,该模型的个人特征包括人口统计特征、相关灾难经历和政治哲学,更多地从人物本身出发研究个人的信息搜寻与处理行为。

2.3.5 风险信息搜寻与处理模型的研究综述

Ter Huurne 和 Gutteling 在 RISP 模型的基础上进一步研究,提出风险信息和搜寻框架(framework for risk information and seeking,FRIS)(Ter Huurne,2008),认为风险信息搜寻行为与自我效用(self-efficacy)、当前所了解的灾害知识(current knowledge)、风险感知(risk perception)和信息需求(information need)有关。虽然 RISP 模型考虑了个人统计特征(如年龄、性别和灾害经历)对信息搜寻行为的影响,但是 Ter Huurne 和 Gutteling 更加关注个人心理特征(如信任、自我效用和参与)对信息搜寻行为的影响。Kahlor 借用 RISP 等信息搜寻行为模型的一些因素,整合形成了计划风险信息搜寻模型(planned risk information seeking model,PRISM)(Kahlor,2010)。该模型认为风险信息搜寻行为是一种深思熟虑的行为,主要因素有风险感知、应对风险的情感反应、感知知识和感知知识的不足。RISP 模型、FRIS 模型和 PRISM 都可以解释个人的风险信息搜寻行为。这些模型已经被应用于环境和健康风险,例如,洪水风险(Griffin et al.,2008;Kellens et al.,2012),癌症风险(Hovick et al.,2014;Xiao et al.,2014)和全球变暖的风险(Ho et al.,2014;Kahlor,2007)。

2.4 风 险 沟 通

2.4.1 风险传播和沟通的内涵

伴随着风险社会的到来,因公众、专家和政府部门的知识背景和目的不同,风险感知也不尽相同,社会矛盾和冲突随之显现,因此需要加强不同利益团体之间的信息交流与合作,减少误解和分歧。传播和沟通在信息接收对象上存在差异,前者是以媒体为对象进行的信息传递,而后者是以公众为对象进行的信息交换。因此,国内学者多用危机传播的说法。传播理论是危机传播研究的重要理论基础之一,国内外学者对信息传播模式和理论进行了深入的研究。最早提出传播过程模式的是 Lasswell(1948)。在 Lasswell 的传播模式中,涉及了传播者(who)、传播内容(says what)、传播媒介(in which channel)、受传者(to whom)、传播效果(with what effect),因此该传播模式又称为"5W"模式。Lasswell 的"5W"模式为后续研究信息传播模式奠定了基础,但是该模式的形式过于简单,忽略了信息反馈的环节。次年,Shannon 和 Weaver(1949)在《传播的数学理论》中提出了他们的一般传播系统。在该传播模式中涉及了四个具有正功能的单元和一个具有负功能的单元,其中信源表示的是发送信息的源头,信宿表示的是接收信息的受体。信源发送的信息通过发射器以信号的形式发出,并由接收器接收,再传送给新宿。该模式中噪声是具有负功能的单元,将会干扰信息传播过程与效果。传播的消息可能由口头语言或文字、图像、音乐等组成,如图 2.5 所示。

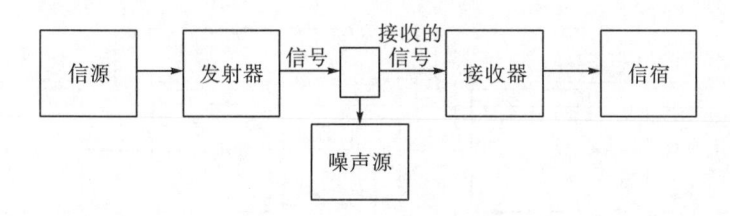

图 2.5　Shannon 的传播模式

关于危机信息的传播模式研究,国内外学者也开展了大量的工作。Duggan 和 Banwell(2004)基于影响信息提供者和信息接收者的因素,提出了一种危机信息传播模式,如图 2.6 所示。该模式中影响信息提供者和接受者的因素分为内部因素和外部因素,信息发送者的编码规则在危机信息传播过程中起到了主导作用。该模式可以有效地帮助理解危机信息传播过程中的影响因素,但是该模式并没有详细阐述危机信息传播的过程。

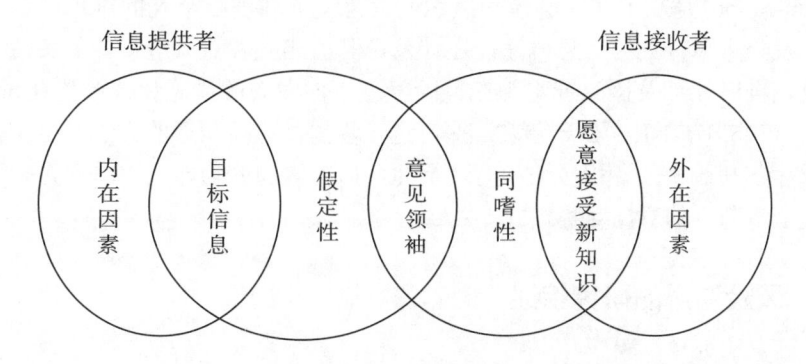

图 2.6　Duggan 和 Banwell 的危机信息传播模式

根据 Shannon 和 Weaver 的危机信息传播模式中对信息传播各个环节的解释,魏玖长和赵定涛(2006)构建了危机信息的传播模式,如图 2.7 所示。在该模式中,危机信息的传播首先需要对危机事件本身所蕴含的信息进行危机编码，也就是将危机事件编码成为可以传播危机信息的各种符号，如文字、声音、光等。再通过各种传播渠道将经过编码后的危机信息对外进行传播，如公众通过人际传播了解信息。危机的解码过程就是公众通过多种渠道了解相关的危机信息，可以是通过各种媒体和物理现象等。在危机信息的传播过程中，噪声难免会影响传播的各个环节，如信息失真、信息理解偏差等。反馈指的是信息发送方在接收到公众的反馈后将对要发送的危机信息做出相应的调整。通过反馈，可以更好地实现信息在接收方和传送方之间的传递(惠志斌 等，2004)。

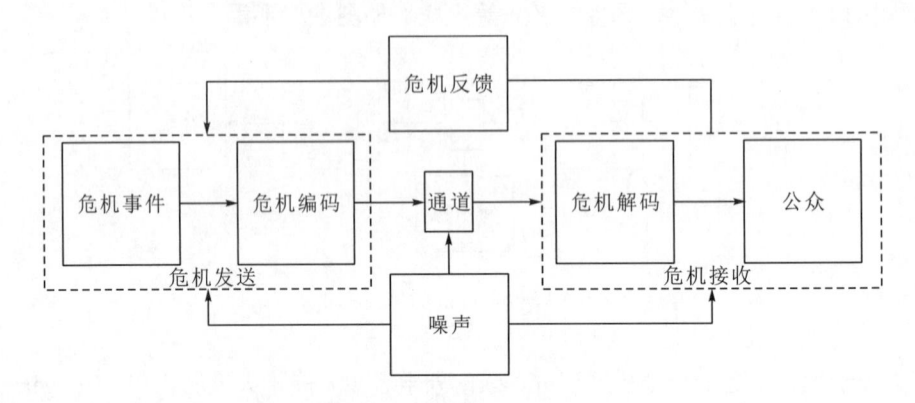

图 2.7　危机信息的传播模式

风险沟通涵盖了心理学、传播学、社会学、管理学等多个学科的理论。1989年，美国国家研究委员会(United States National Research Council，NRC)出版的《Improving Risk Communication》一书中明确指出"风险沟通(risk communication)是在个体、群体和组织间信息交流和观点交互的过程；这一过程不仅涉及与风险有关的信息传递，还涉及各利益相关者对风险事件的关注、反应和意见，同时还涉及国家或组织在风险管理方面发布的措施和政策"(Council，1989)。1996年，NRC召开会议，探讨进一步提高风险沟通的方法，专家们建议早期就让各利益相关者积极地参与。至此，风险沟通的功能从"单向告知"发展到"公众参与"的双向对称模式。

2.4.2　风险沟通的研究综述

自 20 世纪 70 年代，欧美工业发达国家的公众对环境污染、核泄漏、危险化学品运输、食品安全等环境和健康风险产生担忧，便不再甘愿把保护环境、健康和安全的希望完全寄托在政府手中，要求获得知情权和公众参与权等权利，各种社会抗议和活动此起彼伏。在此背景下，欧美许多专家学者对风险沟通进行了大量深入的研究。初级的风险沟通模式是 Shannon（1948）提出的信息传输模式。该模式是由风险信息源通过传播渠道发到接收者的一种传输模式。风险信息源经过加工后通过传播渠道传递给接收者，接收者可进行沟通反馈或行为反应对风险信息做出应对。这时的风险沟通是由专家向普通公众传递科技信息的过程(欧阳薇，2009)。风险沟通的功能是为了改变公众对风险技术的看法，提高公众对风险技术的接受性，以消解公众对这些技术的担忧，即单向的告知、说服和教育公众(Fischhoff et al., 2009)。而风险沟通应该是利益相关方之间的环境或健康风险信息交换，主要目的就是通过对潜在危险信息的交流以改变应对的行为(贺桂珍和吕永龙，2013)。随着风险沟通实践的发展，风险沟通的研究重点转移到公众、专家核政策制定者围绕风险问题的讨论和对话过程中。

过去近四十年，从美国三哩岛核事故到苏联的切尔诺贝利核事故，再到日本福岛重大核事故的发生，公众对核能的安全性日益关注。公众对核能的抵制影响着核能的发展和政策的制定。为了提高公众对核能的接受度，核能管理组织或机构开始关注风险沟通的作用。发达国家的历史经验表明，公众态度对核能产业发展具有重要作用。信息透明程度、核能知识的普及程度、公众的参与程度、对政府公信力的信任程度是核能风险管理与决策的主要决定因素(Whitfield et al., 2009)。Minzhen 等(2015)基于 Markov 过程探究了核电领域最优的公众风险沟通策略，通过合理选择风险沟通的时间、频率和类型，得出最优应对策略。

2.5　研究现状的总体述评

因"邻避效应"而引起风险应对行为的研究目前主要集中在如下几个方面：①对邻避危机演化的归因研究。例如，侯光辉和王元地(2014)基于对 2007～2013 年中国主要邻避危机事件的分析，建立了邻避危机演进的整合性归因模型。研究表明：邻避危机演进的内在驱动力是以风险感知、感知挫折和不信任感为主体的抗议者的"邻避情结"构成"愤怒三角形"；外部推力是在利益相关者和管理者的"双重人格"下，地方政府的随机性治理策略。②对公众邻避行为和邻避冲突治理策略的研究。例如，王佃利和徐晴晴(2012)通过分析国内外学者关于邻避问题的研究，从邻避的内涵、原因、特征以及邻避冲突的治理与对策方面进行综合性分析。③对某一特定情境下的邻避行为研究。例如，张向和(2010)在其博士论文中以垃圾处理场为例，研究了垃圾处理场运行过程中的邻避指数，造成社会冲突的环境影响因子，并综合运用了社会冲突分析理论、风险治理、利益相关者理论对垃圾处理场"邻避效应"的社会冲突解决机制进行了研究。

关于核设施风险感知和风险应对行为的研究，先前国内外的学者更多地将注意力集中在公众对核能认知的研究上，主要包括描述公众对核电站和核废物存储选址的基本认知(如风险感知)、接受性等方面，仅有少数几篇文献研究了公众的风险应对行为。张乐和童星(2014)对公众的"核邻避情节"和影响因素进行了研究，研究中公众针对核能设施的"邻避情结"包括三个维度：反对性态度、心理接受距离以及搬迁意愿。学者们通过对胶东半岛三个有核地区的抽样调查发现，多数受访者对核设施的反对态度强烈，心理接受距离较远，以及搬迁意愿较低。研究还指出，公众的"邻避情结"还受到核设施对健康的威胁、风险的长期性以及利益感知等因素的影响。De Groot 和 Steg(2010)从道德的视角研究了影响采取行为支持或者反对核能的因素，并假设风险感知、利益感知和个人规范是其影响因素，随后的实证研究结果表明，基于道德视角的框架有利于解释人们采取行为支持和反对核能的意愿。Prati 和 Zani(2013)试图探究福岛核事故对公众核能认知的影响，研究分别在福岛核事故前一个月和后一个月调研了公众对核能的风险感知，反核行为意向、态度、信任、环境信念和价值观等方面。调研结果证实，福岛核事故之后公众对核能的信任度和支持核能的态度均降低了。然而，研究者并没有试图探究影响公众反核行为意向的因素。

综上所述，国内外关于风险情景下公众风险感知及应对行为的研究取得了较大的进步，然而在民用核设施建设情景下，现有的研究还存在如下不足：①目前有关核能、核电的研究主要关注公众的接受性，而对公众的风险应对行为的研究相当匮乏。尤其是网络信息时代，由风险感知引起的公众的信息需求与信息搜寻行为需要进一步研究；②研究风险应对行为的情景选择多是自然灾害。但当前公众对环境和健康伤害的风险更为关注，因此民用核设施建设情景下的公众风险应对行为应作为今后研究的重点之一；③对于民用核设施风险沟通研究尚处于案例研究的起步阶段，缺乏实践经验。本书针对上述研究的局限性，综合应用公共危机管理、管理科学、信息管理、行为科学、社会心理学相关学科的理论与方法，识别出影响民用核设施建设情景下公众风险应对行为的决定因素，分析出公众风险应对行为决策与风险感知等社会心理因素之间的逻辑关系，提出政府和核电企业实施风险沟通的措施。本书在实现理论创新的同时，为政府制定核电产业健康发展的政策和实施措施提供理论依据和决策参考。

第3章 民用核设施的公众风险感知研究

3.1 民用核设施的风险感知的内涵

3.1.1 风险感知的测量范式

感知并躲避环境的危害是生物体赖以生存的本能反应。风险情景下,大部分公众在发生危机后都会凭借个人的判断来评估风险,即进行风险感知(Slovic 1987,2004)。风险感知指的是公众对目标事件所伴随的风险的判断和预估(Bubeck,2012)。风险感知受多种因素影响,包括社会因素、风险本身特征、个体自身因素和风险与个体的关系。先前的研究者采用了多种不同的测度工具来测量风险感知,主要形成了三种不同的范式。第一种是公式化测量范式,主要研究人们对客观风险信息的主观转化途径,比如风险行为选择的结果。通过财产损失、死亡率和发生的可能性来反映风险感知。第二种是社会文化范式,该范式认为风险感知有赖于共享的文化,而不是靠个人的心理;强调个人、组织和社会之间的内在关系,同时也注重人与自然的社会关系。该范式主要研究群体和文化要素对风险感知的影响。第三种是心理测量范式,主要关注人们对风险情境的情绪反应,这些反应会影响人们对风险的判断,当公众拥有过高的风险认知水平时,将导致他们对风险情境过度反应,进而可能产生非理性行为,引起社会动荡,扰乱社会秩序。Fischhoff 等在 1987 年首次提出心理测量范式,运用调查问卷直接调查人们对风险和收益的感知,以及不同风险/收益权衡的明显偏好(Fischhoff et al., 1978)。通过对自然灾害和技术风险的风险特征评估来解释和预测公众对风险的反应。风险特征包括自愿性特征、灾难潜力特征、可控性程度特征和恐惧程度特征等。Slovic 等认为风险认知是可测量和可预测的,将心理测量范式用于对风险认知的测量,他们同时揭示了公众对风险认知的三个基本维度,分别是"恐惧风险""未知风险""面临某个特定风险时的个体数量"(Slovic,1978)。

3.1.2 基于心理测量范式的风险感知的研究

基于公众对风险认知的差异性取决于不同风险特征的这一理论框架,如人们对一些风险表现的相对冷漠,而对一些自然灾害所造成的风险极度厌恶,Slovic

等运用心理测量范式来完成人们对待风险感知的定量化研究。心理测量范式基于3个假设条件：①公众对各种风险问题能够提供有价值的回答。研究结果取决于所提的问题、所研究的灾难、受访对象和数据分析方法。②风险包含不利事件发生的不确定性和后果。不同的风险特征结构决定了公众风险感知的差异性。③除风险特征外，制度、文化、种族和心理等诸多因素也会影响公众的风险感知（张海燕，2010）。

心理测量范式通过受访者对风险事件（如核能、食品风险、手术、吸烟）在某一风险特征（如自愿性、灾难潜力、可控性、恐惧程度）上的评价，得出公众对风险事件在不同风险特征维度上的认知程度，运用因子分析法研究风险特征和风险事件的关系。公众对医学 X 射线和核能在不同风险特征维度上的评价差异，如图 3.1 所示 (Fischhoff et al., 1978)。核能和 X 射线九个风险特征差异的结果表明，公众认为核能比 X 射线的风险度更高，核能在不同风险特征中有很多负面因素。核能风险因其非自愿性、灾难性、令人恐惧、不可知、不可控以及新出现的风险特征，其风险感知的概率值高于客观风险值。X 射线因其自愿性、非灾难性、常见、可知和可控等风险特征，其风险感知的概率值低于客观风险值（闫坤如和龙翔，2016）。

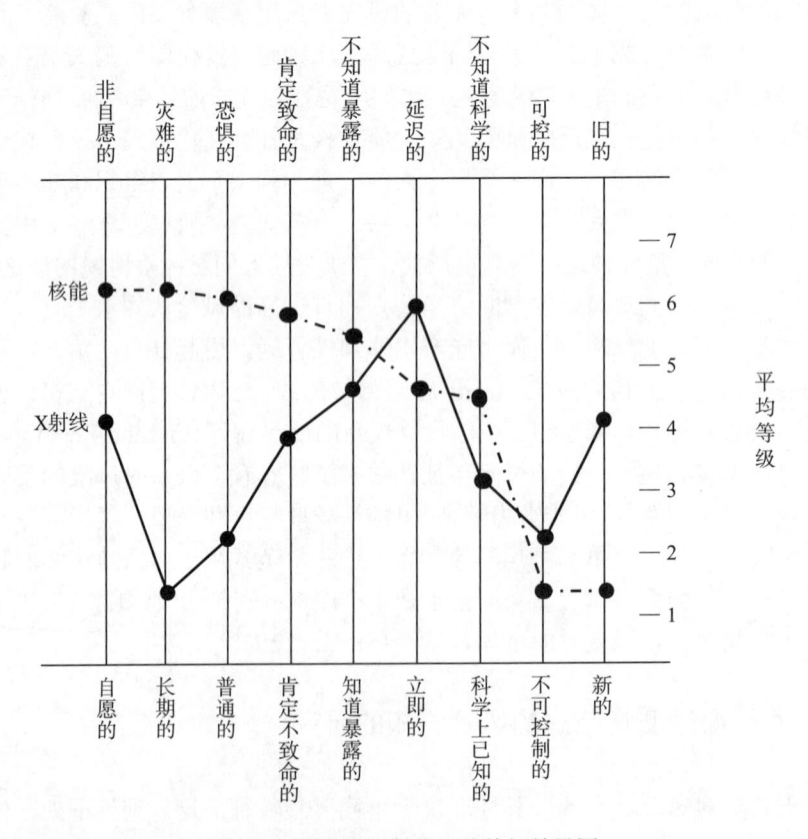

图 3.1　核能与 X 射线风险特征差异图

Slovic 等研究发现构成风险特征轮廓的很多风险特征之间具有高度关联性。如被列为"自愿的"的风险也被认为是"可知的"和"可控的",看起来"威胁着后代"的风险也被认为是具有"潜在的灾难性"。运用因子分析法对这些内在联系进行分析,研究表明,范围更广的风险特征能够被浓缩为小范围有序的特征。大量研究证明了 Slovic 在 1987 年提出的"未知风险"(unknown risk)和"恐惧风险"(dread risk)的风险感知因子空间结构。其中"未知风险"和"恐惧风险"的风险因子包含了如图 3.2 所示的风险特征(Slovic,Fischhoff and Lichtenstein,2003;谢尔顿·克里姆斯基,2005)。

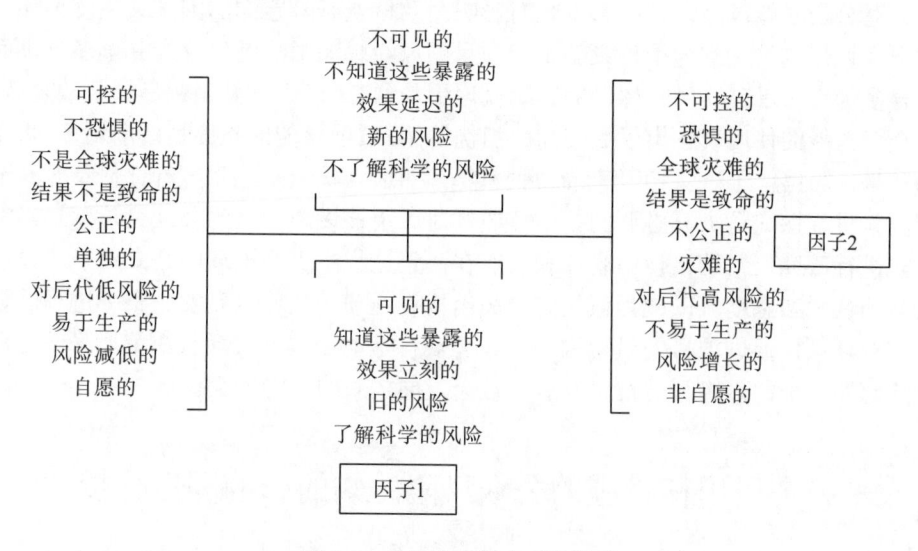

```
                     不可见的
                     不知道这些暴露的
                     效果延迟的                  不可控的
        可控的         新的风险                   恐惧的
        不恐惧的        不了解科学的风险             全球灾难的
        不是全球灾难的  ⎤ ⎤                        结果是致命的
        结果不是致命的 ⎦ ⎦                        不公正的      ┌─────┐
        公正的                                   灾难的        │因子2│
        单独的                                                 └─────┘
        对后代低风险的                             对后代高风险的
        易于生产的                                不易于生产的
        风险减低的                                风险增长的
        自愿的                                   非自愿的
                     可见的
                     知道这些暴露的
                     效果立刻的
                     旧的风险
                     了解科学的风险

                     ┌─────┐
                     │因子1│
                     └─────┘
```

图 3.2　风险感知维度理论模型

3.1.3　民用核设施的公众风险感知

风险情境下,公众如何应对风险事件受到他们对风险认知的影响(Peters,Burraston and Mertz,2004)。就民用核设施而言,专家和公众对核能的风险认知大相径庭,专家依据"发展需要"做出判断,评估核能具有较高的安全水平,而公众往往依据自身的"基本需求"做出决策,受情感等因素的制约,感知到较高的风险(Slovic,Fischhoff and Lichtenstein,2003)。在过去近四十年里,从美国三哩岛核事故到苏联的切尔诺贝利核事故,再到日本福岛重大核事故的发生,均表明核电并不是完全安全的,也存在风险,因此促使公众对核能的安全性日益关注。特别是 2011 年日本发生福岛核事故之后,公众对核电技术的风险感知普遍增高(Huang et al.,2013)。当公众对核能拥有较高的风险感知时,往往会对核能表现出反对态度,甚至是采取非理性行为,进而阻碍核能计划和项目的顺利实施

(Stoutenborough，Vedlitz and Xing，2013)。诸多研究表明,公众对民用核设施的风险感知水平直接影响核电的接受性,制约核电的发展。因此,公众核能风险感知对核能政策的推广和核能项目的实施是至关重要的。

在核设施安全管理过程中,通过研究公众的风险感知,可以预测公众对于核设施建设项目的潜在危险进行评估时所做出的判断和反应(宋艳等,2017)。通过阅读和总结先前的研究可以发现,学者多从心理学视角定性分析不同类型的风险感知程度的差异,缺少量化实证研究方法。同时,有关核能风险感知的研究主要集中在公众对核能、核设施(包括核电站、核废物处理)风险认知的调研,以及核事故对公众核能风险认知的影响,对影响公众核能风险感知的因素关注度不够。对于类似核电站这类大型核设施工程项目的风险感知影响因素分析并不多见,而综合多因素对于公众风险感知的影响机理更是鲜有研究。尤其是福岛核事故之后,公众对核能的使用表达出了更强烈的担忧情绪,质疑核能的态度也逐渐增多(张乐和童星,2014)。因此,在"后福岛时代",对公众核风险感知进行评估及对其影响因素进行探究是十分必要的。本章通过对民用核设施项目的公众风险感知影响因素进行研究,帮助核设施企业和政府在决策过程中更好地理解公众对于核设施风险的认知和态度,以此为依据完善民用核设施项目从计划到实施整个过程的管理规章体系,促进项目的风险沟通,让公众科学地参与重大项目决策,降低公众风险感知水平,最终缓解技术发展与社会发展之间的可能冲突。

3.2　民用核设施的公众风险感知的影响因素分析

已有文献表明,从煤炭、矿物燃料到可再生能源等重大能源项目,公众的感知对于能源政策的制定至关重要。同样,公众的支持或反对对核能政策制定也至关重要,目前公众对核能的感知已引起学术界和决策者的广泛关注。公众对核能风险、放射性废物处理的担忧也已经影响了世界各地核项目部署的途径、规模和速度。由此可见,风险感知已经成为核能决策的关键因素(Goodfellow et al.，2011；Venables et al.，2009；Venables et al.，2012)。然而,对风险感知的管理给决策者带来了特殊的挑战,原因如下:①公众倾向于将核风险区别于其他技术风险为一种特殊的风险。与其他风险(如癌症相关的风险)相比,核能风险通常被认为具有发生概率较低但发生后对健康造成灾难性和长期性影响的特征(NERC，2010；Scholz and Siegrist，2010)。人们往往不情愿接受核能是作为应对气候变化的解决方法,表明公众在考虑与核能有关的选择时必须做出艰难的取舍(Pidgeon et al.，2008)。②公众会广泛关注与核能选择有关的非技术问题,包括成本、环境和健康影响,放射性废物处置以及信息披露(Ipsos-reid，2003)。③因为风险是在社会、文化和历史背景下形成的,所以它是高度动态的,随着时间和空间的推移而变化

(Irwin et al., 2000)。研究发现，公众的核能风险感知受到人口统计特征和经验的影响(Corner et al., 2011; Hadjilambrinos, 2000; Sjöberg, 2000)。这些社会政治层面意味着核能风险感知的管理需要的不仅仅是技术专长。然而，传统的技术决策系统在处理核能决策方面的能力有限(Valentine and Sovacool, 2010)，而且涉及不完全的知识(Power, 2004)。正是在这种风险管理的背景下，信任和公众参与被视为两个不同但相辅相成的概念，可以为有效的核能决策提供一个更坚实的平台(Aegerter and Bucher, 1993; Bradbury et al., 1999)。本章研究整合了已被学者们普遍认同的影响因子，构建高阶变量信任来描述公众对媒体、政府、专家和企业的整体信任水平，拟建立一个包括信任、负面情绪、信息获取、利益感知、感知知识和个人特征因素对公众风险感知影响机理的综合理论框架，以期为国家制定核设施项目相关政策规章提供有益借鉴。

3.2.1 信息获取

风险情境下，公众往往需要及时获取风险信息来帮助他们对风险进行评估(Lindell and Perry, 2012)。因此，及时满足公众的信息需求是十分必要的(Keselman, 2005)。风险感知的形成和演变是基于公众获取的风险信息，是对通过记忆存在人脑中的风险信息的反映(Wei et al., 2012)。风险信息沟通的目的就是推动风险信息的有效沟通与传播，以达到尽快消除或减轻风险事件对受影响公众的心理影响(Wei et al., 2009)。然而，过多的风险信息也可能会带来负面影响。当反复地向公众传播有关风险的信息时，往往会造成信息冗余，使得公众厌倦听到和阅读这类信息(Vasterman et al., 2005)，甚至可能会进一步提高公众的风险感知。例如，"9·11"事件之后，通过调研那些亲眼见证过恐怖袭击过程的人们可以发现，电视新闻的观看与创伤后应激障碍的存在有很强的联系(Pantin et al., 2003; Pfefferbaum et al., 2015)。因此，风险情境下，如何进行有效和适度的风险沟通对风险治理者来说是至关重要的。推动风险信息的有效传播与沟通，以及尽快消除或减轻对受影响社区公众的影响，就是风险信息沟通的最主要目的(Wei et al., 2009)。风险信息一方面可以主观地唤起人们过去相似的经历，而且还会对那些没有直接经历的人产生影响 (Shaw et al., 2004; Wei et al., 2009; Wachinger et al., 2013)。公众对接收到的风险信息通过加工、理解以及记忆形成了他们对风险的基本认知，也就是风险知识(Lindell and Perry, 2012)。当公众接触到的风险信息越多，相应地他们了解的风险知识也会适当地增加(Cook and Bellis, 2001)。

风险的社会放大效应认为风险信息对人们的风险判断的影响是一个广泛的心理的、社会的、机制的以及文化的过程，进而放大风险的社会影响(Kasperson et al., 1988)。个体感知到的风险可能会受他们从媒体和同伴(如朋友、同事和邻居)或者公共机构中获取的信息的影响(Grothmann and Patt, 2005)。关于风险信息对风感知的影响，先前的学者进行了大量的研究。Lindell 和 Hwang（2008）的研究结果表明，公众的风险感知与他们对信息渠道的依赖性显著相关，包括新闻媒体、同伴、互联网和官方等渠道。此外，Peacock 等（2005）也发现，公众感知到的灾害风险与他们从社会来源接收到的灾害信息相关，例如，官方和新闻媒体。核设施建设情景下，信息渠道依赖性对风险感知的影响受到的关注还远远不够，但是依据先前的研究结果，可以假设公众对信息渠道的依赖性会显著地影响他们的核风险感知。

风险情境下，公众往往可以通过多种渠道获取相关风险信息，不仅包括官方信息渠道，还包括新媒体信息渠道（Lindell and Perry，2004）。随着信息技术的发展，新媒体信息资源以惊人的速度增长，而且每天有成千上万的新用户在不断加入新媒体来获取其中的信息资源。然而，在核风险情境中，先前的研究中很少有探究风险信息渠道是如何影响风险知识和风险感知的。笔者将公众获取信息的渠道划分为官方信息渠道(如电视台、电台和报纸)和新媒体信息渠道(如网络搜索、新闻网站和社交网络)和个人信息渠道(如朋友、亲戚和同事)，试图探究公众对这三种信息渠道的信息获取，对公众感知到的有关核能的知识以及核风险感知是否存在显著影响。具体的研究假设描述如下：

假设 1a/b/c：公众从官方信息渠道、新媒体信息渠道和个人信息渠道获取信息会显著地正向影响感知知识。

假设 2a/b/c：公众从官方信息渠道、新媒体信息渠道和个人信息渠道获取信息会显著地负向影响核风险感知。

3.2.2 风险知识

PADM 中假设人们的风险感知与他们的风险经历的近因、频率和强度相关(Lindell and Hwang，2008；Ge，Peacock and Lindell，2011)。风险经历指的是个体经历的由灾害引起的伤亡或者损失，这些伤亡经历可以是个体自己的或者家属的，还可以是朋友的、邻居的或者同事的(Lindell and Hwang，2008)。本研究中，由于公众并没有经历过核事故引起的伤亡或者损失，而且风险知识在先前的研究中被频繁地使用(Klerck and Sweeney，2007)，因此本章研究尝试使用风险知识来代替 PADM 中的风险经历进行研究。风险知识是公众对某种特定风险的了解程度(Stoutenborough，Vedlitz and Xing，2013)。通过阅读与总结先前的研究，发现风险知识与利益感知之间的关系并没有得到太多的关注。仅有一篇文章试图探讨了风险知识是如何影响利益感知。Wallquist 等(2010)调研瑞士公众对二氧化碳捕获和储存(CCS)技术的感知时，发现随着公众了解的二氧化碳知识的增多，他们的利益感知会降低。在核技术风险情境中，风险知识与利益感知之间的关系还并没有被探讨过。因此，本章研究试图探讨公众了解的有关核能的知识是否会显著地影响他们的利益感知。

先前的研究结果表明，风险情境下，风险知识是一个影响公众风险感知的重要因素(Harris and Blair，2006)。例如，在产品召回危机情境中，Wei 等(2014)研究发现消费者掌握的产品知识会显著地影响他们的风险感知。公众对一项技术所掌握的知识会显著地影响他们对该技术的风险感知(Klerck and Sweeney，2007；Katsuya，2001)。然而，技术知识与风险感知之间的关系却并不简单，它包括负向关系、没有关系和倒 U 形关系(Sjöberg and Drottz-Sjöberg，1991；Klerck and Sweeney，2007；Christoph，Bruhn and Roosen，2008)。例如，Klerck 和 Sweeney(2007)实证证明了转基因食品知识可以显著地降低消费者对转基因食品的风险评估。在一定程度上，先前的研究者对知识的不同操作处理方式是造成上述结果不一致的原因。一些研究采用主观知识来测量知识；受访者评估他们掌握的关于特定主体的知识，而另一些研究采用客观知识来测量知识；受访者实际掌握的关于特定主体的知识。

在核能技术情境中，先前的研究发现公众了解的有关核能的知识与他们的风险感知之间的关系结果也并不一致。Sjöberg 和 Drottz-Sjöberg(1991)将核电站工作者作为研究对象，研究发现核电站工作者掌握的核知识的增加会降低他们的核风险感知。Katsuya(2001)在日本公民之间展开的一项研究表明，日本公民自我评估的核知识和风险感知之间的关系并不显著。尽管先前研究证实的风险知识与风险感知之间的关系不尽相同，但是多数研究还是证实了风险知识会显著地影响风险感知。因此，可以假设风险知识会对公众的核风险感知产生显著的影响。先前的研究者通常是将风险知识作为一个变量进行研究，并没有试图探究不同方面的风险知识对风险感知的影响是否存在差异。为此，本章研究将核知识划分为核事故知识和核能知识两个方面。核事故知识指的是有关核事故和核辐射的知识，核能知识指的是有关核电站的监管和核能发电机制的知识。本章研究试图探究这两个方面的知识是否会显著地影响风险感知。具体的研究假设描述如下：

假设 3：公众感知到的核电知识会显著地正向影响利益感知。

假设 4：公众感知到的核电知识会显著地负向影响风险感知。

3.2.3 利益感知

利益感知指的是公众对某项技术或者活动所能带来的利益的主观感受(Siegrist，2000)。尽管在 PADM 中并未提及利益感知，先前的研究指出利益感知也是一个影响公众对特定技术的风险感知的重要因素，因此本章研究将利益感知也囊括进来。以往的研究中，利益感知与风险感知之间的关系受到了较多的关注。例如，较早的一篇研究风险感知与利益感知之间关系的文章是 Fischhoff 等在 1978 年开展的，研究中作者使用心理测量的方法，通过三十个题项来测度风险感知和利益感知。研究结果发现人们感知到的某项技术带来的利益与他们的风险感知相关，并且利益感知越高则风险感知越低，反之亦然。Siegrist(2000)提出的基因技术接受模型中，风险感知和利益感知是两个影响基因技术接受性的重要因素。尽管在最初的理论模型中，作者并没有对利益感知和风险感知之间的关系进行假设，但是实证研究的结果证实了利益感知和风险感知之间存在显著的负向关系，公众感知到基因技术的利益越高他们的风险感知则越低。同样地，Finucane 等(2000)的研究证实了公众的利益感知和风险感知之间存在相反的关系。然而，也有一些研究发现利益感知和风险感知之间的关系并不显著。Van Kleef 等(2010)调研了孟加拉国公民关于移动电话和基站技术的利益感知和风险感知，研究结果显示风险感知和利益感知之间的相关性系数并不显著，它们是两个独立的概念。

在核技术风险领域，到目前为止，仅发现几篇研究文献关注了利益感知与风险感知之间的关系。Seidl 等(2013)在调研公众对核废物存储的利益感知和风险感知进行调研时，发现利益感知和风险感知之间呈显著负相关关系。Visschers 和 Siegrist(2013)开展了一项研究，调研福岛核事故发生之前和之后公众对核能的接受性。研究发现不管是在福岛核事故发生之前还是之后，公众的利益感知与风险感知之间都存在显著的负向关系，也就是当公众感知核能可以带来较多利益时，他们的风险感知就会很容易降低。根据先前的研究结果，可以假设利益感知可以显著地影响风险感知。因此，本章研究假设公众的利益感知与风险感知之间是否存在显著的负向关系。具体的研究假设描述如下：

假设 5：公众的利益感知会显著地负向影响风险感知。

3.2.4 负面情绪

Finucane 等(2000)建立的情绪启发式学说认为情感和感情是理解风险感知的关键因素，当决策者在觉察到风险时，心理会产生相应的反应即情绪，并且在此条件下产生主观上对风险大小的估计。Loewenstein 等(2001)建立的风险即感情假说指出，风险感知不仅依赖于理性的认知判断，还受到决策者心情等因素影响，在面对风险时，具有正面情绪的人感觉到的风险水平相对低于具有负面情绪的人群。而现实情况表明，即使决策者在主观上能意识到情绪对于风险感知的影响，也难以对其进行控制(陆绍凯，2011)。由于核电站项目的特殊性，项目的建设可能造成的风险后果极其严重，自然会引起公众忧虑、恐惧等负面情绪，并因此产生公众在悲观情绪下高估风险的结果。因此，在研究公众对于核电项目的风险感知的过程中，有必要探究负面情绪对核电站项目风险感知的影响，而在此处正面情绪可以忽略不计。基于以上分析，本章提出假设如下：

假设 6：负面情绪会显著地正向影响风险感知。

3.2.5 人口统计特征

先前的研究结果表明，公众对技术风险的感知受到人口统计特征的影响，包括年龄、性别、学历和收入。Anderson 等 (2014) 调研公众对新兴技术的风险感知时发现，年龄和性别对风险感知有显著的正向影响。也就是说，年龄越大的受访者感知到新兴技术的风险越高，女性感知到新兴技术的风险更高。在手机和基站技术研究中，Van Kleef 等 (2010) 发现，年龄越大的受访者感知到的风险感知较低，女性受访者的风险感知较男性更高。Sjöberg (2004) 研究发现，公众的社会经济状况对他们的基因技术风险感知有显著的影响，相比较于收入高的公众，低收入的公众往往感知到更高的风险感知。Lemyre 等 (2006) 的研究结果证实，受教育程度对受访者的健康风险感知有显著的负向影响，低学历的受访者对环境、治疗和社会健康风险的感知要高于高学历的受访者。Mah 等 (2014) 探讨了人口统计特征对公众核能风险感知的影响，研究结果证实年龄大的受访者、高收入的受访者、低学历的受访者以及女性往往感知到较高的核风险。

此外，本章研究还将风险距离包括在人口统计特征中。公众离风险源的距离也是一个影响风险感知的因素。Slovic (1999) 研究发现，公众离风险源的距离对风险感知存在正向的影响。Marks 和 von Winterfeldt (1984) 在调研公众对风险技术的感知的研究结果也指出，公众离技术风险源的距离和感知到的技术风险之间存在正向的关系，并将此称为"邻避效应"。也有其他的研究指出公众离风险源的距离会显著地负向影响风险感知。例如，Weber 等 (2001) 研究结果表明，相比较于居住在无重金属污染区域的居民，居住在重金属污染区域的居民感知到更低的风险。Grasmück 和 Scholz (2005) 在随后的研究中也得出了相似的结果。在本章研究情景中，公众距离核电站越近，他们接触到核辐射的可能性则越大，以及当核电站发生事故时他们受到影响的可能性也越大。因此，本章研究试图探究核能情景下，人口统计特征（年龄、性别、学历、收入和居住距离）对公众的风险感知是否有显著的影响。

3.3 研究问题和研究假设

从上一节讨论的影响因素及其关系来看，已有研究文献表明多个因素与风险感知有关。更具体地说，我们的研究问题主要集中在信息获取、居住距离、感知知识、利益感知和风险感知之间的关系。

图 3.3 所示是本章构建的民用核设施公众风险感知的影响因素模型。

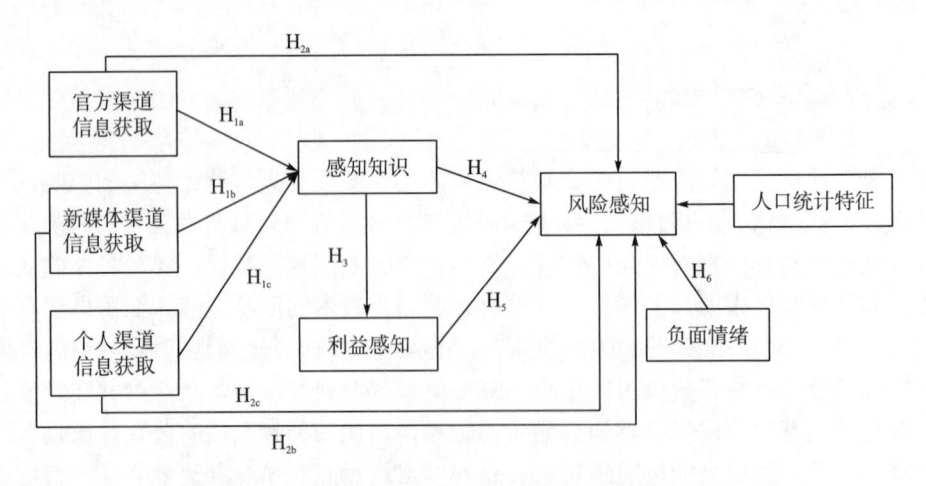

图3.3 民用核设施公众风险感知的影响因素模型

3.4 问卷设计和数据收集

3.4.1 问卷设计

本研究的调查问卷是通过4个反复的阶段完成的。因为社会心理学研究领域具有基于一定理论框架开发测量潜变量量表的传统，并且文献报道了某些变量的许多量表，所以第1个阶段是从相关文献选取所有变量的合适量表，作为开发量表的基础；第2个阶段就是对英文量表进行翻译，这部分由5个相关领域学者共同完成。在充分考虑国内情景，并经过由英文翻译成中文，再由中文翻译成英文，与原文进行比较，如此反复修改的过程，最终确定了英文量表的中文版本；第3个阶段就是对没有文献参考的变量，自己设计量表。具体过程为：首先收集相关变量的信息，制定出最初的量表，然后去核电站周边进行实地调研，通过与当地居民的沟通，修改相关题项；第4个阶段就是对总体量表进行文字修改，以便文化程度低的人能读懂。

3.4.2 测量工具

本章研究采用问卷调研的方法来研究公众对核设施的风险感知。本章研究中包含了一系列的变量，包括人口统计特征(如年龄、性别、学历、家庭年收入和居住地距海阳核电站的距离)，各类信息渠道的使用习惯，感知到的核能知识，感知到的核事故知识，利益感知以及风险感知。研究使用的问卷是在先前的研究基础上进行设计的，每一个变量测量所使用的量表均来源于之前的研究，并依据本章研究的情境做了相应的修改。所有的变量测量均采用了李克特量表，从 1 至 5 表示完全不同意至完全同意。知识是行为学研究中一个非常重要的变量，并且依据先前的研究，知识在概念上可以区分为两个变量：主观知识和客观知识。客观知识指的是个体实际掌握的准确知识，主观知识也叫自我评估的知识，指的是个体感知到他们自己掌握的关于特定主体的知识（Park，Mothersbaugh and Feick，1994；Brucks，1985）。因此，可以认为客观知识与个体的实际知识储备量有关，而主观知识与个人对自己知识储备的自信心有关。虽然客观知识可以准确测量个体的实际知识，但是客观知识的测量需要克服很多程序上的困难(Kellens，Zaalberg and De Maeyer，2012)。相比而言，主观知识更容易测量，并且在先前的研究中使用的更频繁(Wei et al.，2014)。因此，本章研究中只将主观知识作为研究变量。如上一小节公众核风险感知影响因素模型中所述，本章研究中所涉及的相关核知识包括两个方面：核能知识和核事故知识。因此，本研究将分别测度公众感知到的核能知识和核事故知识。在 Huang 等(2013)的研究成果基础上，本章研究分别选用了两个题项来测度核能知识和核事故知识。感知核能知识的测度是通过询问受访者对中国政府对核电站的监管和政策以及对核能发电的运行机制的了解程度。感知核事故知识是通过询问受访者对核辐射对人类健康的影响以及对以往核电站事故信息的了解程度。

在核电站项目立项、建设等过程中，民用核设施附近的居民往往需要获取相关的信息，来帮助他们了解民用核设施可能存在的风险和威胁。信息渠道是传播信息的媒介物，也是公众获取信息的途径。风险情境下，公众通常依赖于多种信息渠道获取相关的风险信息。信息渠道依赖性体现了公众依赖某种信息渠道获取所需信息的程度。本章研究所涉及的信息渠道包括官方信息渠道和非官方信息渠道。官方信息渠道发布的信息多来源于政府，更具有权威性，具体包括国家、省级或市级电视台、电台和报纸。非官方渠道包括新媒体信息渠道和个人信息渠道。其中，新媒体信息渠道发布的信息多来源于网络，信息的准确性不能得到充分的保证，具体包括网络搜索(百度、搜搜等)、地方政府网站、主要新闻网站(新浪、搜狐等)以及社交网络(QQ、微信、微博等)。个人信息渠道具体包括亲戚、朋友、邻居、同事和社区公告栏。官方信息渠道获取信息的测度是通过询问受访者依赖上述信息渠道获取有关海阳核电站建设信息的程度，新媒体信息渠道获取信息和个人渠道获取信息的测度也使用同样的方法。此外，对公众使用各类信息渠道获取信息的习惯调研，包括使用时间、平台、频率以及浏览时长，具体问项详见本书附录部分。

利益感知指的是公众主观感受到的某项技术或者活动所能带来的利益(Siegrist，2000)。事实上，核电站的建设可以为选址地当地的经济社会发展带来很多有益之处。例如，在民用核设施启动建设之间，政府会将民用核设施选址附近的居民统一安置到新的住所，并给予一定的经济补偿，这将在一定程度上改善居民的生活质量。在核能情境中，先前的研究也将利益感知作为影响风险感知的一个重要因素，并开发了成熟的量表对其进行测度。依据 Huang 等(2013)和 Seidl 等(2013)的研究，本章研究选择并修改了四个题项来测度利益感知。通过询问受访者对如下表述的认可程度来测度他们的利益感知："核能发电比化石燃料(煤炭、石油)发电能产生更多、更低价的电力""海阳核电站的建设能完善区域公共基础设施的配套""海阳核电站建设能增加当地居民的就业机会和经济补偿""海阳核电站的建设能推动当地的经济增长"。当受访者对上述表述的认可程度越高时，他们的利益感知也越高。

负面情绪的测度根据 lzard(1997)针对核安全风险将公众的情绪分为积极和消极两种类型十种状态，并结合 Spielberger(1972)设计的状态—特质焦虑问卷整理出其中的消极情绪的四个观测变量(担心、失望、生气、愤怒)作为本研究测量负面情绪的问题。

在 PADM 中，风险感知是一个预测风险情境下人们保护性行为决策的核心变量(Lindell and Perry, 2012)。在这里风险感知指的是，人们预期的外部风险事件可能对他们的身体和社会造成的不利影响(Lindell and Hwang, 2008)。事实上，核电站附近的居民更关注他们的健康和周边环境所遭受核电站运行的威胁。参照 Huang 等(2013)和 Seidl 等(2013)的研究，本章研究选择并修改了四个题项来测度风险感知。这四个题项从如下两个方面测度风险感知：对个人健康的影响和核事故的可能性。具体的测度题项包括："核电站的运行对周边居民的健康和寿命存在较大的威胁""核电站的运行对后代的健康和寿命存在较大的威胁""核电站运行后可能发生造成重大健康和财产损失的核事故""核电站的建设过程中可能会对周边环境造成污染"。受访者通过勾选题项后面的数字表达他们对以上描述的认可程度，得分越高则表示风险感知越高。

3.4.3 数据收集

从国内来看，反核事件的主体通常是民用核设施项目周边的公众。民用核设施周边的公众对核设施建设的风险感知更高，有关核设施建设的风险信息需求更强烈。因此，为了更好地探究公众对建核设施风险的信息搜寻行为意向，本章研究调研的对象是山东省海阳核电站附近的居民。海阳核电站位于山东省海阳市(隶属烟台市)的留格庄镇的原董家庄和冷家庄，距离海阳市 22 公里，距离烟台市 93 公里，距离青岛市 107 公里。早在 1983 年，海阳核电站就以优越的气候条件和地理位置入选为山东省的第一厂址，总投资一千亿元人民币，建设规划六台百万千瓦级的核电机组。2005 年，原董家庄和冷家庄的 1024 户村民开始整体搬迁至 5.5 公里以外的移民新村。2007 年，海阳民用核设施被纳入《核电中长期发展规划》(2005-2020 年)。2009 年 9 月，海阳核电站一期工程正式开工，采用先进的第三代核电技术——AP1000，建成两台压水堆核电机组，投资约四百亿元人民币，预计 2017 年并网发电。海阳核电站的运行将会改善山东省供电紧张的现状，促进海阳市乃至整个山东省地方经济的快速发展。

本章研究的调研对象选择海阳核电站周边的居民，主要基于如下几点的考虑：首先，中国核电站以建设进度划分为筹建中、在建中和运营中的核电站。在中国，核电站的筹建要完成项目选址、初步可行性研究和项目建议书等前期准备工作，核电站从选址到动工建设往往需要五年乃至更长的时间。此外，日本福岛核事故发生后，全球的民用核设施都受到影响，中国也不例外，全面叫停新民用核设施建设的审批工作，筹建中的核电站需要更长的时间才能获得审批。因此，筹建中的核电站附近的居民缺乏对民用核设施及核能的理解，较难准确测度公众应对核能风险的信息需求和信息搜寻行为。而运营中的核电站附近的居民已经接受了民用核设施且适应居住在核电站附近，核电站风险信息需求可能较低，信息搜寻行为也较难准确测度。研究对象选择在建中的核电站周边的居民，可以避免上述两种情况所存在的问题，更为准确地测度核电站风险信息需求和信息搜寻行为。其次，海阳核电站是中国在建的九个核电站之一(2018 年 8 月已并网发电)，六台机组全部建成后的海阳核电站将成为中国最大的核电站，在中国的核能发电项目中起到了重要的推动作用。最后，从近年来发生的反核事件(如江门鹤山反核事件和连云港反核事件)可以发现，反核群众主要是待建项目周边的居民，他们的风险感知更高，应对风险所需要的信息和信息搜寻行为可能更强烈。因此，选择海阳核电站周边的居民作为调研对象更具有代表性。

距海阳核电站 10 公里以内有 19 个村庄，研究组依据距海阳核电站的距离将调研对象分成 3 层，然后随机选择海阳市范围内的村镇作为调研地，分别是 5 公里以内的邵家庄、张家庄和大辛家村，5~10 公里的留格庄镇和三甲村，10~22 公里的海阳市区，在这些调研地随机发放问卷。

2015 年 2 月 1 日起，研究组深入到调研地开始了为期近一个月的面对面的调研。与在线调研相比，面对面的调研存在如下优势：增加了受访者的参与意识；减少了受访者对问卷的误解；允许对受访者的自发提问。问卷分发给受访者并要求受访者独立完成。每位受访者只填写一份问卷。在填写问卷之前，研究组为消除受访者的顾虑，告知受访者该问卷为匿名填写，并对调研目的进行了说明。这次的调研对象大多数是海阳核电站周边的村民，研究组对文化层次较低的受访者在问卷的理解上给予了帮助，通过问答式的方式填写问卷。研究组在为期近一个月的时间累计发放问卷 550 份。最终，共收集 510 份问卷。问卷被回收后，研究组判断有 23 份问卷由于主要变量的数据缺失或不同的变量选择完全相同而视为无效。因此，研究组最终确定有 487 份有效问卷，应答率为 88.5%。

问卷以纸质的形式发放给每一位受访者，共包括四页，由四部分内容构成，第一部分简要介绍了本次调研的目的，对受访者回答的保密性进行说明，并感谢受访者的参与;第二部分是问卷的情景介绍,简要介绍了海阳核电站的建设概况和作用;第三部分是问卷主体的内容,呈现的是研究所涉及的各个构念及其测量问项;最后一部分是若干调查受访者人口统计特征的问题。问卷调查结果如表 3.1 所示,"其中,样本的平均年龄为 40.9 岁,56.2%为 31~50 岁人群;59.1%为男性;48.2%受过初中及以下的教育,41.5%受过高中或者大专教育,10.3%受过大学本科及以上的教育";39.8%人群年收入为 3 万~6 万元;42.2%人群居住在距离海阳核电站 10 公里以内。"

表 3.1 受访者的人口统计特征(人数= 487)

变量	种类	人数	百分比/%
性别	男性	288	59.1
	女性	199	40.9
年龄	≤20	21	4.3
	21~30 岁	85	17.5
	31~40 岁	141	28.9
	41~50 岁	133	27.3
	>50 岁	107	22.0
教育程度	小学及以下	36	7.4
	中学	199	40.8
	高中或者大专	202	41.5
	大学本科及以上	50	10.3
家庭年收入	低于 30,000 元	165	33.9
	30,000~60,000 元	194	39.8
	60,000~100,000 元	105	21.6
	高于 100,000 元	23	4.7
居住距离	≤5km	44	9.0
	5~10km	162	33.2
	10~20km	163	33.5
	20~50km	106	21.8
	>50km	12	2.5

3.5 公众对核设施的风险感知的影响因素分析

核能情景下公众风险感知的形成是一个复杂的过程,因此需要使用多层回归分析方法来解释公众的核风险感知。本章首先应用 SPSS21.0 分析工具进行探索性因子分析(exploratory factor analysis, EFA),然后再利用多层回归验证假设。

3.5.1 信度和效度分析

信度是指测量同一概念的不同问题(测量题项)的一致性、稳定性及可靠性，一般多以内部一致性来加以表示该测验信度的高低。信度系数越高即表示该测验的结果越一致、越稳定可靠。系统误差对信度没什么影响，因为系统误差总是以相同的方式影响测量值，因此不会造成不一致性。本章严格按照实证分析范式，先应用 SPSS 21.0 分析工具对调查问卷数据进行探索性因子分析(EFA)，得到的(kaiser-meyer-olkin，KMO)值为 0.783，Bartlett 球形检验表明样本适合做主成分分析。选用方差最大法对样本数据做因子旋转，发现共析出 7 个特征值大于 1 的因子，总体方差的解释率为 65.248%。具体的因子结构及因子负载如表 3.2 所示。由表中数据可以看出，每个测度项的因子载荷(表中加粗数据)均在 0.6 以上，这说明测量量表因子结构清晰，适合做验证性因子分析，并具有较好的收敛效度和区分效度。

表 3.2 因子结构及因子负载

	1	2	3	4	5	6	7
信息获取 1	0.226	0.038	0.213	0.076	−0.012	**0.740**	0.119
信息获取 2	0.117	0.080	0.111	0.099	0.004	**0.806**	0.095
信息获取 3	**0.792**	0.108	0.167	−0.018	0.038	0.273	−0.022
信息获取 4	**0.832**	0.048	0.084	0.074	0.062	0.056	−0.102
信息获取 5	**0.816**	0.132	0.207	0.044	0.016	0.090	0.165
信息获取 6	0.791	0.065	0.095	−0.003	−0.058	−0.037	0.333
信息获取 7	−0.009	0.058	0.145	−0.025	0.138	0.216	**0.788**
信息获取 8	0.227	0.019	0.098	0.075	−0.024	−0.007	**0.820**
感知知识 1	0.099	−0.014	**0.796**	−0.012	0.046	0.093	0.161
感知知识 2	0.175	0.003	**0.757**	−0.044	0.020	−0.087	0.159
感知知识 3	0.092	−0.037	**0.666**	0.058	0.109	0.111	−0.068
感知知识 4	0.111	0.040	**0.712**	0.137	−0.008	0.264	0.047
利益感知 1	−0.001	−0.048	0.044	0.143	**0.732**	−0.077	0.003
利益感知 2	−0.026	−0.002	0.007	0.160	**0.753**	0.044	0.000
利益感知 3	0.064	−0.030	0.081	−0.046	**0.734**	−0.121	0.043
利益感知 4	0.019	−0.010	0.032	0.001	**0.699**	0.216	0.053
负面情绪 1	0.062	**0.708**	0.087	0.106	0.016	0.148	0.114
负面情绪 2	0.074	**0.825**	0.034	0.097	−0.053	0.025	−0.005
负面情绪 3	0.044	**0.849**	−0.033	0.052	−0.027	0.003	−0.019

续表

	1	2	3	4	5	6	7
负面情绪 4	0.106	**0.786**	-0.098	-0.023	-0.032	-0.004	0.000
风险感知 1	0.107	-0.008	0.126	**0.834**	-0.047	0.004	0.059
风险感知 2	0.025	0.026	0.011	**0.830**	0.102	0.039	0.058
风险感知 3	0.026	0.130	-0.025	**0.714**	0.119	0.054	-0.026
风险感知 4	-0.142	0.148	0.037	**0.555**	0.165	0.416	-0.079

为了进一步检查测量模型的信度和聚合效度，通过计算每个测度项的标准负载、每个变量的克隆巴赫系数(Cronbach's α)和平均变异抽取量(average variance extracted，AVE)检查了量表的信度和聚合效度，计算结果如表 3.3 所示。测度项的因子载荷基本都超过了 0.7，每个变量的 Cronbach's α 都大于 0.7，表明测量模型具有较好的信度。同时所有变量的 AVE 都超过了 0.5，表明测量模型具有较好的聚合效度。

表 3.3　信度和聚合效度分析

变量	描述	因子载荷	Cronbach's α	AVE
\multicolumn{5}{l}{您通过如下渠道获取海阳核电站建设信息的程度：}
官方渠道	国家或省电视台、电台和报纸	0.835	0.714	0.728
	本市、县的电视台、电台和报纸	0.872		
	地方政府网站	0.808	0.872	0.683
新媒体渠道	网络搜索(百度、搜搜等)	0.856		
	主要新闻网站(新浪、搜狐等)	0.845		
	社交网络(QQ、微信、微博等)	0.796		
个人渠道	朋友、亲戚、邻居和同事	0.840	0.647	0.696
	社区公告栏	0.828		
感知知识	我了解中国政府对核电站的监管和政策	0.827	0.773	0.572
	我了解核能发电的运行机制	0.764		
	我了解核辐射对人类健康的影响	0.659		
	我了解以往核电站事故的详细信息	0.765		
利益感知	核能发电比化石燃料(煤炭、石油)发电产生更多、更低价的电力	0.759	0.768	0.591
	海阳核电站的建设能完善区域公共基础设施的配套	0.809		
	海阳核电站建设能增加当地居民的就业机会和经济补偿	0.721		
	海阳核电站的建设能推动当地的经济增长	0.784		

续表

变量	描述	因子载荷	Cronbach's α	AVE
如果海阳核电站建在您家附近10公里内,您的心情会怎样?				
负面情绪	担心	0.731	0.811	0.644
	失望	0.840		
	生气	0.851		
	愤怒	0.782		
风险感知	核电站的运行对周边居民的健康和寿命存在较大的威胁	0.793	0.811	0.614
	核电站的运行对后代的健康和寿命存在较大的威胁	0.807		
	核电站可能会发生造成重大健康和财产损失的核事故	0.766		
	核电站建设过程中可能会对周边环境造成污染	0.768		

为了进一步验证模型的区分效度，本章对比了表3.3每个变量的AVE的平方根（表3.4中加粗数据）和该变量与其他变量的相关系数，具体结果如表3.4所示，结果表明所有变量的AVE的平方根均大于其与其他变量的相关系数，证明量表的区分效度达到了要求。

由于数据来源于海阳核电站周边居民的自我陈述，可能存在共同方法偏差的问题。共同方法偏差有可能会因为相同的评分人以及相似的测量环境，而导致因子关系结构有效性的偏差，因此本章借鉴Harman's的单因素法检验问卷数据的共同方法变异问题，结果发现析出7个因子，并且没有一个变量能够解释大部分的方差，说明本研究的共同方法偏差问题并不显著。

3.5.2 描述性统计和相关性分析

表3.4中所示的是本部分研究中涉及的构念的描述性统计和双变量相关性分析的结果。表中的结果显示，官方渠道、新媒体渠道和个人渠道获取信息得分的均值分别为3.08、2.41和2.80，这表明受访者通过官方渠道、新媒体渠道和个人渠道获取核电站建设相关信息的程度并不是很高，而且通过官方渠道获取信息的程度要高于通过新媒体渠道获取信息的程度。感知知识的均值为2.99，表明受访者评估他们了解的核能知识和核事故知识处于中值水平。利益感知和风险感知两个构念得分的均值分别为3.64和3.52，表明受访者的利益感知和风险感知均处于较高的水平。负面情绪的均值为2.89，表明居民对核电站建设的负面情绪不高。此外，表3.4中对角线下端的数据描述的是本部分研究涉及的构念两两之间的相关性系数，结果显示除了少数几个相关性系数不显著，其他的相关性系数均比较显著。

表 3.4 均值、标准差以及相关性

变量	均值	方差	人口统计特征					信息获取渠道			感知知识	利益感知	负面情绪	风险感知
			1	2	3	4	5	6	7	8	9	10	11	12
1.年龄	41.07	12.02	1											
2.性别	0.42	0.49	-0.05	1										
3.学历	2.76	1.11	-0.60***	0.05	1									
4.家庭年收入	1.99	0.87	-0.16***	0.05	0.43***	1								
5.居住距离	2.75	0.96	-0.19***	0.03	0.11**	-0.07	1							
6.官方渠道	3.08	1.10	-0.20***	-0.06	0.13***	-0.10**	0.10**	**0.85**						
7.新媒体渠道	2.41	1.10	-0.32***	-0.03	0.20***	0.09**	0.16***	0.32***	**0.83**					
8.个人渠道	2.80	1.08	-0.09**	-0.07	0.00	-0.06	0.08	0.25***	0.28***	**0.83**				
9.感知知识	2.99	0.88	-0.10**	-0.10***	0.06	-0.06	0.03	0.34***	0.34***	0.28***	**0.76**			
10.利益感知	3.64	0.78	-0.04	-0.03	0.11**	0.03	0.02	0.05	0.05	0.10**	0.12***	**0.77**		
11.负面情绪	2.89	0.97	-0.04	-0.03	-0.02	-0.05	0.02	0.15***	0.20***	0.09	0.02	-0.05	**0.80**	
12.风险感知	3.52	0.80	-0.01	0.01	0.01	-0.05	-0.01	0.25***	0.07	0.08	0.13***	0.19***	0.17***	**0.78**

注：表格对角线以下呈现的是相关性系数；对角线上加粗显示的是 AVE 的平方根；***$p<0.01$；**$p<0.05$。

3.5.3 数据分析方法及分析结果

1. 数据分析方法

本章采用多元分层回归来验证假设，为了验证假设 1a/b/c，将感知知识作为因变量，将人口统计特征变量(年龄、性别、学历、家庭年收入、居住距离)以及信息获取渠道(官方渠道、新媒体渠道、个人渠道)作为自变量进行回归；为了验证假设 3 将利益感知作为因变量，将人口统计特征(年龄、性别、学历、家庭年收入、居住距离)，信息获取渠道(官方渠道、新媒体渠道、个人渠道)以及感知知识作为自变量进行回归；为了验证假设 2a/b/c、4、5，将风险感知作为因变量，将人口统计特征(年龄、性别、学历、家庭年收入、居住距离)，信息获取渠道(官方渠道、新媒体渠道、个人渠道)，感知知识，利益感知，负面情绪作为自变量进行回归。

根据本章的研究模型，可构建如下分层回归模型：

$$\varphi_1 = \beta_{11}\gamma_1 + \beta_{12}\gamma_2 + \beta_{13}\gamma_3 + \varepsilon_1$$

$$\varphi_2 = \beta_{21}\gamma_1 + \beta_{22}\gamma_2 + \beta_{23}\gamma_3 + \mu_{21}\varphi_1 + \varepsilon_2$$

$$\varphi_3 = \beta_{31}\gamma_1 + \beta_{32}\gamma_2 + \beta_{33}\gamma_3 + \beta_{34}\gamma_4 + \mu_{31}\varphi_1 + \mu_{32}\varphi_2 + \varepsilon_3$$

其中，γ_1 表示官方渠道获取信息；γ_2 表示新媒体渠道获取信息；γ_3 表示个人渠道获取信息；γ_4 表示负面情绪；φ_1 表示感知知识；φ_2 表示利益感知；φ_3 表示风险感知；β 和 μ 表示自变量 γ 和因变量 φ 之间的路径系数；ε 表示自变量的残差项。

该模型对应的矩阵形式为

第3章 民用核设施的公众风险感知研究

$$\begin{bmatrix} \varphi_1 \\ \varphi_2 \\ \varphi_3 \\ 0 \end{bmatrix} = \begin{bmatrix} 0 & 0 & 0 & 0 \\ \mu_{21} & 0 & 0 & 0 \\ \mu_{31} & \mu_{32} & 0 & 0 \\ 0 & 0 & 0 & 0 \end{bmatrix} \begin{bmatrix} \varphi_1 \\ \varphi_2 \\ \varphi_3 \\ 0 \end{bmatrix} + \begin{bmatrix} \beta_{11} & \beta_{12} & \beta_{13} & 0 \\ \beta_{21} & \beta_{22} & \beta_{23} & 0 \\ \beta_{31} & \beta_{32} & \beta_{33} & \beta_{34} \\ 0 & 0 & 0 & 0 \end{bmatrix} \begin{bmatrix} \gamma_1 \\ \gamma_2 \\ \gamma_3 \\ \gamma_4 \end{bmatrix} + \begin{bmatrix} \varepsilon_1 \\ \varepsilon_2 \\ \varepsilon_3 \\ 0 \end{bmatrix}$$

2. 数据分析结果

首先来验证假设 1a/b/c，验证信息获取与感知知识的关系，表 3.5 描述的是数据分析结果。其中，p 为显著性值，或 Sig 值；R^2 是解释方差；ΔR^2 代表 R^2 的变化；F 值为方差分析，也称 ANOVA(analysis of variance)分析。回归结果显示，官方渠道信息获取(β=0.218，p<0.001，支持假设 1a)、新媒体渠道信息获取(β=0.238，p<0.001，支持假设 1b)和个人渠道信息获取(β=0.223，p<0.001，支持假设 1c)对感知知识都有显著的正向影响。因此，可以认为信息获取对感知知识有显著的正向影响。该结果表明，那些从官方信息渠道(如电视台、电台和报纸等)获取核电站建设相关信息程度较高的公众，通常评估自己了解更多的核能知识和核事故知识。无论是通过新媒体信息渠道(如网络搜索、新闻网站、社交媒体等)，还是通过个人信息渠道(如亲人、朋友、邻居、同事、社区公告栏等)获取核电站建设相关信息程度较高的公众，往往认为自己了解更多的核能知识和核事故知识。

表 3.5 回归模型一：因变量为感知知识

变量	感知知识
1.控制变量	
1.1 人口统计特征	
ΔR^2	0.03
2.信息获取	
2.1 官方渠道	0.22***
2.2 新媒体渠道	0.24***
2.3 个人渠道	0.16***
ΔR^2	0.18***
R^2	0.21
F 值	15.55***

注：***p < 0.01；**p < 0.05。

然后，验证假设 3，即验证感知知识与利益感知的关系，表 3.6 描述的是数据分析结果。回归结果显示，感知知识(β=0.113，p<0.05，支持假设 2)对利益感知都有显著的正向影响。感知到自己拥有更多核电知识的公众往往也感知到更高的利益。

表 3.6　回归模型二：因变量为利益感知

变量	利益感知
1.控制变量	
1.1 人口统计特征	
ΔR^2	0.02
2.信息获取	
2.1 官方渠道	−0.01
2.2 新媒体渠道	−0.03
2.3 个人渠道	0.08
ΔR^2	0.01
3.感知知识	0.10**
ΔR^2	0.01**
R^2	0.04
F 值	4.06**

注：***$p<0.01$；**$p<0.05$。

最后，验证假设 2a/b/c、假设 4、假设 5 和假设 6，即验证信息获取、感知知识、利益感知和负面情绪与风险感知的关系，表 3.7 描述的是数据分析结果。回归结果显示，官方渠道信息获取($\beta=0.22$，$p<0.001$，支持假设 2a)对风险感知都有显著的正向影响。新媒体渠道信息获取($\beta=-0.03$，不支持假设 2b)和个人渠道信息获取($\beta=-0.01$，不支持假设2c)与风险感知没有关系。感知知识($\beta=0.00$，不支持假设 4)对风险感知没有影响。利益感知($\beta=0.19$，$p<0.001$，支持假设 5)对风险感知都有显著的正向影响。负面情绪($\beta=0.15$，$p<0.001$，支持假设 6)对风险感知都有显著的正向影响。

表 3.7　回归模型三：因变量为风险感知

变量	风险感知
1.控制变量	
1.1 人口统计特征	
ΔR^2	0.00
2.信息获取	
2.1 官方渠道	0.22***
2.2 新媒体渠道	−0.03
2.3 个人渠道	−0.01
ΔR^2	0.06***
3.感知知识	0.04

续表

变量	风险感知
ΔR^2	0.00
4.利益感知	0.19***
ΔR^2	0.03***
5.负面情绪	0.15***
ΔR^2	0.02***
R^2	0.12
F 值	10.94***

注：***$p < 0.01$；**$p < 0.05$。

民用核设施公众风险感知的影响因素分析结果如图 3.4 所示。本书中涉及的三种渠道中，只有官方渠道信息获取对风险感知有显著的影响，新媒体渠道和个人渠道信息获取均对风险感知没有影响。该结果表明，官方渠道信息获取显著地正向影响风险感知。通常，依赖官方信息渠道获取核电站相关信息程度较高的人，感知到的核风险水平更高。

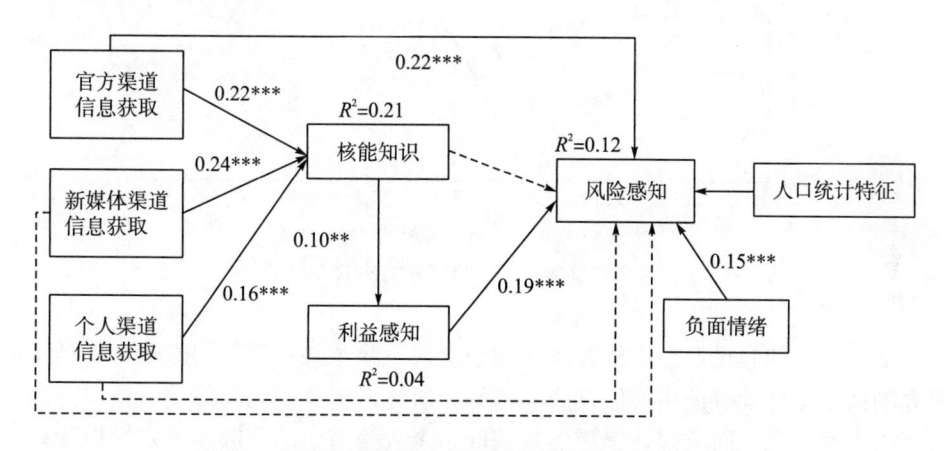

图 3.4 民用核设施公众风险感知的影响因素分析结果

此外，本章还发现利益感知也对风险感知有显著的影响。利益感知和风险感知之间的路径系数为 0.19，表明利益感知会显著地正向影响风险感知。该研究结果指出，当人们感知到有关核能的利益越高时，他们感知到有关核能的风险也越高。为了更深入地探究利益感知与风险感知之间的关系，本章研究试图通过线性回归来对二者之间的关系进行更深入的分析，回归分析以风险感知为因变量，以利益感知及其去中心化平方项为自变量。回归分析的结果如表 3.8 所示。结果表明，利益感知及其平方项对风险感知均有显著的影响。其中，利益感知的回归系数为 0.20，表明利益感知对风险感知有显著的正向影响。而利益感知平方项的回归系数为-0.11，表明利益感知平方项对风险感知有显著的负向影响。上述结果表明利益感知与风险感知之间呈现倒 U 形关系(图 3.5)，也就是说，当公众的利益感知处于较低和较高水平时，他们的核能风险感知最低，而当公众的利益感知处于中等水平时，他们的核风险感知最高。

表 3.8　以风险感知为因变量的回归分析结果

变量	标准化系数	标准误差	t
利益感知	0.20***	0.05	4.33
利益感知平方项	−0.11**	0.04	−2.36

注：利益感知平方项是对利益感知去中心化后进行平方；*** $p<0.01$，** $p<0.05$；R^2 =0.06，调整的 R^2=0.06。

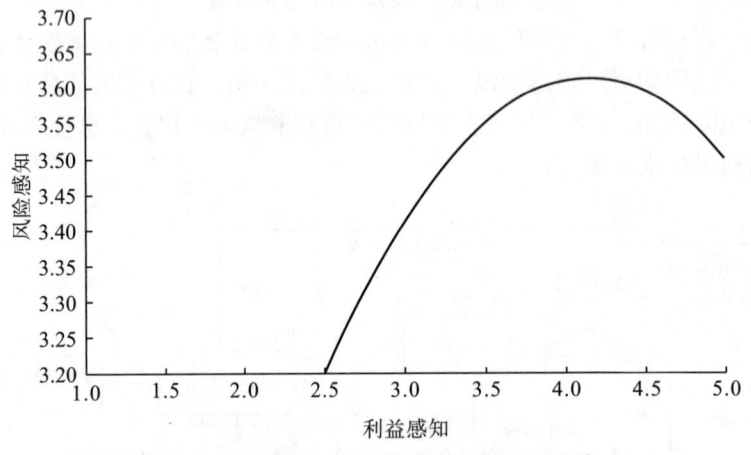

图 3.5　利益感知与风险感知的倒 U 形关系

尽管本章的假设模型中认为感知知识会对风险感知有显著的影响，但是实证研究的结果却并没有证明该假设成立。综上所述，本章研究的假设模型中提出的所有关系都成立，而新媒体渠道信息获取、个人渠道信息获取和感知知识除外，它们不能显著地影响风险感知。此外，本章研究还试图探究了人口统计特征对风险感知的影响，结果表明在年龄、性别、学历和收入四个人口统计变量中，没有变量与风险感知之间存在显著的相关性。最后，本章研究也讨论了风险感知与居住距离之间的关系，然而并没有发现二者之间存在显著的关系。因此，可以认为公众的核风险感知并不会受到其居住地离核电站的距离远近的影响。

3.5.4　公众的信息渠道使用习惯分析

上述结构方程模型分析结果表明，公众对信息渠道的依赖性会显著地影响他们感知到的核能知识、核事故知识以及核风险感知。为此，这一小节将进一步对公众的信息获取行为进行分析，包括通过信息渠道获取信息的时间以及途径。图 3.6 是调研的受访者观看电视的时间段及其人数统计。图中结果显示，受访者观看电视的时间可以分为几个时间段：6~15 时，在这一时间段内选择观看电视的受访者数量分布相对均匀，但是人数并不是最多的；从 18 时开始，观看电视的人数开始逐渐增加，并在 20 时达到最多，因此可以认为这一时间段是受访者集中观看电视的时间；21 时之后观看电视的人数开始逐渐减少。

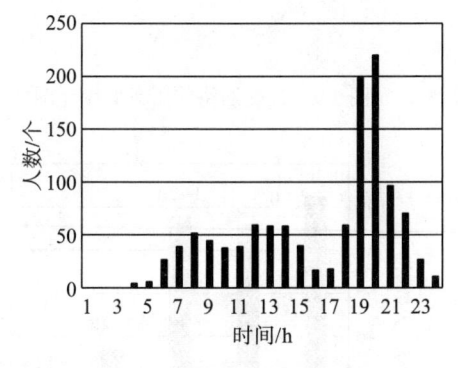

图 3.6 电视观看人数统计图

图 3.7 新闻网站浏览人数统计图

图 3.7 是受访者在一天内各时间段浏览新闻网站的人数分布图。从图中可以看出，6~10 时，浏览新闻网站的人数逐渐增多；11 时之后，人数开始减少；从 14 时开始，浏览新闻网站的人数又逐渐增多，并在 19 时和 20 时达到最多；22 时之后，浏览新闻网站的人数又逐渐减少。图 3.8 描述的是受访者在一天内各时间段浏览社交网络(QQ、微信、微博等)的人数统计图。该结果表明，6~15 时，浏览社交网络的受访者逐渐增多，并在此时间段内人数保持相对均匀分布；从 19 时开始，浏览社交网络的人数迅速增加，并在 20 时达到最多；21 时之后，浏览的人数又逐渐减少了。

此外，这一小节还对受访者使用社交网络的习惯进行了更详细的统计分析。本章研究最终有效的分析样本中，有 145 位受访者基本不用社交网络，其余 342 位受访者使用社交网络。图 3.9 是受访者使用社交网络频率的统计。图中结果显示，在使用社交网络的用户中，接近一半的用户每天至少会使用一次社交网络，接近三分之一的用户两三天使用一次社交网络。图 3.10 是受访者使用多种社交网络平台的人数统计。结果显示，受访者中使用微信和 QQ 空间的人数最多，其次是腾讯微博和新浪微博。而使用豆瓣、天涯、网易和搜狐微博的人数则相对较少。受访者每天登陆社交网络的时间如图 3.11 所示，结果显示有接近三分之一的受访者每天登陆社交网络的时间为三十分钟以内，其次是一至两个小时，三十至六十分钟。较少数的受访者使用社交网络时长为两至四个小时和四个小时以上。

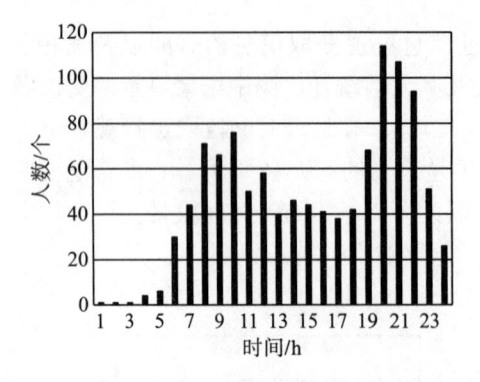

图 3.8　社交网络浏览人数统计图

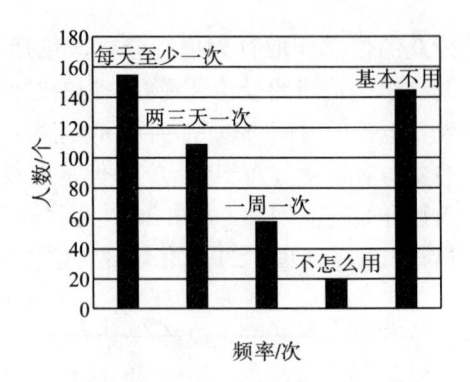

图 3.9　社交网络使用频率统计图

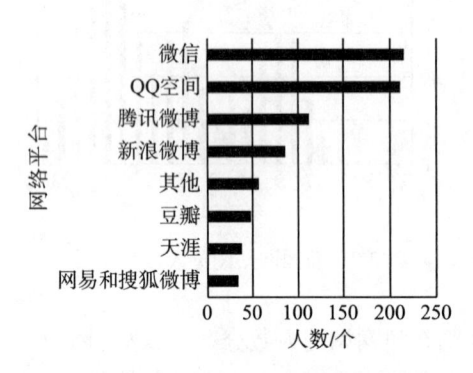

图 3.10　社交网络平台使用人数统计

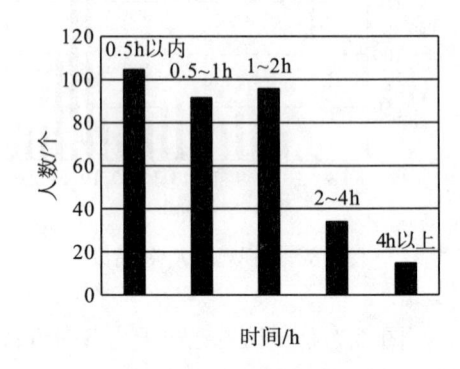

图 3.11　社交网络使用时间统计图

3.6　公众对核设施风险感知的影响因素分析结果讨论

本章探究了核设施信息对公众核风险感知的影响。研究选取了我国山东省海阳市在建的海阳核电站为实证背景,通过问卷调研的方式对居住在海阳核电站附近的居民进行调研,对收集的问卷数据进行分析与结果讨论。基于 PADM 的信息流,构建了一个研究风险信息是如何影响风险感知的假设模型,包含了风险感知与其影响因素(信息渠道依赖性、核能知识、核事故知识和利益感知)之间的关系。下面将对本章分析得出的结果进行讨论和解释。

本章的研究目的是探索在核电站建设情景中,公众接收到的有关核电站建设的信息是如何影响他们的核能风险感知。SEM 分析结果表明信息渠道依赖性对风险感知有显著的影响。本章研究将信息渠道划分为三类:官方信息渠道、新媒体信息渠道和个人信息渠道。结果显示官方信息获取可以显著地正向影响风险感知,而新媒体信息获取可以显著地负向影响风险感知。本章分析的结果也证实了风险情境下信息渠道依赖性对风险感知存在显著的影响,这与先前的研究结果一致，如 Lindell 和 Hwang（2008），Peacock 等（2005）的研究结果。官方信息渠道（电视台、电台和报纸等）和新媒体信息渠道（网络搜索、新闻网站、社交网络）都是人们获取信息的重要渠道，而且随着信息技术的不断发展，人们越来越依赖于新媒体信息渠道获取信息。官方信息渠道在传播风险信息时更倾向于对风险事件事实的描述，而且公众只能被动地接收新闻媒体所发布的信息。通过新媒体信息渠道，人们可以主动地选择了解自己感兴趣的信息，而且网络环境中的信息相对来说更为丰富。此外，本章研究还对公众使用各类信息渠道的习惯进行了统计分析，发现每天的 19 时和 20 时是公众观看电视的高峰期，19 时、20 时、21 时和 22 时是公众浏览新闻网站和社交网络的高峰期。社交网络平台中公众使用最多的是微信、QQ 空间和腾讯微博。

信息渠道依赖性除了对风险感知有显著的影响，还对公众感知到自己了解的核能知识有显著的影响。本章为了更深入地探究有关核能的知识，将其划分为两个方面的知识：核能知识和核事故知识。结果显示，对官方信息渠道依赖程度越高的人，他们评估自己了解的核能知识和核事故知识也越多。同样地，公众越依赖于新媒体信息渠道获取有关核电站建设的信息，他们感知到自己了解的核能知识和核事故知识也越多。这与先前的研究结果一致，风险知识的形成是基于他们接收到的风险信息和先前已有的有关风险的信息（Lindell and Perry，2012；Wei，Wang and Zhao，2012），公众接触到的风险信息越多，相应地他们了解的风险知识也越多（Cook and Bellis，2001）。

此外，本章研究还发现风险感知显著地受到公众了解的有关核能知识的影响。核能知识显著地负向影响风险感知，而核事故知识显著地正向影响风险感知。当人们评估自己了解的核能知识越多，他们的核风险感知越低。而当人们了解的核事故知识越多，他们的风险感知会相应地增加。本章研究中核能知识的测度包括受访者对中国政府的核电站监管和政策的了解程度，以及核能发电的认知程度。与先前的研究发现一致，人们了解的核能知识的增加会降低他们的风险感知水平（Sjöberg and Drottz-Sjöberg，1991）。核事故知识包括受访者了解核辐射对人类健康的影响，以及以往核电站事故的详细信息的程度。这两方面的信息是有关核能风险的信息，结果显示，公众了解的风险知识越多会相应地增加他们的风险感知，这也与先前的研究发现一致（Peacock et al.，2005）。除此之外，本章研究还发现人口统计变量中只有收入对公众的核能风险感知有显著的影响。当公众的收入越低时，他们的核风险感知越高。

本章研究结果显示风险感知还受到利益感知的显著影响。SEM 分析结果发现，利益感知显著地正向影响风险感知。而随后的线性分析结果表明，利益感知与风险感知之间存在倒 U 形关系。上述结果表明，随着公众利益感知的逐渐增加，其风险感知先逐渐增加到顶点，再逐渐下降。这与先前的研究发现利益感知与风险感知之间存在线性关系的结果并不一致。造成这一结果的可能原因是：起初在公众感知到的核电设施利益水平较低时，公众处于被动接收外界信息的阶段，因此，在这一阶段随着公众利益感知的增加，公众的风险感知也不断增加。当公众的利益感知和风险感知增加到一定程度时，会形成公众对核能的认知。这一阶段公众不是仅被动接收信息，而是会根据自己的认知对接收到的信息加以处理和理解。因此，在这一阶段随着公众利益感知的增加，公众了解到核电设施给社会带来利益的信息也越多，相应地，公众对核电设施的风险感知会不断降低。

本章研究验证了公众负面情绪对核电项目风险感知的影响作用，公众对于核电项目的担忧和恐慌越大则风险感知水平明显提高，会倾向于害怕核电站的建设，感觉危险的可控程度较低，发生事故的可能性较大，且若发生事故后果严重度高，存在较强的隐性风险。因此决策部门应做好核电相关知识的普及与教育，降低公众的焦虑水平，并提高对于公众情绪因素的重视程度，如根据不同类型层次的公众的情绪特点制定不同的策略，以此直接降低公众的风险感知水平。

3.7 本章小结

根据本章的研究结果，可以得知公众从官方渠道（电视、报纸以及电台）获取有关核电站建设信息的程度越高，他们感知到自己了解的核能知识、核事故知识，以及核能利益均越高。公众依赖新媒体信息渠道［网络搜索（百度、搜搜等）、地方政府网站、新闻网站（新浪、搜狐等）、社交网络（QQ、微信、微博等）］以及个人渠道获取有关核电站建设信息的程度越高，他们感知到自己了解的核能知识、核事故知识的程度越高。另外，公众感知到他们了解的核能知识越多，他们的利益感知则越高，而当公众感知到他们了解的核事故知识越多，他们的风险感知则越高。公众感知到核电站建设带来的利益与他们感知到核电站建设带来的风险之间存在倒 U 形关系。

第4章 民用核设施的公众风险信息搜寻行为意向研究

民用核设施建设情景下，公众感知和评估核设施项目所带来的风险的信息是不充分的，因此可能会搜寻信息以满足个人的信息需求。本章基于第2章对风险感知、风险应对行为和信息搜寻行为的文献进行梳理与综述，构建了一个民用核设施风险信息搜寻行为意向的概念模型，并选取山东海阳核电站的调研数据验证该模型，揭示风险感知等社会心理因素对风险信息搜寻行为意向的作用机理，为有效制定风险沟通策略提供了理论和实践依据。

4.1 引　　言

风险情景下，公众可能需要获取额外的信息来帮助他们评估风险的可能性、严重性和即时性(Lindell and Perry，2012；Lindell and Hwang，2008)，并通过各种渠道，如电视、广播、网络和个人等信息渠道获取和搜寻信息。Lindell 也发现公众在遭遇风险时，总会发觉用于评估风险和采取防护行为的信息是不充分的，因而他们可能会搜寻更多信息来满足个人的信息需求(Lindell and Perry，2012)。信息搜寻行为被定义为，个人搜寻信息为应对感知到的信息需求或信息"缺口"而做出的努力(Griffin et al.，1999；Williams，2012)。Griffin 等用"信息需求"来表示个人所掌握的信息和他们所需求的信息之间存在的缺口。RISP 模型(Griffin et al.，1999)，FRIS(Ter Huurne，2008)和 PRISM(Kahlor，2010)等都可以解释个人的风险信息搜寻行为。这些模型已经被应用于环境和健康风险，例如，洪水风险(Griffin et al.，2008；Kellens et al.，2012)、癌症风险(Hovick et al.，2014；Xiao et al.，2014)和全球变暖的风险(Ho et al.，2014；Kahlor，2007)。过去近四十年，从美国的三哩岛核事故到苏联的切诺利贝尔核事故，再到日本的福岛重大核事故，很多学者主要关注核能的风险感知和公众的接受性。据笔者所知，至今还没有学者把这些模型应用于核能风险，特别是民用核设施建设情景。风险信息搜寻行为的研究主要验证了个人搜寻风险信息时心理因素的影响作用，也有助于风险沟通相关对策或政策的制定，所以关于民用核设施建设情景下的信息搜寻行为的研究对于政府、核电企业的风险管理具有非常重要的理论和实践意义。

本章研究的主要目的是试图探究影响公众面对民用核设施建设风险时积极地搜寻信息的因素，并基于风险沟通理论和风险信息搜寻模型构建了一个概念模型。该模型主要探究民用核设施建设情景下，风险感知、核电的知识感知、渠道信任和信息需求对信息搜寻行为的影响作用，重点关注了风险感知在该模型中的作用。由于现有的研究中有关渠道信任对信息搜寻行为的影响作用不一致(Dunwoody and Griffin, 2014; Griffin et al., 2008)，所以本章研究还关注了渠道信任的测量方法和作用。本章研究设定的调研情景为海阳核电站建设，调研对象为海阳核电站附近的居民。

4.2 风险信息搜寻行为意向的概念模型和研究假设

Wilson 把信息搜寻行为定义为满足某些目标的需求而有目的地搜寻信息(Wilson, 2000)。RISP 模型提出信息充分性、感知信息收集能力和渠道信任是影响信息搜寻行为的三个直接因素。基于 RISP 模型，Ter Huurne 又提出了风险信息搜寻理论(Ter Huurne, 2008)。该理论框架描述了风险信息搜寻行为与信息需求、风险感知和有关危害的知识有关，并且直接影响风险信息的搜寻意向。同时，该理论框架更加强调心理特征(如信任)作为信息搜寻行为的决定因素。后来，该理论框架经修改并完善成为 FRIS(Ter Huurne, 2008)，被应用于工业废物和有害废物运输风险，如有害废料的产生、存储和运输。结合 TPB 理论(Ajzen, 1991)和 RISP 模型，Kahlor 又提出了 PRISM。该模型主要关注风险信息搜寻行为并把它看作是一个计划行为，验证了风险信息搜寻行为主要通过个人因素变量预测，如感知知识、风险感知、风险情感反应、感知搜寻控制和搜寻态度(Kahlor, 2010)。

基于 RISP 模型、FRIS 和 PRISM，本章研究假设信息需求、感知知识、风险感知和渠道信任影响信息搜寻行为意向。在 RISP 模型中，信息充分性被认为是决定信息搜寻行为的主要因素。为了更清晰地描述需求的核能风险知识与已经具备的核能风险知识的缺口，本章研究用信息需求代替信息充分性。上述模型中，感知风险知识和渠道信任被认为是决定信息搜寻行为的重要因素(Griffin et al., 1999; Griffin et al., 2008; Kellens et al., 2012)。同时，感知风险知识和信息需求之间的关系也得到验证(Kellens et al., 2012)。而渠道信任和信息需求之间的关系还没有得到充分地验证。此外，风险感知几乎包括在每个模型中(Kahlor, 2010; Kellens et al., 2012)。然而，先前的研究还没有整合这些模型去解释核能风险，特别是核设施建设风险的信息搜寻行为。因此，本章研究的概念模型如图 4.1 所示。信息需求位于概念模型的中心位置，表明它的中介作用，并试图探索信息需求的中介作用。

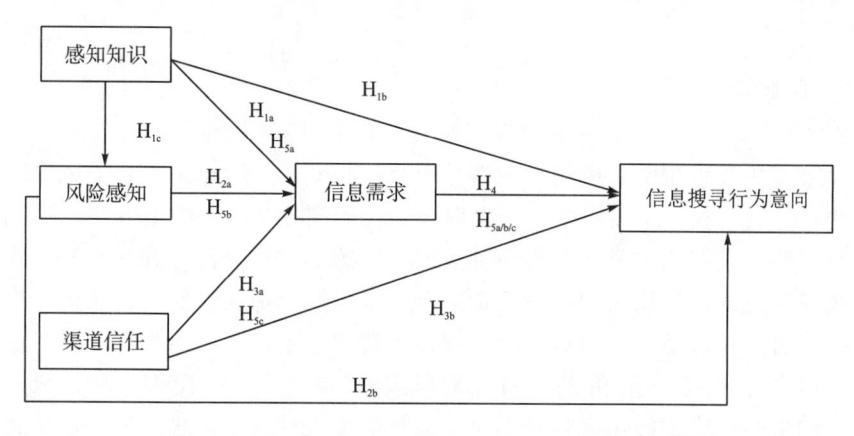

图 4.1 民用核设施风险信息搜寻行为意向的概念模型

4.2.1 感知知识

信息搜寻的主要原因是为了增长知识。信息需求引发信息搜寻行为,且信息需求取决于个人的知识水平或为获取更丰富信息的需求程度。知识的作用在风险信息搜寻领域中已受到研究者广泛关注(Kahlor,2010;Kellens et al.,2012;Ter Huurne,2008;Ter Huurne and Gutteling,2008)。研究者使用不同的研究方法来探究知识和信息需求、知识和信息搜寻之间的关系,但得到的结果并不一致,包括正向关系(Kerstetter and Cho,2004)、负向关系(Ter Huurne and Gutteling,2008)和倒 U 形关系(Johnson and Russo,1984)。造成这种研究结果不一致的主要原因是研究方法的不同,以及研究情景、变量的测量方法和工具、选取的样本等方面存在着差异。然而在核电情景中,感知知识对信息需求和信息搜寻的影响作用还没有得到学者们的广泛关注。通常,核电站的选址在人口相对稀少的沿海村庄,附近的居民文化层次不高,不熟悉核电,往往需要了解更多有关核电的信息来帮助他们评估是否可以接受在他们居住地附近建核电站的计划。因此,研究假设如下:

假设 1a:感知知识显著地正向影响信息需求。

假设 1b:感知知识显著地正向影响信息搜寻意向。

在先前的研究中,风险知识已经被广泛探讨,包括在核电风险情景中。部分研究已经验证了知识和公众的风险感知之间的关系。例如,Kunreuther(2002)发现缺乏核电知识能引起更高的风险感知。Klerck 和 Sweeney(2007)已经实证转基因食品的知识会降低消费者的风险感知。Wallquist 等(2010)验证二氧化碳的知识会降低风险感知。因此,研究假设如下:

假设 1c:感知到更多核电知识的人们有更低的风险感知。

4.2.2 风险感知

风险感知几乎在所有风险领域都是一个核心变量。近年来，有关风险感知的研究也在显著增长，主要集中在个人对风险评判的社会心理因素方面。Slovic 等(2004)表明个人在应对风险时有两种方式：情感方式和分析方式。情感方式即经验系统应对方式，是指人们依靠直觉对风险做出的一种快速反应。分析方式即分析系统应对方式，是指人们对风险的一种正式的、逻辑的、科学的理解。这两种定义正好符合 RISP 模型和 PRISM 中对风险感知的解释。RISP 模型中假设对灾难或风险的情感反应，如焦虑和恐惧等，能影响个人对风险信息的需求，从而促使个人搜寻更多的有关灾难或风险的信息(Griffin et al., 2008)。PRISM 进一步表明风险感知影响对灾难或风险的情感反应(Kahlor, 2010)。PADM(Lindell and Perry, 2012)中认为风险感知是预测人们对环境灾害和灾难反应的一个重要因素。Lindell 和 Hwang (2008)也验证了风险感知是影响个人应对各种风险所采取的行为意向的主要因素，例如，个人因风险感知而搜寻有关灾难或风险的可能性、严重性和即时性等信息。先前的部分研究已经验证了风险感知和信息搜寻行为呈正向关系 (Ter Huurne and Gutteling, 2008)。因此，研究的假设如下：

假设 2a：风险感知显著正向影响信息需求。

假设 2b：风险感知显著正向影响信息搜寻行为意向。

4.2.3 渠道信任

渠道信任是指个人对可提供风险信息的信息渠道，如电视、报纸、网络和个人等信息渠道的信任和使用(Dunwoody and Griffin, 2014; Griffin et al., 2012; Griffin et al., 1999)。正如 Griffin 等在 RISP 模型中所假设的，渠道信任影响个人做出信息搜寻的决策(Dunwoody and Griffin, 2014)。RISP 模型中解释渠道信任可用两方面因素来表示，即信任媒体歪曲事实和信任媒体能提供处理信息所需要的有用线索(Griffin et al., 2008)。然而，据研究组所知，只有一篇文章研究了应用 RISP 模型验证洪灾风险情景下渠道信任对信息搜寻行为的影响。研究结果表明，渠道信任与信息搜寻行为没有关系。但是，有关渠道信任的作用仍有待研究。因此，本章研究中，将重新构造核设施风险情景下的渠道信任，特别关注渠道信任是否影响信息需求以及信息搜寻的方式。研究的假设如下：

假设 3a：渠道信任显著地正向影响信息需求。

假设 3b：渠道信任显著地正向影响信息搜寻行为意向。

4.2.4 信息需求和信息搜寻行为意向

信息需求或信息充分性在风险沟通领域起着关键作用(Ter Huurne，2008)。Griffin 等(1999)提出信息需求是人们认为他们处理风险所需要的知识和他们现在所掌握的知识所存在的缺口。人们需要信息去实现不同的目标，比如提高他们的福利或者做出某种决策(Moore，2002)。健康风险领域的研究已经验证了当人们必须做出重要选择的时候，他们将会积极地搜寻信息(Alaszewski，2005)，信息需求表示信息的缺乏。基于 HSM(Eagly and Chaiken，1993)，Griffin 等(1999)假设为理解风险而需要的信息将最终影响信息搜寻行为。信息需求可能会激发个人更积极的、采取非常规的方法来进行信息搜寻。当人们应对风险的信息量低于处理风险时所需要的知识时，他们就会努力搜寻有关风险的信息。例如，Feng 等(2014)发现在毒胶囊情景下，信息需求积极地影响信息搜寻行为。据研究组所知，民用核设施建设情景下，目前还没有研究验证信息需求和信息搜寻行为之间的关系。因此，研究的假设如下：

假设 4：信息需求对信息搜寻行为意向有显著的正向影响。

先前的风险信息搜寻模型，如 RISP 模型和 FRIS，把信息需求(信息充分性)放在模型的中心，已经表明它的中介作用。信息需求也被信息搜寻意向的其他因素，如风险感知、感知知识和渠道信任所影响。然而，信息需求的中介作用还有待验证(Kellens et al.，2012)。Kellens 等在洪灾情景下也未能验证信息需求的中介作用。因此，本章试图探究信息需求在民用核设施建设情景下的中介作用。研究假设如下：

假设 5a/b/c：信息需求在感知知识(a)、风险感知(b)、渠道信任(c)和信息搜寻行为意向起中介作用。

4.3 研 究 方 法

本章研究主要探究核设施附近居民应对核电风险的信息搜寻行为。为了探究民用核设施建设中居民如何应对风险，研究组在海阳核电站附近做了一项问卷调研。问卷包括四部分，第一部分，首先简要介绍问卷调查的目的及表达对参与者的感谢；第二部分是对海阳核电站的简要描述，主要介绍海阳核电站的地理位置、建设单位、建设时间和建设意义，以帮助不了解海阳核电站的参与者有所了解；第三部分呈现出各构念及测量题项；第四部分则调查了人口统计的特征。问卷包括的构念有风险感知、感知知识、渠道信任、信息需求和信息搜寻行为意向。问卷中构念的测量题项均来自先前的研究，研究组首先设计了一份调查问卷，问卷正式发放前，研究组进行了预测试，以进一步检查和完善问卷的测量题项。

每个构念所有题项的测量均采用了李克特量表。先前的研究把知识分为主观知识和客观知识。其中,主观知识,即感知到的知识,是指人们自我评估掌握到的关于某个主题的知识(Brucks,1985)。客观知识是指人们已经掌握的,长期存储在记忆中的准确知识。因此,客观知识与人们实际的知识储备量有关,而主观知识与人们对知识储备量的自信心有关。虽然客观知识能较准确地测量出个体实际掌握的知识,但是由于核电知识专业性强,难于理解,且核电站周边的居民文化层次较低,同时,测量的过程复杂(Wei et al.,2015b),因此,本章研究还是以主观知识即感知知识作为测量变量。量表的测度是在 Huang 等(2013)的研究基础上进行修改和完善的,通过询问受访者对以往核事故、核辐射对人类健康影响的了解程度,中国政府对核电站的监管制度和政策的了解程度,以及核能发电的运行机制的了解程度来测度感知知识。李克特量表从 1 到 5 表示感知到自己了解核电知识的程度逐级升高,从"几乎不了解"到"非常了解"。

风险感知是个体评估自己感知到外部风险程度的一个重要构念。核电站附近的居民主要关注其健康和周边环境可能遭受核电站运行造成的核泄漏或核辐射等风险的威胁。量表的测度是在 Huang 等(2013)和 Seidl 等(2013)的研究基础上进行修改和完善,主要询问受访者对海阳核电站建设的风险认识程度,包括四个题项,即"核电站的建设对附近居民的健康和生命存在较大的威胁""核电站的建设对后代的健康和生命存在较大的威胁""核电站建设过程中可能对周边环境造成污染""核电站运行后可能会发生造成重大健康和财产损失的核事故"。李克特量表从 1 到 5 表示感知到的风险逐级升高,从"完全不同意"到"完全同意"。

在建核电站附近的居民可能需要获取民用核设施相关的信息来帮助他们评估建设核电站存在的风险。信息需求量表的测度是在 Ter Huurne、Gutteling(2008)和 Kellens 等(2012)的研究基础上进行修改和完善,主要从三个方面来询问受访者的信息需求:对海阳核电站建设信息的需求,海阳核电站建设信息需求的意愿和信息需求的渠道。信息需求的测度包括三个题项,即"我需要了解更多关于海阳核电站建设的信息""我愿意了解更多关于海阳核电站建设进展的信息""我需要政府通过多种渠道(短信、政府通告、社区公告)发布关于海阳核电站建设的信息"。李克特量表从 1 到 5 表示对信息的需求程度逐级升高,从"完全不同意"到"完全同意"。

为方便对信息渠道的研究,Dunwoody 和 Griffin(2014)把信息渠道一分为二,即媒体渠道(电视、报纸、无线广播和互联网等)和个人渠道(朋友、邻居、同事和该领域的专家等)。随着通信技术和网络技术的迅速发展,通过互联网搜寻信息更方便且更容易,因此,公众对风险信息或科学信息的需求更偏爱从互联网上搜寻(Dunwoody and Griffin,2014)。公众对核电站的建设信息及核能风险信息也主要通过搜索引擎、社交媒体和网站网页等新媒体信息渠道和个人渠道获取。因此,信息渠道的信任量表的测度是在 Williams 和 Kenyotta(2012)的研究基础上进行修改和完善的，主要询问受访者如下问题："您认为您能从如下渠道获取海阳核电站建设的准确信息吗？"以三种信息渠道作为三个题项来进行测度，分别是当地政府网站、社交媒体(如 QQ、微信和微博)和个人(如亲戚、朋友、邻居和同事)。李克特量表从 1 到 5 表示信任信息渠道的程度逐级升高，从"非常不准确"到"非常准确"。

信息搜寻的测度是在 Ter Huurne 和 Gutteling(2008)的研究基础上进行修改和完善的，包括三个题项，分别从三方面来测度：信息搜寻意愿、信息搜寻必要性和信息搜寻可持续性。三个题项分别为"我想去搜寻关于海阳核电站建设的信息""我必须搜寻关于海阳核电站建设的信息"和"我每天都会关注关于海阳核电站建设的最新信息"。李克特量表从 1 到 5 表示信息搜寻的意愿逐级升高，从"完全不同意"到"完全同意"。

4.4 数据分析结果

4.4.1 描述性统计和相关性统计分析

本章研究中涉及的所有构念的均值、方差的描述性统计和双变量相关性的结果如表 4.1 所示。风险感知和信息需求两个构念的均值分别为 3.56 和 3.31，均高于中间值 3，表明受访者感知到的核能风险和需要应对风险的信息的程度均较高。感知知识和信息搜寻行为意向两个构念的均值分别为 2.98 和 3.03，接近于中间值 3。渠道信任的均值为 2.78，低于中间值 3，表明受访者对获取信息的渠道信任度不是很高。对角线左下角的数据描述了两两构念之间的相关性系数，除个别构念之间相关性系数不显著外，其他的构念之间相关性系数均显著。

表 4.1 均值、标准差和相关性

构念	均值	方差	感知知识	风险感知	渠道信任	信息需求	信息搜寻行为意向
感知知识(PK)	2.98	0.87	**0.75**				
风险感知(RP)	3.56	0.77	0.13**	**0.74**			
渠道信任(CB)	2.78	0.88	0.21**	0.05	**0.77**		
信息需求(IN)	3.31	0.85	0.26**	0.15**	0.02	**0.79**	
信息搜寻行为意向(ISI)	3.03	0.87	0.32**	0.10*	0.18**	0.54**	**0.80**

注：AVE 的平方根呈现在表格的对角线上并加粗；相关性呈现在对角线下面；** $p<0.01$；* $p<0.05$。

影响公众应对核能风险所采取的信息搜寻行为决策是一个复杂的结构方程模型(structural equation modeling，SEM)，如图 4.1 所示。SEM 是一种适合多元数据分析的统计方法，用来进行复杂的多变量研究数据的分析，通过进行验证性因子分析(confirmatory factor analysis，CFA)和路径分析两个阶段来检验模型。CFA 用来判断构念是否被测量题项准确测度；路径分析用来检验潜在构念之间的假设关系(Visschers and Siegrist，2013；Visschers et al.，2011)。本章研究使用 SEM 来验证数据是否拟合构念模型，需要执行两个步骤：首先，通过执行 CFA 来判断假设测量模型是否合适。其次，如果假设测度模型合适，执行路径分析来验证数据是否拟合假设结构模型。通过路径分析获得用来确定直接影响关系的路径系数(Siegrist et al.，2003)。本章研究使用 AMOS 21.0 软件包来进行 SEM 分析，使用最大似然法来估计参数。

4.4.2 数据分析方法

根据本章的研究模型，可构建如下 SEM：

$$\varphi_1 = \beta_{11}\gamma_1 + \varepsilon_1$$
$$\varphi_2 = \beta_{21}\gamma_1 + \beta_{22}\gamma_2 + \mu_{21}\varphi_1 + \varepsilon_2$$
$$\varphi_4 = \beta_{31}\gamma_1 + \beta_{32}\gamma_2 + \mu_{31}\varphi_1 + \mu_{32}\varphi_2 + \varepsilon_2$$

其中，γ_1 表示感知知识；γ_2 表示渠道信任；φ_1 表示风险感知；φ_2 表示信息需求；φ_3 表示信息搜寻行为意向；β 表示外生变量 γ 和内生变量 φ 之间的路径系数；μ 表示内生变量 φ 之间的路径系数；ε 表示内生变量的残差项。

该模型对应的矩阵形式为

$$\begin{bmatrix} \varphi_1 \\ \varphi_2 \\ \varphi_3 \end{bmatrix} = \begin{bmatrix} 0 & 0 & 0 \\ \mu_{21} & 0 & 0 \\ \mu_{31} & \mu_{32} & \mu_{33} \end{bmatrix} \begin{bmatrix} \varphi_1 \\ \varphi_2 \\ \varphi_3 \end{bmatrix} + \begin{bmatrix} \beta_{11} & 0 & 0 \\ \beta_{21} & \beta_{22} & 0 \\ \beta_{31} & \beta_{32} & 0 \end{bmatrix} \begin{bmatrix} \gamma_1 \\ \gamma_2 \\ \gamma_3 \end{bmatrix} + \begin{bmatrix} \varepsilon_1 \\ \varepsilon_2 \\ \varepsilon_3 \end{bmatrix}$$

4.4.3 测量模型的分析结果

构念的信度和效度用来检验测量模型(measurement model)。克隆巴赫系数(Cronbach's α)用来评估构念的信度，信度是对构念的测量题项的内部一致性、可靠性的检验。Cronbach's α 越高，表示该检测结果越一致、可靠。当 Cronbach's α 大于 0.7(包括 0.7)时，表示构念的信度较高。如表4.2所示，所有构念的 Cronbach's α 介于 0.70~0.75。因此，分析结果表明所有构念的信度都是可以接受的。构念的效度是通过内容效度、聚合效度和区分效度来评估的。构念的量表是在已有的文献基础上进行修改和完善的，从而保证了构念的内容效度。本章研究通过因子载荷、组合信度和平均变异抽取量(average variance extracted，AVE)来评估聚合效度。表 4.2 中，所有构念的因子载荷均大于或等于 0.7(Hair et al.，1998)；组合信度的范围是 0.81~0.84，均大于 0.7(Nunnally，1978)，表明构念的组合信度是可以接受的；AVE 均大于 0.5。因此，上述结果表明测量模型有较好的聚合效度(Fornell and Larcker，1981)。研究通过比较 AVE 的平方根与构念间的相关系数来判断区分效度(Fornell and Larcker，1981)。表中每一个构念之间的相关系数均小于 AVE 的平方根，由此可以表明测量模型有较好的区分效度。如上所述，本章研究的所有构念的效度是可以接受的。

通过运行 SEM，观察数据拟合模型的程度，以便确定拒绝还是接受该模型。Kline(2010)建议运行 SEM 后接受模型的条件如下：①模型的卡方值与自由度比值(χ^2/df)之比，如果比值小于 3，则表明模型拟合较好；②比较拟合指数(CFI)和 Tucker-Lewis 指数(TLI)均大于 0.9，表明数据拟合较好；③在 90%的置信度下，如果近似误差方根(root mean square error of approximation，RMSEA)的取值小于 0.08，则可认为近似误差是合理的，取值小于 0.06 更好；④标准化均方残根(standardized residual mean root，SRMR)的取值小于 0.1 时，表明模型拟合较好。本章研究的模型对数据的拟合指标表明该 SEM 是可以接受的(χ^2= 259.544，df = 109，χ^2/df = 2.381；CFI = 0.939，TLI = 0.911；RMSEA = 0.056，SRMR = 0.053)。综上所述，CFA 结果表明测量模型不仅与理论模型紧密相关，而且其信度、效度和拟合度都满足条件。

表 4.2　测量模型的验证性因子分析(CFA)结果

构念	测量题项	因子载荷	Cronbach's α	组合信度	AVE
感知知识(PK)	PK1	0.80	0.75	0.84	0.57
	PK2	0.71			
	PK3	0.70			
	PK4	0.80			
风险感知(RP)	RP1	0.70	0.72	0.82	0.54
	RP2	0.74			
	RP3	0.78			
	RP4	0.72			
渠道信任(CB)	CB1	0.73	0.71	0.81	0.59
	CB2	0.85			
	CB3	0.72			
信息需求(IN)	IN1	0.81	0.70	0.84	0.63
	IN2	0.80			
	IN3	0.77			
信息搜寻行为意向(ISI)	ISI1	0.82	0.72	0.84	0.64
	ISI2	0.83			
	ISI3	0.75			

4.4.4 结构模型分析结果

如上所述，测量模型是符合条件的，可进一步做路径分析。本章研究使用AMOS 21.0 软件包对假设模型(图 4.1)进行路径分析，检验不同潜变量之间的路径关系，分析结果如图 4.2 所示，其中，估计参数包括路径系数(β)，临界比(类似于 t 检验中的 t 值)和解释方差(R^2)。

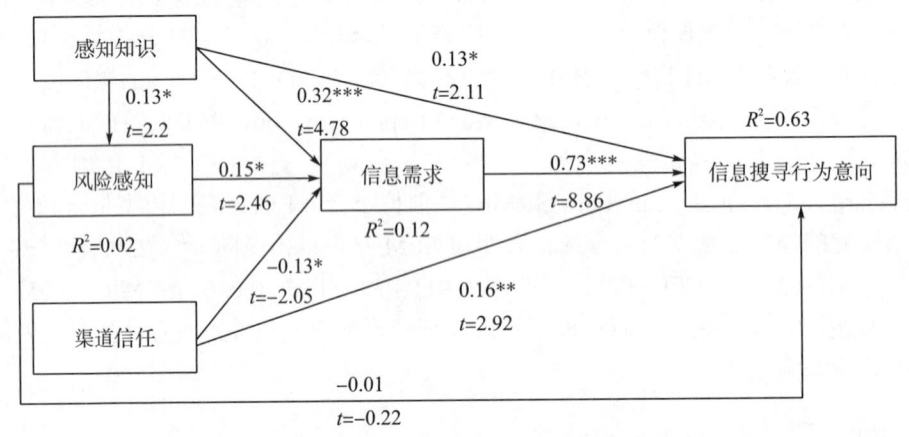

图 4.2　民用核设施风险信息搜寻行为意向结构模型分析结果

注:图上的数值表示标准回归系数、t 值和解释方差(R^2);虚线表示临界比低于 2.0；***$p<0.001$，$t>3.29$；**$p<0.01$，$t>2.58$；*$p<0.05$，$t>1.96$。

如图 4.2 结构模型的分析结果，描述如下：感知到自己拥有更多核能知识的公众往往需要更有关的核电站的信息(H_{1a}；$\beta = 0.32$，$t = 4.78$)和更强烈的信息搜寻行为意向(H_{1b}；$\beta = 0.13$，$t = 2.11$)。因此，假设 1a 和假设 1b 得到了验证。感知到自己拥有更多核能知识的公众往往也感知到更高的风险(H_{1c}；$\beta = 0.13$，$t = 2.21$)。然而，感知知识和风险感知的关系是正相关的，与假设 1c 中两变量之间的负相关关系相反，因而假设 1c 未得到验证。对核电站风险感知越高的公众越需要更多有关核电站的信息(H_{2a}；$\beta = 0.15$，$t = 2.46$)，然而风险感知对风险信息搜寻行为意向没有显著影响(H_{2b}；$\beta = -0.01$，$t = -0.22$)。因此，假设 2a 得到了验证，2b 未得到验证。公众对核电站风险信息的需求会刺激他们的信息搜寻行为意向(H_4；$\beta = 0.73$，$t = 8.86$)，从而假设 4 也得到了验证。公众对信息渠道越信任，则会促使公众利用这些渠道去搜寻更多有关核电站风险信息(H_{3b}；$\beta = 0.16$，$t = 2.92$)，但会降低公众对核能或核电站的风险信息需求(H_{3a}；$\beta = -0.13$，$t = -2.05$)，与假设 4a 中预期的正相关关系相反。因此，假设 3b 得到验证，3a 未得到验证。如图 4.2 所示，信息需求部分中介感知知识、信息渠道和信息搜寻行为意向之间

第4章　民用核设施的公众风险信息搜寻行为意向研究　　　　　　　　　　　　　　　　61

的关系，并且完全中介风险感知与信息搜寻行为意向之间的关系，因此，H_{5a}、H_{5b}和 H_{5c} 得到验证。基于路径分析结果可得出，除假设 2b 未得到验证，1c 和 3a 未能完全得到验证外，其余假设都得到了验证。

4.5　公众的风险信息搜寻行为意向的结果讨论

基于风险信息搜寻模型的研究，本章系统地探究了民用核设施建设情景下公众的信息搜寻行为意向，验证了风险信息搜寻行为意向的决定要素和信息搜寻行为意向的关系。本部分将讨论本章研究的主要结果，并对研究的结果进行解释和说明。

感知知识对预测风险感知有重要作用。感知到自己拥有更多核能相关知识的公众会感知到更高的风险。这一研究结论与先前的研究相反，先前的研究认为风险情景下的知识会负向影响风险感知，也就是说，拥有更多风险知识的个体感知到的风险更低(He et al.，2014；Stoutenborough et al.，2013)。而本章研究表明感知知识正向影响风险感知。得到这一研究结论可能的解释是：核事故的发生能增加公众的核能知识(Mcdaniels，1988；Visschers and Wallquist，2013)。日本福岛核事故后，中国国内各媒体的大量报道，使公众对核事故有深刻的影响，进而拓宽了公众的核能风险知识。此外，本章研究中感知知识的度量包括正面的知识和负面的知识。那些接触到更多正面和负面信息的受访者感觉自己拥有较多的核能知识，同时，负面信息可能更容易导致公众对核能产生错误的观点和看法，进而导致受访者感知到更高的核能风险。

感知知识预测信息需求和信息搜寻行为意向也有重要作用。那些感知到自己掌握更多核能知识的公众表现出更高的核能风险信息需求和信息搜寻行为意向。先前已有研究探究过知识和信息行为之间的关系，本章的研究发现与 Ter Huurne 和 Gutteling(2008)以及 Kerstetter 和 Cho(2004)的研究发现一致。如果个人对一个议题掌握更多的知识，则这些知识会帮助他去判断他所需要的信息并且提高获取这些信息的效率(Jepsen，2007)。并且，掌握更多知识会帮助个人减少利用和理解信息而需付出的成本，从而进一步刺激他们搜寻信息的行为意向(Brucks，1985)。

信息需求对预测信息搜寻行为意向有显著的影响作用。评估自己有更高核能风险信息需求的公众更趋向于搜寻有关核能风险的信息。核电站附近的居民通常缺乏足够的知识来判断居住地附近建设核电站是否存在风险，这种知识的缺乏会促使他们感知到现有的民用核设施建设的风险信息是不充分的，需要更多的信息来评估民用核设施建设中的风险。而这种核电风险信息需求就会刺激他们去搜寻信息。本章研究的这一发现支持了 RISP(Griffin et al.，1999)，FRIS(Ter Huurne，2008)和 PRISM (Kahlor，2010)三种风险信息搜寻模型的研究观点。

本章研究的结果验证了风险感知作为一个重要的心理因素，在预测人们面对环境灾难和灾害时的反应有重要作用(Lindell and Hwang，2008)。本章研究发现风险感知预测居民对核电站建在他们居住地附近的反应也起着重要的作用。当居民面对可能会存在的核风险时，可能会考虑到他们自己和子孙的安全是否受到威胁，他们的财产和健康是否会被影响，是否会发生核泄漏或重大的核事故等诸多问题。这时，居民可能需要信息去减少他们的担心和疑惑。本章的研究结果与先前其他各种风险情景下的研究结论一致，先前的研究结论表明风险感知是信息搜寻行为的影响因素之一。然而，本章研究并没有发现风险感知对信息搜寻行为有直接影响作用。这一发现的可能解释是：正如 RISP 模型和 PRISM 中表明，风险感知通过风险信息需求更好地预测风险信息搜寻行为而不是对风险信息搜寻行为起直接预测作用。因此，还需要进一步探究风险感知和信息搜寻行为意向的关系。

此外，信息渠道的信任对风险信息的需求和信息搜寻行为意向有较强的预测作用。这一研究结果也表明风险沟通更应该关注风险信息的沟通渠道，包括信息渠道的可用性和可信性。信息渠道的信任和风险信息搜寻行为意向之间的关系支持了 RISP 模型的观点。然而，信息渠道的信任和信息需求之间的关系和本章研究预期的假设相反。这一结论的可能解释是由于居民对信息渠道的信任，他们认为这些信息渠道能够提供充足的信息，从而使他们感知到自己已具备足够的核能知识，并不需要更多的核能信息。据研究组所知，目前还没有研究对渠道信任和信息需求这一关系进行验证。因此，这一关系的进一步验证可能成为将来研究的主题。

4.6　本章小结

"后福岛时代"，核电的发展是一个备受争议的话题，制定有效的风险沟通策略可以为核电产业的健康发展提供新的路径和思路。本章研究试图检验核能风险情景下的信息搜寻行为意向的决定因素。为探究这一问题，本章基于风险信息搜寻模型，如RISP 模型，提出了核能风险信息搜寻行为意向的构念模型。通过对海阳核电站附近的 487 位居民的调研，验证了构念模型中所假设的因果关系。结果表明，公众的信息需求作为核心中介变量，在风险信息搜寻行为意向中起到了重要作用。实证结果表明，在各种社会心理因素中，影响风险信息搜寻行为意向的主要因素是信息需求，信息需求直接显著地正向影响着信息搜寻行为意向。感知核能知识对预测风险感知、风险信息需求和信息搜寻行为意向有重要的作用。此外，公众对信息渠道越信任，越愿意使用这些信息渠道去搜寻他们想要的风险信息。信息渠道的信任对信息需求有显著的负向影响作用。然而，居民的风险感知并没有直接而是间接地通过信息需求刺激他们的信息搜寻行为意向。

第 5 章 民用核设施的公众抵制行为意向研究

民用核设施建设情景下,"邻避效应"是民用核设施实施过程中面临的主要挑战。公众过高的风险感知可能会导致风险反应过于激烈,产生过度的非理性行为。低效而无针对性的风险沟通是公众产生非理性行为的根本原因。本章基于第 2 章对风险感知、风险应对行为的文献梳理与综述,构建一个民用核设施抵制行为意向的概念模型,同样选取山东海阳核电站的调研数据,验证该模型,揭示风险感知等因素对核设施抵制行为意向的作用机理,为有效制定风险沟通策略提供理论和实践依据。

5.1 引 言

5.1.1 公众"核邻避情结"内涵

"Not in my backyard"(NIMBY),中文译为"不要建在我家后院",简称"邻避",是指公众反对在自家附近修建公共设施的情绪、态度和行为(张乐和童星,2014b)。这些服务于广大地区的公共设施,可能对周边居民产生一定的健康危害和环境风险,具有显著负外部性而被公众排斥的设施称为"邻避设施",如核电站、化工厂、垃圾填埋厂、焚烧炉等 (Dear, 1992)。公众不希望"邻避设施"建在自家附近的心态和反应称为"邻避情结"(NIMBY syndrome),因"邻避情结"而引起的强烈的、高度情绪化的反对或者抗争行为称为"邻避效应"(Dan,2007;Greenberg, 2009; Hüppe and Weber, 1999; Sun et al., 2014; 王锋等,2014)。2011年日本福岛核事故再次将公众的视野聚焦到核电的安全问题上。这次重大安全事故同美国的三哩岛核事故、苏联的切尔诺贝利核事故一样,在世界范围内对核电的发展产生了严重影响。世界各国纷纷调整本国的核电发展战略,例如意大利、日本、德国和新西兰立即宣布停止或放弃民用核设施(Sun and Zhu,2014)。大多数国家包括中国的公众对核电的质疑声音急速扩张。居住在核电站附近或拟建核设施附近的居民,因害怕可能由核事故而引起的健康危害和环境风险而抵制核设施,出现了明显的反核情绪。这种不愿意核设施建在自家附近的消极态度和反应称为"核邻避情结"。公众的"核邻避情结"给中国核电的发展带来了负面的冲击。面对如此情况，研究影响公众"核邻避情结"的主要因素，是摆在各级政府、核电企业和核能安全管理机构面前的棘手问题。因此，对"核邻避情结"的研究是非常必要的。

5.1.2 核电接受性和"核邻避情结"的影响因素

技术风险引发"邻避情结"是各国现代化进程中公共决策所面临的挑战。伴随着科学技术的发展而对人们生产与生活产生威胁的风险称为技术风险（刘中梅等，2014）。核技术、化工技术、纳米技术、生物技术等属于典型的技术风险源。技术风险研究者普遍认为影响风险技术接受性的主要因素是风险感知和利益感知（Fischhoff et al., 1978; Siegrist, 2000; Visschers and Siegrist, 2013）。核电风险属于技术风险（Huang et al., 2010）。国内外对核电风险的研究主要探讨了公众的风险感知及核电的接受性（Kim et al., 2014; Mah et al., 2014; Siegrist et al., 2014; Sun and Zhu, 2014）。因此有研究表明影响核电接受性的主要因素也是风险感知和利益感知（Choi et al., 2000; Choi et al., 1998; Visschers and Siegrist, 2013; Siegrist et al., 2014）。例如，有研究调研了新西兰公众的核电风险感知和利益感知对核电接受性的影响，结果表明，核电风险感知、感知气候变化和能源供给利益对公众的接受性产生直接影响（Visschers et al., 2011）。此外，其他研究表明知识影响潜在风险技术（如基因和可持续能源技术）的接受性（Aertsens et al., 2011; Carlson et al., 2009; Connor and Siegrist, 2010; Huijts et al., 2012; Pieniak et al., 2010; Zhang and Liu, 2015）。而且部分研究的结果表明，在解释风险技术的接受性时，主观知识（个人感知到的知识）比客观知识（个人长期记忆中的准确信息）的作用更显著（Aertsens et al., 2011; Pieniak et al., 2010）。核电风险情景下，感知知识对核电接受性的影响也是显著的（Costa-Font et al., 2008; He et al., 2014; Visschers and Wallquist, 2013）。

"邻避情结"是与接受性相反的一种负面情绪，已经得到不少学者的关注。研究结果表明影响"邻避情结"的主要因素有风险感知、利益感知、个人特征和与"邻避设施"的距离（Sun et al., 2014）。张乐和童星（2014）的研究指出公众的风险感知和利益感知是产生"核邻避情结"的两个最关键因素，个人特征中的年龄、性别和教育程度也会不同程度地影响公众的"核邻避情结"。中国近年来发生多起因公众的"核邻避情结"而导致民用核设施暂停或取消的事件，阻碍了中国重启核电以及发展核电的步伐。研究组比较担心的是中国的核电扩张可能会增加公众的"核邻避情结"。然而"后福岛时代"对"核邻避情结"影响因素的研究相对较少。"核邻避情结"的研究属于风险感知的研究领域，本章通过实证探究公众"核邻避情结"的决定因素以及由"核邻避情结"而引起的抵制行为，对核能的发展带来的重要理论意义和实践意义。

5.1.3 公众参与的内涵

公众参与是指以政府之外的社会组织、社会群体或个体为主体，在其权利范围内进行有目的的社会行动，在公共事务的管理、决策、执行和监督过程中拥有参与性权利，如知情权、话语权、行动权等，体现了公民参与政府公共事务的民主意愿。通过公众参与，公众能自由表达自己的立场、观点、意见和建议，可建立起多方面的信息交流，能合法地采取维护个人利益和社会利益的社会行动，充分发挥公众意见在项目规划、决策、选址、建设过程中的影响（曾志伟等，2013；程琥，2012）。虽然在理论与实践上已经充分验证了核电技术的经济性和安全性，但是核电所引起的核辐射问题、核安全问题和核废物处理等问题仍是公众对核电发展提出质疑的根源。从世界各国核能发电的发展历程来看，瑞典、奥地利、瑞士和意大利等国家都是由公众投票停止核电的；荷兰、西班牙、比利时等国是在得到公众支持的反核政党上台后，由政府决策停止核能。日本福岛核事故后，包括日本在内的很多国家因公众强烈反对而不得不对外宣布停止或放弃核电。在中国，公众的"谈核色变"已经成为发展核电的较大阻力，如因当地居民激烈反对而撤销的江门核燃料项目，还有因邻县居民的强烈反对而停止建设的首批内陆民用核设施之一的彭泽核电站。由此可见，公众的态度已经是影响核电发展及发展到何种程度的主要因素之一（Kim et al., 2014；Mah et al., 2014；Siegrist and Visschers，2013；陈婷婷，2015）。因此，降低公众的恐核心理，促进核电的健康发展，必须重视公众参与对发展核电的积极作用。然而，目前国内外所研究的关于公众应对民用核设施风险的抵制行为中，公众参与作用的研究还相对欠缺。

本章研究的主要目的是试图探究影响公众应对民用核设施风险的抵制行为决策的影响因素，并基于 PADM 和"核邻避情结"的影响因素构建一个概念模型，重点关注风险感知的影响作用，还特别关注公众参与和网络信息获取在概念模型中的作用。本章研究设定的调研情景同样为海阳核电站，通过对海阳核电站周边的居民进行深入调研，用结构方程来验证假设模型。

5.2 抵制行为意向的概念模型和研究假设

PADM 将公众的风险防护行为决策描述成一个多阶段的因果关系过程。即从风险信息的获取而引发的风险感知再到风险防护行为决策。该模型主要用于即时的或长期的环境灾害和灾难（Lindell and Perry，2012）。在本书中，研究组主要关注公众对民用核设施风险的行为决策的心理过程。PADM 也适用于核能风险情景，主要原因有：①居住在核电站附近的居民可能会担心核事故引起的核辐射会对他们的健康和环境造成潜在的长期威胁。因此,民用核设施建设可以看成是造成当地居民风险感知的长期威胁事件。②不同风险情景下的心理决策过程具有相似性。在本章研究情景下,公众应对核电站建设所带来的风险主要包括四个阶段的过程:第一阶段,通过多种渠道获取到核电站建设的风险信息,包括公众参与;第二阶段,感知和评估核电站建设所带来的风险;第三阶段,决策是否反对核电站建设;第四阶段,决策是否采取行动抵制核电站的建设。然而,目前还没有研究将PADM应用于探究公众应对民用核设施风险的行为决策。因此,本章研究主要关注公众应对核电站建设风险的行为反应,并将PADM应用于构建该概念模型。

然而,核电站建设给当地居民带来了风险的同时还带来了利益,比如满足电力供应需求、给予经济补偿、增加就业机会、建设当地的基础设施等。PADM主要应用于只会带来风险的环境灾害和灾难,并没有考虑技术风险中为公众带来的利益感知对风险应对行为的影响。因此,本章研究将整合PADM和"核邻避情结"的决定要素构建一个更全面的概念模型,如图5.1所示。该模型假设公众参与和网络信息获取影响了感知知识,感知知识、风险感知和利益感知共同影响"邻避情结"及公众抵制行为意向。

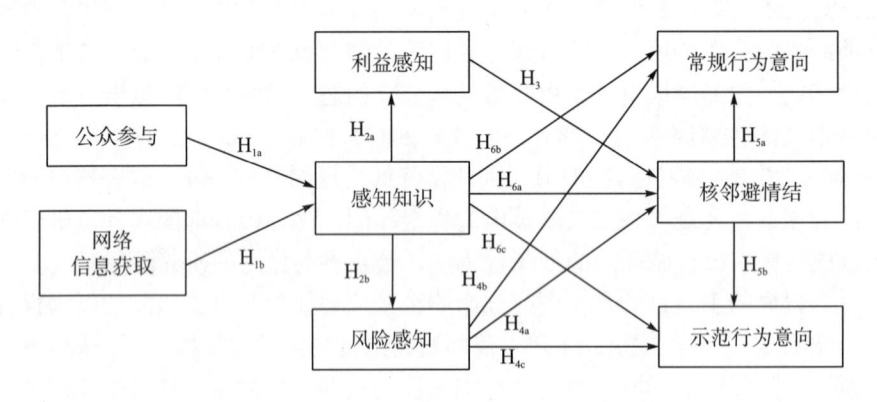

图 5.1 民用核设施抵制行为意向的假设模型

5.2.1 网络信息获取和公众参与

PADM 表明暴露在潜在风险下的人们需要获得风险信息去评估风险的可能性、及时性和严重性。因此,在风险环境下,及时提供准确的风险信息以满足人们的信息需求是非常重要的(Keselman et al.,2005)。经典的六要素沟通模型描述信息传递的六个要素为:信息源—信息渠道—消息—接收者—影响—反馈(Lindell and Perry, 2012)。信息源通过互联网、电视、广播、个人等各种信息渠道传递信息。公众在面对大量信息及多种信息渠道的时候,必须要解决如何有效地获取、吸收和使用信息。信息通过生产、存储、传递和分配又转化为知识。在风险情景下，被暴露给个人的风险信息越多，风险知识就可能会越多(Cook and Bellis，2001)。随着通信技术和网络技术的迅速发展，目前，人们获取信息的主要渠道是互联网，如搜索引擎、社交网络和网站。网络信息获取主要指依赖于互联网渠道获取的信息。

在风险管理情景下，为做出更符合道德规范、更具有社会可接受性的决策，且提高决策的质量，公众参与在风险决策过程中用于整合不同的知识、价值观和利益(Mah et al., 2014; Renn, 2015; Renn and Schweizer, 2009)。许多研究表明公众参与能提高公众对科学技术的计划和实施的理解，从而提高决策的质量(Joss, 1999; Wynne, 2007)。在核能情景下，只有一篇研究论文描述了公众参与和知识的关系。Mah 等(2014) 认为如果参与者参与核能项目决策过程的机会越少，他们就会以更少的方式去理解和平衡信息。因此，研究假设如下：

假设 1a：网络信息获取正向影响感知知识。

假设 1b：公众参与正向影响感知知识。

5.2.2 感知知识

PADM 表明风险感知与灾害知识或经验有关(Ge et al., 2011; Lindell and Hwang, 2008)。由于大多数被调研者可能没有经历过核事故所带来的伤亡和损失，因此本章研究使用核能知识来代替风险知识或经验。而且，包括核能情景下的先前研究也曾频繁地探究风险知识的作用。例如，Kunreuther(2002)研究发现缺乏核能知识的人们感知到更严重的风险。Klerck 和 Sweeney(2007)实证研究验证转基因食物的知识在降低消费者的风险感知方面有显著作用。Wallquist 等(2010)验证二氧化碳的知识降低了公众的风险感知。

据研究组所知，目前只有一篇研究论文探究了知识对利益感知的作用。Wallquist 等(2010)的研究结果表明有关二氧化碳的捕获、存储机制和气候变化的知识增加了公众的利益感知。然而，在核能情景下，感知知识和利益感知的关系还没有得到充分地研究。本章研究就假设民用核设施建设风险情景下，感知知识与利益感知正相关。因此，研究假设如下：

假设 2a：公众的感知知识显著地正向影响利益感知。

假设 2b：公众的感知知识与风险感知有显著的负向影响关系。

5.2.3 风险感知和利益感知

在 PADM 中，风险感知是预测个人对环境灾害和灾难的防护性行为反应的主要变量(Lindell and Perry, 2012; Lindell and Hwang, 2008)，但该模型并未讨论利益感知。本章研究中，风险感知指的是个人对风险技术可能引起的不利于自身和社会的潜在风险的判断和评估(Perry and Lindell，2008)。利益感知指个人对存在潜在风险的技术所能带来的利益的主观感受(Siegrist，2000)。转基因技术(Siegrist，2000，2006)、纳米技术(Siegrist，2007)和核能技术(Visschers et al.，2011；De Groot et al.，2013；Visschers and Siegrist，2013)等潜在风险技术的先前研究已经洞察到了风险感知和利益感知是决定公众态度的最重要的两个因素(Siegrist，2010)。而且，利益感知比风险感知对核能技术的接受性的影响作用更大(Choi et al.，2000；Corner et al.，2011；Wallquist et al.，2012；Visschers and Siegrist，2013)。同时，核事故并没有改变这样的影响作用(Visschers and Siegrist，2013)。

如上所述，"核邻避情结"是与接受性相反的负向态度。因此，本章研究中有关利益感知和风险感知对"核邻避情结"的假设如下：

假设3：利益感知显著地负向影响"核邻避情结"。

假设4a：风险感知显著地正向影响"核邻避情结"。

5.2.4 "核邻避情结"和抵制行为意向

公众的态度是核能政策的制定和核能产业发展的重要影响因素。公众抵制核电已经成为制约全世界核能发展的主要因素之一。Fox-Cardamone 等(2000)研究发现公众的抵制态度显著地影响反核行为意向。"核邻避情结"是居住在核设施附近的居民的一种抵制态度。

PADM 阐述了公众应对环境危害和灾难时所采取的防护行为的心理决策过程。然而，防护行为本身没有被直接观察，而是用一种可推断的心理状态，即行为意向来预测行为(Kim and Hunter，1993)。因此，本章研究为了更好地将 PADM 应用到核能情景，使用抵制核设施的行为意向来代替实际的防护行为。此外，Gattinara 和 Froio (2014)将抵制行为按激进程度划分为五类：常规(conventional)(游说、发传单等)，示范(demonstrative)(请愿、街道游行等)，表达(expressive)(举办活动)，对抗(confrontational)(干扰、占用、封锁等)以及暴力(violent)(身体接触的暴力冲突)行为。本章研究中，研究组考虑到中国的抗争行为最开始一般是一种"理性表达"的个人行为，借用 Caiani 等对抵制行为的划分，把抵制民用核设施的行为意向划分为两类：常规和示范。前面的文献综述部分已经表明行为意向受风险感知的影响。例如，Lindell 和 Hwang (2008)把风险感知作为个人调整各种风险所采用的行为意向的一个重要因素。Kuttschreuter 和 Ocirc (2006)的研究也表明食品安全中公众感知到更高的风险就有更强烈的行为意愿去避免风险。因此，研究假设如下：

假设4b：风险感知显著地正向影响常规行为意向。

假设4c：风险感知显著地正向影响示范行为意向。

假设5a："核邻避情结"显著地正向影响常规行为意向。

假设 5b：" 核邻避情结 " 显著地正向影响示范行为意向。

知识，如一项技术的工作原理和作用，是影响公众态度和行为意向的主要因素之一。Achterberg 等(2010)的研究结果证实氢技术知识对其接受性有显著的正向影响作用。Huijts 等(2012)已提出技术接受性的综合性框架，该框架假设知识影响所有变量，如风险感知、利益感知和技术的接受性。Pieniak 等(2010)的研究也表明主观知识是影响消费者购买有机蔬菜的一个重要因素。Kellens 等(2012)的研究结果表明在产品召回风险中，拥有更多产品知识的消费者更愿意采取对企业有利的行为。在核能情景下，知识和抵制行为意向之间的关系还没有得到充分的验证。因此，研究假设如下：

假设 6a：感知知识显著地负向影响 " 核邻避情结 "。
假设 6b：感知知识显著地负向影响常规行为意向。
假设 6c：感知知识显著地负向影响示范行为意向。

5.3 研究方法

本章研究同样利用问卷调查的方式来收集数据，问卷设计如第 4 章所述。本章研究中选取了七个构念：公众参与、网络信息获取、感知知识、风险感知、利益感知、" 核邻避情结 " 和抵制核设施的行为意向。每一个构念的测度题项均来源于先前的研究，为适用于中国的情景做了小范围的修改。所有题项均采用李克特量表度量。本章研究中同样选取了感知知识和风险感知，测度题项如第 4 章所述。

随着通信技术和网络技术的迅速发展，目前，人们获取信息的主要渠道是互联网，如搜索引擎、社交网络和网站。网络信息获取主要是测度依赖于互联网渠道获取的信息，量表的测度是在 He 等(2013)的研究基础上进行修改和完善的，询问受访者在如下四个互联网渠道获取关于海阳核电站建设信息的程度：搜索引擎，如百度、搜狗等；当地政府网站；国家主要新闻网站，如搜狐、新浪等；社交软件，如 QQ、微博、微信等。李克特量表从 1 到 5 表示依赖互联网获取信息的程度从 " 非常小 " 到 " 非常大 "。

公众参与的测度也是在 He 等(2013)的研究基础上进行修改和完善的，询问受访者在海阳核电站建设过程中，是否参与了如下活动：被告知要建设海阳核电站，被邀请发表海阳核电站选址的意见，被告知海阳核电站可能存在的风险，被邀请参与海阳核电站的环境影响评估。李克特量表从 1 到 5 表示公众参与核电站建设过程的程度从 " 完全不同意 " 到 " 完全同意 "。

核电站的建设会给选址地的公众和当地经济发展带来很多益处。例如，由当地政府策划和部署，选址地周边的部分居民在民用核设施启动前统一搬迁到新安置新区，并给予一定的经济补偿。基于实地调研和 Huang 等（2013）的研究，利益感知的测度主要询问受访者对如下四个题项的认可度："核能发电比化石能源（石油、煤炭）发电产生更低价、更多的电力""海阳核电站的建设能增加当地居民的经济补偿和就业机会""海阳核电站的建设能改善当地区域公共基础设施的配套""海阳核电站的建设能促进当地的经济增长"。李克特量表从 1 到 5 表示核电站建设过程中利益感知的程度从"完全不同意"到"完全同意"。

"核邻避情结"的测度是在 Prati 等（2013）的研究基础上进行修改和完善的。用两个题项来测量受访者反对海阳核电站建设的程度："我反对海阳核电站在附近建设在附近，因为它会污染周边环境""我反对海阳核电站在附近建设，因为它会危害个人健康"。李克特量表从 1 到 5 表示反对核电站建在居住地附近的程度从"完全不同意"到"完全同意"。

对核电站的抵制行为意向的测度是在 Prati 等（2013）和 Cainai 等（2012）的研究基础上进行修改和完善的，包括常规和示范行为意向两个维度。用四个题项来测量受访者如果要抵制建核电站而采用的如下行为的认可度：公开发表反对建核设施的意见，签署反对建核设施的请愿书，到当地政府主管部门上访，参加游行示威等抗议活动。前两个题项归为常规行为意向，而后两个题项归为示范行为意向。李克特量表从 1 到 5 表示抵制核电站的程度从"完全不同意"到"完全同意"。

本章的调研对象同样选择山东省海阳核电站附近的居民。本章的变量同前面几章的变量共同设计在同一份问卷中。调研地点的选择和调研过程已在第 3 章中详述，在此不再赘述。

5.4 数据分析结果

5.4.1 描述性统计和相关性统计分析

本章研究中涉及的各种构念的均值、方差的描述性统计和双变量相关性的结果如表 5.1 所示。风险感知、利益感知、"核邻避情结"和示范行为意向四个构念的均值分别为 3.56、3.63、3.53 和 3.10，均高于中间值 3，表明受访者感知到的核能风险、核电站建设所带来的利益、反对核电站建在居住地附近以及抵制核电站建设所采取的示范性行为意向均较高。感知知识、常规行为意向两个构念的均值分别为 2.98 和 3.05，接近于中间值 3。公众参与和网络信息获取的均值分别为 2.42 和 2.36，低于中间值 3，表明核电站建设过程中受访者的参与度低，同时获取到有关核电站建设的信息也比较少。对角线左下角的数据描述了两两构念之间的相关性系数，除个别构念之间相关性系数不显著外，其他的构念之间相关性系数均显著。

表 5.1 均值、标准差和相关性

构念	均值	方差	网络信息获取	公众参与	感知知识	利益感知	风险感知	"核邻避情结"	常规行为意向	示范行为意向
网络信息获取(IA)	2.42	1.10	**0.79**							
公众参与(PP)	2.36	1.14	0.45**	**0.84**						
感知知识(PK)	2.98	0.95	0.34**	0.34**	**0.73**					
利益感知(PB)	3.63	0.78	0.06	-0.02	0.11*	**0.69**				
风险感知(PR)	3.56	0.80	0.08	0.22	0.14**	0.21**	**0.72**			
"核邻避情结"(NA)	3.53	0.96	0.12*	-0.17	0.19**	0.11*	0.27**	**0.81**		
常规行为意向(CBI)	3.05	1.02	0.08	0.05	0.17**	0.08	0.20**	0.23**	**0.85**	
示范行为意向(DBI)	3.10	1.28	0.01	0.09	0.40**	0.05	0.24**	0.29**	0.29**	**0.85**

注：AVE 的平方根呈现在表格的对角线上并加粗；相关性呈现在对角线下面；** $p<0.01$；* $p<0.05$。

5.4.2 数据分析方法

根据本章的研究模型，可构建如下 SEM：

$$\varphi_1 = \beta_{11}\gamma_1 + \beta_{12}\gamma_2 + \varepsilon_1$$
$$\varphi_2 = \mu_{21}\varphi_1 + \varepsilon_2$$
$$\varphi_3 = \mu_{31}\varphi_1 + \varepsilon_3$$
$$\varphi_4 = \mu_{41}\varphi_1 + \mu_{42}\varphi_2 + \mu_{43}\varphi_3 + \varepsilon_4$$
$$\varphi_5 = \mu_{51}\varphi_1 + \mu_{52}\varphi_2 + \mu_{54}\varphi_4 + \varepsilon_5$$
$$\varphi_6 = \mu_{61}\varphi_1 + \mu_{62}\varphi_2 + \mu_{64}\varphi_4 + \varepsilon_6$$

其中，γ_1 表示公众参与；γ_2 表示信息获取；φ_1 表示感知知识；φ_2 表示风险感知；φ_3 表示利益感知；φ_4 表示"核邻避情结"；φ_5 表示常规行为意向；φ_6 表示示范行为意向；β 表示外生变量 γ 和内生变量 φ 之间的路径系数；μ 表示内生变量 φ 之间的路径系数；ε 表示内生变量的残差项。

该 SEM 对应的矩阵形式为

$$\begin{bmatrix} \varphi_1 \\ \varphi_2 \\ \varphi_3 \\ \varphi_4 \\ \varphi_5 \\ \varphi_6 \end{bmatrix} = \begin{bmatrix} 0 & 0 & 0 & 0 & 0 & 0 \\ \mu_{21} & 0 & 0 & 0 & 0 & 0 \\ \mu_{31} & 0 & 0 & 0 & 0 & 0 \\ \mu_{41} & \mu_{42} & \mu_{43} & 0 & 0 & 0 \\ \mu_{51} & \mu_{52} & 0 & \mu_{54} & 0 & 0 \\ \mu_{61} & \mu_{62} & 0 & \mu_{64} & 0 & 0 \end{bmatrix} \begin{bmatrix} \varphi_1 \\ \varphi_2 \\ \varphi_3 \\ \varphi_4 \\ \varphi_5 \\ \varphi_6 \end{bmatrix} + \begin{bmatrix} \beta_{11} & \beta_{12} & 0 & 0 & 0 & 0 \\ \beta_{21} & \beta_{22} & 0 & 0 & 0 & 0 \\ 0 & 0 & 0 & 0 & 0 & 0 \\ 0 & 0 & 0 & 0 & 0 & 0 \\ 0 & 0 & 0 & 0 & 0 & 0 \\ 0 & 0 & 0 & 0 & 0 & 0 \end{bmatrix} \begin{bmatrix} \gamma_1 \\ \gamma_2 \\ 0 \\ 0 \\ 0 \\ 0 \end{bmatrix} + \begin{bmatrix} \varepsilon_1 \\ \varepsilon_2 \\ \varepsilon_3 \\ \varepsilon_4 \\ \varepsilon_5 \\ \varepsilon_6 \end{bmatrix}$$

5.4.3 测量模型分析结果

影响公众应对民用核设施风险所采取的抵制行为决策是一个复杂的 SEM，如图 5.1 所示。本章同样采用 SEM 来进行多元统计分析，通过进行 CFA 和路径分析两个阶段来检验模型。本章研究同样使用 AMOS 21.0 软件包来进行 SEM 分析，使用最大似然法来估计参数。

表 5.2 中所有构念的 Cronbach's α 介于 0.76~0.91。因此，分析结果表明所有构念的信度都是可以接受的。构念的效度是通过内容效度、聚合效度和区分效度来评估的。构念的量表是在已有的文献基础上进行修改和完善的，从而保证了构念的内容效度。本章研究通过因子载荷、组合信度和平均变异抽取量（AVE）来评估聚合效度。表中所有构念的因子载荷均接近于和大于 0.7（Hair et al., 1998）；组合信度的范围是 0.79~0.90，均大于 0.7（Nunnally, 1978），表明构念的组合信度是可以接受的；除利益感知的 AVE 为 0.48 外，其他构念的 AVE 均大于 0.5。因此，上述的结果表明测量模型有较好的聚合效度（Fornell and Larcker, 1981）。表中每一个构念之间的相关系数均小于 AVE 的平方根，由此可以表明测量模型有较好的区分效度。如上所述，本章研究的所有构念的效度是可以接受的。本章研究的模型对数据的拟合指标表明该 SEM 是可以接受的（χ^2 = 585.931，df = 258，χ^2/df = 2.271；CFI = 0.935，TLI = 0.924；RMSEA = 0.054，SRMR = 0.059）。综上所述，CFA 结果表明测量模型不仅与理论模型紧密相关，而且其信度、效度和拟合度都满足条件。

表 5.2 测量模型的 CFA 结果

构念	测量题项	因子载荷	Cronbach's α	组合信度	AVE
公众参与（PP）	PP1	0.67	0.91	0.90	0.70
	PP2	0.86			
	PP3	0.94			
	PP4	0.85			
网络信息获取（IA）	IA1	0.75	0.87	0.86	0.62
	IA2	0.68			
	IA3	0.91			
	IA4	0.79			
感知知识（PK）	PK1	0.80	0.75	0.84	0.57
	PK2	0.71			
	PK3	0.70			
	PK4	0.80			
风险感知（PR）	RP1	0.70	0.72	0.82	0.54

续表

构念	测量题项	因子载荷	Cronbach's α	组合信度	AVE
	RP2	0.74			
	RP3	0.78			
	RP4	0.72			
利益感知(PB)	PB1	0.70	0.79	0.79	0.48
	PB2	0.76			
	PB3	0.65			
	PB4	0.66			
"核邻避情结"(NA)	NA1	0.89	0.78	0.79	0.65
	NA2	0.72			
常规行为意向(CBI)	CBI1	0.85	0.84	0.84	0.72
	CBI2	0.84			
示范行为意向(DBI)	DBI1	0.80	0.83	0.84	0.72
	DBI2	0.90			

5.4.4 结构模型分析结果

如上所述，测量模型是符合条件的，可进一步做路径分析。本章研究使用 AMOS 21.0 软件包对假设模型(图 5.1)进行路径分析，检验不同潜变量之间的路径关系，分析结果如图 5.2 所示，其中，估计参数包括路径系数(β)、临界比(类似于与 t 检验中的 t 值)和解释方差(R^2)。

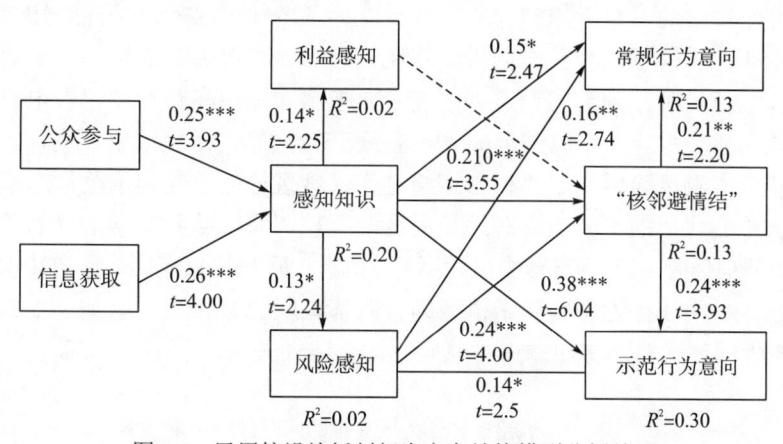

图 5.2 民用核设施抵制行为意向结构模型分析结果

注：路径系数值为标准回归系数；R^2 表示解释方差；虚线表示路径系数的 t 值小于 1.96；***p<0.001，t>3.29；**p<0.01，t>2.58；*p<0.05，t>1.96。

图 5.2 结构模型的分析结果，描述如下：在核电站建设过程中公众参与程度越高，公众感知到的核电知识也就越多（H_{1a}；$\beta = 0.25$，$t = 3.93$）；公众获取到的核电知识越多，感知到的核电知识也越多（H_{1b}；$\beta = 0.26$，$t = 4.00$）。因此，假设 1a 和假设 1b 得到了验证。感知到自己拥有更多核电知识的公众往往也感知到更高的利益（H_{2a}；$\beta = 0.14$，$t = 2.25$）和风险（H_{2b}；$\beta = 0.13$，$t = 2.24$）。然而，感知知识和风险感知的关系是正相关的，与假设 2b 中两变量之间的负相关关系相反，因而假设 2a 被验证，而假设 2b 未得到验证。利益感知与"核邻避情结"之间没有显著的关系，因此假设 3 未得到验证。对核能的风险感知越高的公众越反对核电站建设在居住地附近（H_{4a}；$\beta = 0.24$，$t = 4.00$），越愿意采取常规行为（H_{4b}；$\beta = 0.16$，$t = 2.74$）和示范行为（H_{4c}；$\beta = 0.14$，$t = 2.53$）去抵制核电站的建设。因此，假设 4a、4b、4c 均得到了验证。

越是反对核电站建在居住地附近的公众越愿意采取常规行为（H_{5a}；$\beta = 0.21$，$t = 3.19$）和示范行为（H_{5a}；$\beta = 0.24$，$t = 3.93$）去抵制核电站的建设。因此，假设 5a、5b 均被验证。让研究组意外的是感知到拥有更多核电知识的公众越反对核电站建在居住地附近（H_{6a}；$\beta = 0.21$，$t = 3.35$），越愿意采取常规行为（H_{6b}；$\beta = 0.15$，$t = 2.14$）和示范行为来抵制核电站的建设（H_{6c}；$\beta = 0.38$，$t = 6.04$）。因此，虽然感知知识分别与"核邻避情结"、常规行为意向和示范行为意向有显著的关系，但是与本章的假设 6a、6b、6c 相反，所以假设 6a、6b、6c 未得到验证。基于路径分析结果可得出，除假设 3 未得到验证，假设 6a、6b、6c 未能完全得到验证外，其余假设都得到了验证。

本章研究与理论假设一致，结果表明感知知识在整个模型中起到非常显著的作用。虽然感知知识显著地影响风险感知、"核邻避情结"和抵制行为意向。但是，研究结果中的关系方向却与假设相反。为了继续更深入地探究感知知识的作用，本章研究进行了四个回归分析。将风险感知、"核邻避情结"、常规抵制行为意向和示范抵制行为意向设置为因变量，把感知知识和感知知识去中心化后的平方设置为自变量。回归的结果如表 5.3～表 5.6 所示，研究结果表明，感知知识显著地正向影响风险感知、"核邻避情结"、常规行为意向和示范行为意向；感知知识去中心化后的平方也显著地负向影响"核邻避情结"、常规行为意向和示范行为意向，但是未能显著影响风险感知。因此，回归结果表明，感知知识与"核邻避情结"、常规行为意向和示范行为意向都呈现倒 U 形关系，如图 5.3、图 5.4 和图 5.5 所示。然而，感知知识与风险感知是线性关系而非 U 形关系。

表 5.3 风险感知作为因变量的回归分析结果

变量	标准化系数	标准误差	t
感知知识	0.13***	0.04	2.78
感知知识去中心化平方项	−0.06	0.04	−1.16

注：***$p<0.01$，$R^2=0.02$，调整 $R^2=0.02$。

第 5 章　民用核设施的公众抵制行为意向研究

表 5.4　"核邻避情结"作为因变量的回归分析结果

变量	标准化系数	标准误差	t
感知知识	0.18***	0.05	3.81
感知知识去中心化平方项	−0.09**	0.05	−1.97

注：**$p<0.05$，***$p<0.01$，$R^2=0.05$，调整 $R^2=0.04$。

表 5.5　常规行为意向作为因变量的回归分析结果

变量	标准化系数	标准误差	t
感知知识	0.16***	0.05	3.28
感知知识去中心化平方项	−0.10**	0.05	−2.03

注：**$p<0.05$，***$p<0.01$，$R^2=0.04$，调整 $R^2=0.03$。

表 5.6　示范行为意向作为因变量的回归分析结果

变量	标准化系数	标准误差	t
感知知识	0.38***	0.06	8.64
感知知识去中心化平方项	−0.11**	0.06	−2.47

注：**$p<0.05$，***$p<0.01$，$R^2=0.17$，调整 $R^2=0.16$。

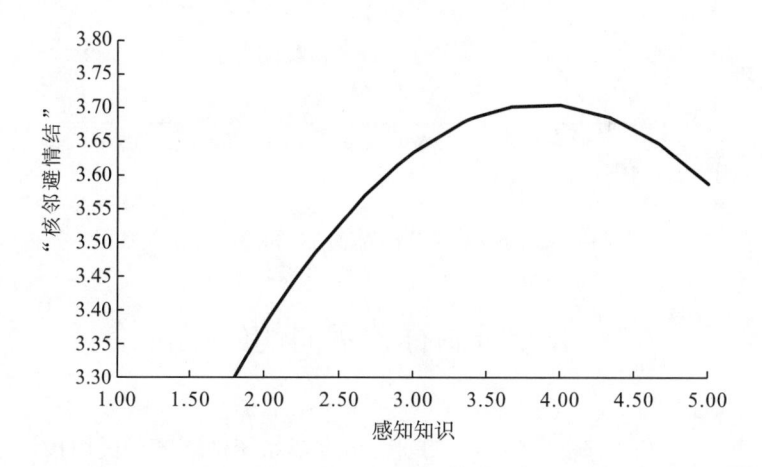

图 5.3　感知知识与"核邻避情结"之间的倒 U 形关系

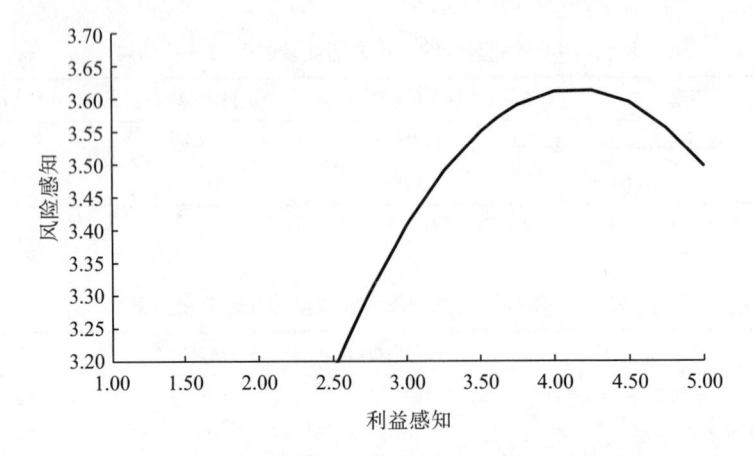

图 5.4　利益感知和风险感知之间的倒 U 形关系

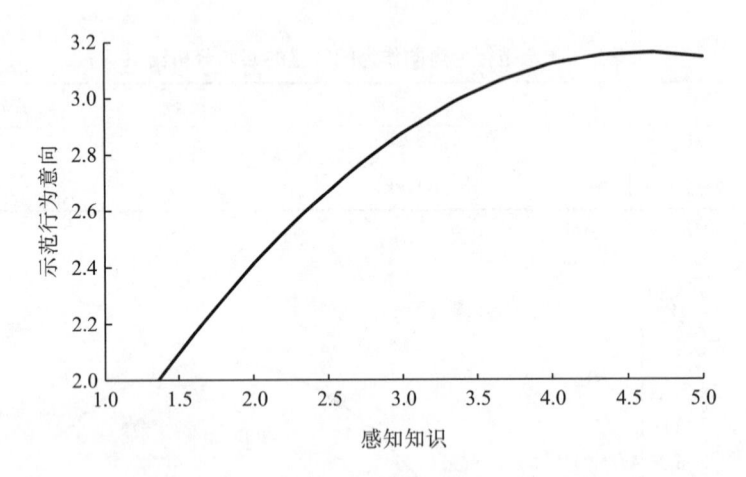

图 5.5　感知知识和示范行为意向之间的倒 U 形关系

5.5　公众抵制行为意向的结果讨论

基于 PADM 和"核邻避情结"的研究，本章系统地探究了民用核设施建设情景下公众对核设施的抵制行为意向，验证了核设施抵制行为意向的决定要素和抵制行为意向的关系。本部分将讨论本章研究的主要结果，并对研究的结果给予解释及说明。

首先，感知知识在 SEM 中起到了最重要的作用。感知知识不仅能预测风险感知和利益感知，而且还可以预测"核邻避情结"、常规行为意向和示范行为意向。本章研究发现感知到自己拥有更多核电知识的公众会感知到更高的风险，但是结论与理论假设相反。这个研究结果与第 4 章研究结果一致，解释这个研究结果的依据这里就不再赘述。同时，感知到自己拥有更多核电知识的公众也感知到更高的利益。而这个关系还没有得到学术界太多的关注。此外，感知知识对"核邻避情结"、常规行为意向和示范行为意向为也有显著的影响作用，而且显著呈现倒 U 形关系。也就是说，当公众感知到的知识处于中间范围的某个值时，"核邻避情结"和抵制行为意向是最高的，感知到自己拥有的知识较少和较多的公众，其"核邻避情结"和抵制行为意向都是较低的。对此倒 U 形关系的解释如下：从缺乏对核电的了解到对核电一知半解，公众反对核电设施建在居住地附近的心态以及抵制核电设施建设的行为意向增加。当对核电的认知逐渐增加后，公众能够更加理性地去分析和判断风险，因此公众的这种反对心态和抵制行为意向会逐渐降低。这恰好解释了核电设施在其他许多国家被民众抵制而在中国并未受到太大的影响，可能是因为目前中国在建的核电设施的选址都在沿海的农村，而周边居民的文化知识水平相对较低，信息获取的渠道和对信息的理解水平有限，感知到的核电知识水平较低，因此，"核邻避情结"和抵制行为意向都较低。但随着中国教育水平的提高，公众的知识文化水平也不断提高，再加上网络信息获取快捷丰富，特别是互联网的发展带来了大量的正面和负面的信息，可能会导致公众对核电的认知是一知半解的程度。因此，本章研究的这个发现具有重要的现实意义。公众感知到的核电知识在风险感知、利益感知、"核邻避情结"和抵制行为意向中都起到了重要的预测作用，后续的研究需要更深入地探讨知识的作用。

研究结果也发现，当地居民的风险感知在应对居住地附近建核设施可能带来的风险所做出的反应中起到了重要的作用。这个发现与 PADM 中对风险感知的重要作用的解释一致。先前的学者已经验证，风险感知作为一个重要的心理因素，在预测人们对环境灾难和灾害的反应中有着非常重要的作用(Lindell and Hwang，2008；Ge et al.，2011；Lindell and Perry，2012；Wei et al.，2015a)。本章研究发现，当地居民在面对核电风险时，可能会考虑他们自身和后代的安全是否受到威胁，他们的财产和健康会不会受到影响，会不会出现核泄漏或者严重的核事故。为减少这些忧虑，当地居民可能会反对甚至采取行动抵制核电设施的建设。这个研究结果与先前 PADM 在各种风险情景下的研究结论保持一致，风险感知是"核邻避情结"和核设施抵制行为的决定要素之一。因此，我们的研究有效地把 PADM 的应用拓展到民用核设施情景。然而，利益感知和"核邻避情结"没有显著关系。而先前的一些研究已表明利益感知比风险感知对预测核电的接受性有更显著的影响作用(Choi et al.，2000；Corner et al.，2011；Visschers and Siegrist，2013)。可能的解释是：由于福岛核事故增加了部分公众的风险感知，这就造成一部分居民在感知到核设施建设所带来利益的同时也反对建核设施。因此，利益感知和"核邻避情结"的关系还有待进一步研究。此外，本章研究还发现"核邻避情结"对预测抵制行为意向的重要作用。然而，据研究组所知，这一关系还没有得到学者的太多关注。而本章研究却发现"核邻避情结"对示范行为意向的影响比对常规行为意向的影响更显著。

此外，研究还发现，公众参与和网络信息获取都对感知知识有着重要的影响。研究结果表明公众参与显著地正向影响感知到的核电知识。可能因为参与到核设施建设过程中的居民获取到了更多的信息，从而拓展了他们的核电知识。研究结果也表明网络信息获取也是感知知识的决定要素之一。在民用核设施建设情景下，获取到越多信息的公众会感知到拥有更多的核电知识，进而会判断更高水平的风险。这个发现否定了先前关于摄入信息的增加能减少核电的不确定性风险感知的结论。合理的解释如下：随着信息技术和计算机网络的发展，人们可以通过各种渠道，如网站、社交媒体和搜索引擎等获取信息。公众可能从某些渠道获取到核电的负面信息量大于获得的正面信息量，这些负面信息将增加他们对核电安全性的忧虑。

5.6 本章小结

为了应对能源危机，减少温室气体的释放，实现可持续的经济发展，中国正大力发展核电。然而，"核邻避情结"可能影响民用核设施的实施。本章研究试图验证民用核设施建设情景下，核设施周围的居民对核设施抵制行为意向的决定因素，包括网络信息获取、公众参与、感知知识、风险感知、利益感知和"核邻避情结"。为探究这一研究问题，本章基于 PADM，提出了核设施抵制行为意向的构念模型。本章研究通过对海阳核电站附近的 487 位居民的调研验证了构念模型中所假设的因果关系。研究结果表明，"核邻避情结"、感知知识和风险感知三个社会心理因素显著影响公众对民用核设施的抵制行为意向。其中，"核邻避情结"直接正向影响抵制行为意向。感知核电知识对预测风险感知、利益感知、"核邻避情结"和抵制行为意向有重要的作用。而且,感知知识与"核邻避情结"和抵制行为意向之间均呈现倒 U 形关系。"核邻避情结"和抵制行为意向均被风险感知而非利益感知所预测。公众参与和网络信息获取显著正向影响感知知识。

第6章　风险感知和信息处理对公众抵制行为的影响分析

6.1　公众抵制行为

"邻避效应"表明,公众往往反对在居住区域附近建设可能对他们的健康和环境产生负面影响的设施(例如,垃圾堆、焚化炉以及核电站)(Hubbard,2009)。核电作为一种低碳技术,可以在不产生污染环境的气体的前提下为社会提供更多、更低价的电能,但是核电设施附近的居民需要承担设施运行过程中可能存在的负面影响,比如核电设施的运行以及核废物的存储可能会污染周边的环境和影响周边居民的身体健康。为此,与核电设施选址相关的问题通常会引起公众的抵制,进而导致核电项目延迟,甚至是核能政策的失败。在民用核设施建设过程中或者核事件发生后,公众往往会做出各种各样的心理反应和行为选择,如对核电项目安全性的不信任与抗拒心理、搜集并传播相关的核危机信息、购买防护物品、撤离核辐射区域、抵制核电项目的行为等。因此,公众对核能的感知和行为应对对核能的政策制定有着重要的影响(Glaser,2012)。先前的研究探讨了公众的核能风险感知以及对核能的接受性(Mah et al.,2014; Visschers and Siegrist,2013; Yuan et al.,2015; Visschers,Keller and Siegrist,2011)。然而,公众的抵制行为(人们反对在居住区域附近建设核电站)并没有得到足够的学术关注。

风险感知通常被视为一个影响公众风险行为决策的至关重要的变量(Terpstra,Lindell and Gutteling,2009; Ibuka et al.,2010),也是 PADM 中的核心变量(Lindell and Perry,2012)。公众对风险技术的感知解释了为什么公众会反对某些技术,尽管专家通常评估这些技术具有较高的安全水平(Slovic,Fischhoff and Lichtenstein,2003)。在核电站建设情景下,先前的研究者对风险感知与公众的风险应对行为决策之间的关系关注的还不够,因此,本章研究试图基于风险感知来探究影响公众邻避行为决策的因素。此外,风险情境下,公众会通过多种渠道接收到大量有关风险的信息,由于个体认知的差异,公众可能会选择性地关注或者处理这些信息(Dawar and Pillutla,2000),进而导致他们形成有差异的理解和认知(Kahlor et al.,2003)。因此,研究公众如何处理风险信息以及信息处理如何影响风险行为应对决策很有必要和意义。

本章研究的主要目的是试图探究影响公众在面对核邻避危机时所采取的行为决策的关键因素，并基于 PADM(Lindell and Perry，1992，2004，2012)和 HSM(Eagly and Chaiken，1993；Chaiken，1980)从风险信息的视角构建了一个概念模型，重点关注了风险感知在其中的作用。PADM 是一个多阶段模型，该模型关注个人风险应对行为的信息流，而 HSM 关注的是信息处理策略。本章研究同样设定调研采用的情景为海阳核电站建设，并对海阳核电站附近的居民展开调研，同样采用 SEM 来验证假设模型。

6.2 基于风险感知和信息处理的公众抵制行为意向概念模型

PADM 将公众的风险行为应对决策描述为一个多阶段的决策过程。然而，PADM 并没有考虑信息处理，先前的研究结果发现信息处理也可能会影响人们的风险应对(Johnson，2005)。先前的很多研究均表明，在风险情境中，HSM 是一个可能的、有价值的研究范式(Kahlor et al.，2003；Griffin et al.，1999)，这一主题也得到了广泛的学术关注(Smerecnik et al.，2012)。其中一项基础性的研究是由 Griffin 等(1999)完成的。在他们的的研究中通过改编和合成 Eagly 和 Chaiken(1993)的 HSM 和 TPB 理论中的因素(Ajzen，1988；Ajzen and Fishbein，1980；Fishbein and Ajzen，1975)，构建了一个 RISP 模型。该模型被用来解释个体如何应对健康风险信息。因此，在本章研究中将 PADM 和 HSM 整合起来提供一个更全面的模型来讨论核能情境下公众的行为应对，图 6.1 所示是本章的研究模型。该模型假设公众感知到的核能知识和他们对信息需求的评估引起了他们的信息搜寻，依次地，他们的信息处理和风险感知也被触发，然后引起了他们的应对行为。6.3 节是对本章研究中提出的构念和假设的讨论。

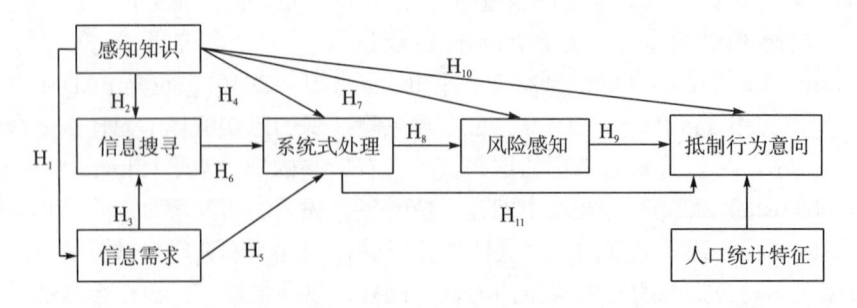

图 6.1 基于风险感知和信息处理的公众抵制行为意向假设模型

6.3 研究假设及问卷设计

6.3.1 研究假设提出

1. 感知知识

个体所了解的知识对其信息搜寻行为和信息理解的影响受到了研究者的广泛关注(例如，Bei and Widdows，1999；Müller-Kalthoff and Möller，2003)。然而，依据先前的研究，信息和信息搜寻之间的关系并不一致，包括正向的关系(Kerstetter and Cho，2004；Wei et al.，2014)、负向的关系(Simonson et al.，1988)、没有关系(Jepsen，2007)以及倒 U 形关系(Johnson and Russo，1984)。Wei 等(2014)在研究消费者对大众汽车召回事件的应对时发现公众自我评估的产品知识会显著地影响他们的信息行为，包括信息需求和信息搜寻行为。先前的研究之所以得出知识与公众信息搜寻行为之间的关系并不一致的结论，是因为之前的研究者使用了多种不同的方法探究信息和信息搜寻行为之间的关系，这些研究在情境、变量、测量工具和样本等方面均存在差异。

然而，在核能情境中，公众了解的有关核能的知识与其信息行为之间的关系还没有得到学术关注。当社区附近计划建设核电站时，公众往往需要高质量的信息来帮助他们对可能面临的风险进行评估和判断。当公众了解较多的有关核能和核技术的知识时，他们通常知道自己所需要了解的信息，并且可以有效地获取信息以及花费较少的认知成本来理解获取的信息(Brucks，1985；Jepsen，2007)。因此，本章研究假设公众感知的知识会显著地影响信息需求和信息搜寻。具体的研究假设描述如下：

假设 1：感知知识会显著地正向影响信息需求。
假设 2：感知知识会显著地正向影响信息搜寻。

2. 信息需求和信息搜寻

风险情境下，公众往往需要获取有关风险的信息来帮助他们评估风险事件的确定性、严重性和即时性(Lindell and Perry，2012)，并可以通过多种渠道获取和搜索信息(例如，媒体、网络以及同事)。当公众进行决策制定所需要的信息和他们已有的信息之间存在差异时，就会产生信息需求(Eagly and Chaiken，1993)。信息搜寻的过程被公众对信息需求的评估所激发，信息需求评估源于公众感知到需要获取更多的信息来制定决策(Lindell and Perry，2012)。

在 RISP 模型中，Griffin 等(1999)假设充分性原则是信息搜寻的一个前因变量，该假设在后续的研究中也得到了证实(Johnson,2005)。在毒胶囊危机情境中,Feng 等(2014)研究发现当人们掌握的信息不充分时,他们的信息搜寻行为将会被触发,从而去获取更多的信息帮助他们充分地应对危机。Wei 等(2016)在有关大众汽车产品召回危机事件的研究中,也证实了消费者的信息需求会显著地正向影响信息搜寻行为,该研究中的信息需求与本章研究的信息需求的内涵是一致的。也就是说,当消费者对有关产品召回危机信息的意向表现出较高的需求时,他们搜索信息的意向也越高。然而在核能情境中,信息需求和信息搜寻之间的关系并没有受到研究者的关注。尽管在核能情境中,二者之间的关系缺乏足够的实证结果支持,但正如先前在其他情境中的很多研究所揭示的那样,信息需求和信息搜寻之间存在显著的正向关系。因此,假设信息需求会显著地正向影响信息搜寻是合理的。本章研究中做出如下假设:

假设 3:信息需求对信息搜寻有显著的正向影响。

3. 系统式处理策略

HSM 认为,个体处理信息时会单独地或者同时地采取系统式处理策略和启发式处理策略(Trumbo,1999)。系统式处理策略是一个慎重的处理信息的过程,做出判断需要通过分析、比较和甄别信息来完成(Chaiken,1980;Trumbo,1999)。在该种信息处理模式中,人们做出决策往往需要依据质量和审查标准较高的信息(Trumbo,1999)。然而,启发式处理策略只需要公众依据简单的决策标准来对信息进行判断(Johnson,2005)。根据 HSM 的假设,信息处理是公众态度改变的一个前因变量(Kim and Paek,2009)。HSM 假设人都是认知吝啬的,因此人们更倾向于采用启发式处理策略,因为这种信息处理方式需要较少的努力(Kim and Paek,2009)。然而,与系统式处理策略相比较,公众采用启发式处理策略处理信息后,易得到较不稳定的风险判断和后续行为(Trumbo and McComas,2003)。由于本章研究试图探究公众采用的信息处理策略是否对他们的风险判断和行为产生影响,因此,本章研究只考虑了系统式处理策略,并试图在一个更简洁的模型中探讨系统式处理策略对公众风险感知和行为的影响。

HSM 假设公众先前已有的知识是影响他们信息处理方式的一个因素(Eagly and Chaiken,1993)。当公众掌握的知识较多时,他们更有动力和能力采用系统式处理策略来处理信息(Trumbo and McComas,2003)。先前的研究结果也证实了已有的知识会显著地影响系统式处理策略(Kahlor et al.,2003;Trumbo,2002)。例如,Kahlor 等(2003)研究了风险沟通中启发式处理策略和系统式处理策略的作用,并采用RISP模型作为研究理论基础。实证结果表明,公众已有的知识会影响他们的信息处理方式,拥有的知识越多,公众采取系统式处理策略处理信息的意向就越高。然而,研究中并未发现知识对启发式处理策略存在显著的影响。Wei 等(2014)在汽车产品召回危机的研究中发现,消费者了解的产品知识可以显著地影响他们的系统式处理。当消费者了解的有关汽车产品的知识越多时，他们采用系统式策略处理产品召回危机信息的意向则越高。

信息需求是另一个影响公众信息处理策略的因素(Johnson，2005)。HSM 认为信息充分性影响公众判断的信心(Eagly and Chaiken，1993)："在一个特定的判断情境中，公众渴望获得的信心程度将影响他们采取何种信息处理策略。"当人们感知到自己掌握了足够的信息，并且这些信息可以支持他们在后续的判断中所期望的信心时，他们会采用启发式处理策略(Eagly and Chaiken，1993)。然而，当人们由于缺乏信息而缺乏判断时，他们会采用系统式处理策略(Kahlor et al.，2003)。Griffin 等(1999)提出来的 RISP 模型将信息需求作为影响公众信息处理的一个重要前因变量，并在随后的研究中证实了信息需求对人们进行信息处理的重要促进作用(Griffin et al.，2008)。此外，先前的研究还表明信息搜寻对信息处理也有显著的影响。例如，Johnson(2005)研究发现，信息搜寻对系统式处理策略有显著的正向影响，对启发式处理策略则有显著的负向影响。也就是说，当公众具有较高的信息搜寻意向时，他们会获取到更多的信息，随着拥有的信息增多，他们采取系统式策略处理信息的意向就越高。因此，本章研究提出了如下假设：

假设 4：感知知识可以显著地正向影响公众系统式处理信息的意向。
假设 5：信息需求可以显著地正向影响公众系统式处理信息的意向。
假设 6：信息搜寻可以显著地正向影响公众系统式处理信息的意向。

4. 风险感知

在 PADM 中，风险感知是一个预测个体风险行为应对的核心变量(Lindell and Perry，2012)。在这里，风险感知指的是，公众对威胁事件可能造成的身体健康和社会环境的影响的评判和预估(Lindell and Hwang，2008)。依据 PADM 的思路，风险感知、防护性行为感知和利益相关者感知是公众对灾害、保护行为和与灾害相关的利益相关者的感知，它们一起构成了风险情境下公众的认知。有关知识与风险感知之间的关系，先前的研究者进行了大量的研究。Wei 等(2014，2016)在一系列有关大众汽车产品召回危机事件的研究中，均证实了消费者了解的产品知识可以显著地影响他们对产品召回危机事件的风险感知。

在技术风险情境下，先前的研究者也试图探究技术知识与风险感知之间的关系(例如，Klerck and Sweeney，2007；Sjöberg and Drottz-Sjöberg，1991)。然而，先前的研究发现，技术知识与风险感知之间的关系并不是那么简单，二者之间既存在负向关系，也可能没有关系，或者存在倒 U 形关系(Sjöberg and Drottz-Sjöberg，1991；Klerck and Sweeney，2007；Christoph et al.，2008)。造成上述结果的可能原因是，先前的研究对风险知识和风险感知的测度工具以及研究情境上存在差异。在核能技术情境中，知识与风险感知之间的关系并没有得到太多的关注。而且在仅有的几篇研究公众了解的核技术知识与他们的风险感知之间的关系文献中，二者之间的关系也是不尽相同的，包括负向关系(Sjöberg and Drottz-Sjöberg，1991)以及没有关系(Katsuya，2001)。

信息处理是另一个影响风险感知的因素(Trumbo，1999)。先前的学者将HSM进行拓展，然后用于研究信息处理对个体风险判断的影响。Trumbo(2002)认为信息处理是个体风险感知的一个前因变量。Trumbo和McComas(2003)的研究表明系统式处理策略正向影响风险感知，然而启发式处理策略负向影响风险感知。因此，本章研究提出了如下假设：

假设7：当人们了解更多的核设施信息时，他们感知到更低的核能风险。

假设8：系统式处理策略显著地影响公众的风险感知。

5. 行为意向

PADM最主要的目的就是解释公众对威胁事件进行行为应对的决策过程(Lindell and Perry，2012)。行为意向和实际的行为是两个可以用来测度公众行为应对的变量，而且这两个变量在先前的研究中也被广泛使用(例如，Lindell and Hwang，2008；Wang et al.，2014)。行为意向可以直接影响实际行为，并且当行为意向可以很好地被测度时，它可以准确地预测实际的行为(Ajzen，1991)。此外，与行为意向相比，实际的行为较难测量(Schuitema et al.，2013)。因此，本章研究选择行为意向作为研究变量。

在风险情境下，风险感知通常被视为是预测公众行为意向的至关重要的一个变量(Terpstra et al.，2009；Ibuka et al.，2010；Kettle and Dow，2014)。同样地，风险感知也是PADM中影响公众风险行为决策的核心变量(Lindell and Perry，2012)。在多种风险情境下，先前的研究者对风险感知与公众的风险应对行为之间的关系进行了大量的研究(Hung，Shaw and Kobayashi，2007；Grothmann and Patt，2005)。例如，在自然灾害情境中，Terpstra和Lindell(2012)的研究结果证实了公众对洪水的风险感知与他们采取防御行为应对洪水的意向呈显著的正向相关关系。在空气污染情境中，Whitmarsh(2009)研究发现，由于英国公众缺乏对气候变化这一环境问题的风险感知，使得他们采取应对气候变化问题行为的意向较低。在技术风险领域，公众对技术的风险感知可以帮助政策制定者了解公众对某些技术持反对意见的原因，尽管这些技术通常被专家评估为具有较高的安全水平(核电站就是一个例子)(Slovic et al.，2003)。然而，令人意外的是，在核能情境下，先前的研究只有少数学者关注了风险感知对公众采取行为应对核能使用之间的关系。仅有的一篇研究文献是由De Groot和Steg在2010年完成的，其研究结果证实，荷兰公众的核能风险感知可以显著地解释他们采取行为应对核能的意愿。因此，本章试图探究核能情境下公众的核风险感知与行为应对之间是否存在显著的关系。

此外，知识被视为显著影响公众风险情境下行为应对意向的一个因素(Wei et

al.，2014)。例如，Klerck 和 Sweeney (2007)的研究证实，消费者掌握的有关转基因食品的知识对他们购买转基因产品的倾向有显著的影响；Wei 等(2015)的研究结果证实，在汽车产品召回危机中，消费者了解的汽车产品知识越多，他们采取支持汽车公司的行为意向越高。迄今为止，在核能情境下，知识和行为应对之间的关系还没有得到学者关注。因此，本章研究试图弥补这个缺口。先前的一些研究均指出知识和行为意向之间存在显著的关系。然而，由于这些研究选用的研究情境、测量工具和样本均存在差异，因此这些研究得出的结果并不一致。更多的风险知识可以帮助公众更深入和更全面地了解风险，并且可以降低公众感知到的风险(Klerck and Sweeney, 2007)。因此，可以假设公众了解的有关核能知识越多，他们表现出来的核设施抵制行为意向越低。

除此之外，先前的研究还指出信息处理也是影响行为意向的一个变量。Griffin 等(1999)通过将 RISP 模型和 TBP 理论结合起来，将 RISP 模型的启示扩展到了行为领域。研究者假设公众处理信息的方式最终可能会影响行为的稳定性。然而，Griffin 等(1999)并没有在研究中验证信息处理方式和行为意向之间的关系。最近，一些学者证实了信息处理方式对个人的行为应对表现出显著的影响(Hovick et al., 2011; Wei et al., 2014)。Hovick 等(2011)在健康风险情境下的研究结果发现，系统式处理策略显著地增加了公众采取健康保护行为的意向。但是，目前信息处理和行为意向之间的关系还并没有在核能情境中进行过研究。依据上述研究，可以假设系统式处理策略对行为意向存在正向影响是合理的。因此，本章研究的最后三个假设描述如下：

假设 9：风险感知对公众的核设施抵制行为意向有显著的正向影响。

假设 10：公众了解的核设施信息对其核设施抵制行为意向有显著的负向影响。

假设 11：系统式处理策略对公众的核设施抵制行为意向有显著的正向影响。

6. 人口统计特征

PADM 认为，人口统计特征会影响公众对极端事件的风险感知和行为应对(Lindell and Perry, 2012)。先前的研究结果表明，人口统计特征，例如，年龄、性别、教育程度和收入通常被视为影响公众风险感知和行为意向的因素(Skov, et al., 1991; Gatersleben, Steg and Vlek, 2002)。性别对公众的风险感知存在显著的影响(Flynn, Slovic and Mertz, 1994; Slovic, 1999)，在环境污染风险情境中，与男性相比，女性对会造成污染风险的技术的关注度更高 (Davidson and Freudenburg, 1996)，并会采取更多行为来应对空气污染(Skov et al., 1991)。此外，低收入人群倾向于系统地高估风险(Boholm, 1998)，进而采取行为应对风险。拥有较高学历的公众更倾向于采取行动以减轻气候变化所引起的环境风险(O'Connor et al., 1999)。与年轻的受访者相比，年长的受访者采取行动应对气候变化的意向更高(Whitmarsh, 2009)。此外，居住距离也是影响公众核设施抵制行为意向的重要因素。一般而言，公众离核电设施的距离越远，设施对公众的影响也就越小，他们对核电设施的认可和接收程度也越高(Wolsink，2007)，因此采取核设施抵制行为的意向也就越低。在核邻避风险情境下，由于先前研究者对公众行为应对的关注不够，人口统计特征如何影响公众的核设施抵制行为决策也不得而知。为此，本章研究试图探究人口统计特征(年龄、性别、教育程度、收入和居住距离)对公众的核设施抵制行为意向是否存在影响，如果存在影响的话，探究影响原因。

6.3.2 问卷设计及抽样

本章研究中包含了一系列的变量，即人口统计特征(如年龄、性别、学历和家庭年收入)、感知知识、信息需求、信息搜寻、系统式处理策略、风险感知和反核行为意向。每一个变量测量所使用的量表均来源于前面章节的研究，并做了相应的修改以匹配本章的研究情境。所有的变量测量均采用李克特量表，1~5 表示完全不同意至完全同意。如第 5 章所叙述的那样，本章研究同样选择测度公众评估他们自己所了解的有关核能的知识，也就是以感知到的核知识为研究变量。感知到的核知识的测度题项与第 5 章中描述的题项一致，只是本章研究将测度题项作为一维的构念。测度核知识的四个题项主要是在 Huang 等(2013)的研究基础上修改而来的。具体地测度主要包括如下四个方面：中国政府对核电站的监管和政策、核能发电的运行机制、核辐射对人类健康的影响以及以往核电站的事故信息。

在核电站建设过程中，核电站附近的居民往往需要获取相关信息来帮助他们评估核电项目存在的风险。本章研究在整合和修改 Ter Huurne、Gutteling(2008)和 Kellens 等(2012)研究的基础上，选用了 3 个量表，并从如下三个方面来测量信息需求：对有关海阳核电站建设信息的需求、信息需求的意愿以及信息来源。具体的测度是通过询问受访者对下述表述的认可程度："我想去搜索海阳核电站的相关信息""我必须搜索关于海阳核电站建设的信息"以及"我每天都会关注关于海阳核电站建设的最新信息"。当受访者回答的答案得分越高时，他们的信息需求程度也越高。

信息搜寻的测量主要是基于 Ter Huurne 和 Gutteling(2008)的研究。本章研究也从如下三个方面来测量信息搜寻：信息搜寻意愿、信息搜寻必要性和信息搜寻持续性。同样地，信息搜寻的测度也是通过询问受访者对下述描述的认可程度："我应当去搜索海阳核电站的相关信息""我将搜索关于海阳核电站尽可能多的信息"以及"我每日都会关注海阳核电站建设的最新信息"。受访者回答的得分越高表示他们的信息搜寻意向越高。

系统式处理策略的测度也是基于之前的研究基础，测度的量表来源于 Smerecnik 等(2012)的研究，再结合本章研究的情境对测度量表进行适度的修改。

第 6 章　风险感知和信息处理对公众抵制行为的影响分析

本章研究选用三个量表从如下三个方面来测度系统式处理策略：公众考虑可能采取的应对行为，公众对信息进行比较以及公众考虑信息对日常生活的重要性。系统式处理策略的测度具体可以通过询问受访者对下述表述的认可程度："我会思考自己可能会采取什么行动应对海阳核电站建设""我会思考海阳核电站的信息与我知道的其他信息有什么关系"以及"我会试着去思考海阳核电站信息对我日常生活的影响"。受访者回答的得分越高，表示他们采用系统式策略处理信息的意向越高。

风险感知由四个测度项进行测量，通过结合 Huang 等（2013）和 Seidl 等（2013）的研究，并依据本章研究的情境进行适度的修改。核电站风险感知的测度项包括三个方面的风险反应：核电站对个人和后代的影响、对财产的影响以及核事故可能产生的影响。这些测度项一起构成了一个单维的公众核风险感知构念。具体通过询问受访者对如下表述的认可程度："核电站的运行对周边居民的健康和寿命存在较大的威胁""核电站的运行对后代的健康和寿命存在较大的威胁""核电站运行后可能会发生造成重大健康和财产损失的核事故"以及"核电站的建设将可能对周边环境造成污染"。受访者回答的得分越高，表示他们的核风险感知越高。

公众的反核行为意向由四个测度项进行测量，这四个测度项是选自 De Groot 和 Steg（2010）以及 Prati 和 Zani（2013）的研究，并结合本章研究的情境进行适度的调整。具体是通过询问受访者"如果要反对建核电站，您比较认可下列哪些行为？"来测度他们的核设施抵制行为意向。这些行为包括公开发表反对建核电站的意见、签署反对建核电站的请愿书、到政府主管部门上访以及参加游行及其他抗议活动。这四个测度项均用李克特量表测量，受访者回答的答案得分越高，表示他们的行为意向越高。

同样，本章研究也选择在山东省海阳市海阳核电站附近的村庄进行调研，并且本章研究的问卷与前几章研究的问卷是掺杂在一起随机发放的，调研的对象也基本一致。问卷调研地点的选择和调研过程在前几章研究中已经详细说明，这里就不再赘述。最终，研究组共收集了 510 份问卷，其中 23 份问卷因为存在大量的缺失值和可疑的答案而被证实是无效的。因此，最终的样本中包含了 487 份有效问卷，此次调研的应答率约为 88.5%。

表 6.1 中所示是对本章研究中所涉及构念的均值、标准差和相关性的分析结果。分析结果显示，公众感知到自己了解的核能知识得分均值是 2.98（基本接近于均值 3）。因此可以认为公众对有关核技术知识的了解程度并不是很高。信息需求和信息搜寻两个构念得分的均值分别为 3.31 和 3.02，表明公众的信息需求程度和信息搜寻意向均处于中间值 3 的水平，而且公众的信息需求程度要高于他们的信息搜寻意向。由表中数据可知，系统式处理的得分均值为 3.18，公众系统式处理有关核设施信息的意向并不是很高，仅处于中值水平。风险感知的得分均值为

3.56，表明公众感知到核技术带来的风险较高，高于中值水平。最后，反核行为意向的得分均值为 3.05，处于中值水平，表明公众采取行为反对核能使用的意向并不是很高。此外，本章研究涉及的构念两两之间的相关性系数在表的对角线下端，结果显示除了信息搜寻和风险感知之间的相关性系数不显著以外，其他的两两构念间的相关性系数均显著。上述相关性分析结果表明，本章研究涉及的构念间的相关性较高，因此，可以进行进一步的分析。

表 6.1 均值、标准差以及相关性

构念	均值	方差	PK	IN	IS	SP	RP	BI
感知知识(PK)	2.98	0.87	**0.75**					
信息需求(IN)	3.31	0.85	0.26**	**0.79**				
信息搜寻(IS)	3.02	0.87	0.32**	0.54**	**0.80**			
系统式处理策略(SP)	3.18	0.86	0.24**	0.43**	0.40**	**0.82**		
风险感知(RP)	3.56	0.77	0.15**	0.13**	0.08	0.15**	**0.74**	
行为意向(BI)	3.05	0.93	0.34**	0.10*	0.17**	0.18**	0.30**	**0.73**

注：表格对角线以下呈现的是相关性系数；对角线上加粗显示的是 AVE 的平方根。**$p<0.01$；*$p<0.05$。

6.4 研究结果与假设检验

由于本章构建的基于风险感知的公众核设施抵制行为决策模型是一个复杂的结构模型，需要使用多元分析方法来对模型中的关系进行验证。本章研究也采用 SEM 来验证假设模型，并通过 AMOS 软件包来运行 SEM 分析。依据 Hair 等(1998)的建议，本章首先通过执行两阶段的分析程序来检验假设模型的信度和效度。然后通过 CFA 来测度问卷中的问项可以正确测度目标构念的程度。如果 CFA 结果表明测度项可以准确测度构念，下一步将对假设模型中的关系进行路径分析，验证模型中变量间的关系。

6.4.1 信度和效度检验

测量模型的检验是通过构念的信度和效度检验来实现的(如表 6.2 所示)。Cronbach's α 评估的是构念的信度(Fornell and Larcker, 1981)，所有构念的 Cronbach's α 分布在 0.70~0.75，因此，上述分析结果表明所有构念的信度是可以接受的。通过研究题项的信度、构念的信度和 AVE 来测度聚合效度(Hair et al., 1998)。本章研究中涉及的题项中，除了其中的两个题项以外，其他题项的因子载荷(loading)均大于 0.7 (Hair, Anderson and Tatham, 1998)。而且，根据之前研究成果(Hair，Anderson and Tatham，1998)，联合信度的值分布在 0.82~0.86，均大于 0.7，表明构念的信度可以接受。此外，所有构念的 AVE 分布在 0.53~0.67，均大于 0.5 (Hair，Anderson and Tatham，1998)。本章研究还通过检验 AVE 的方根与构念之间相关系数来评估区分效度（Fornell and Larcker，1981）。表 6.1 中 AVE 的平方根均大于构念间的相关系数。因此，上述的分析表明测量模型的信度和效度都满足条件。

表 6.2 测量模型的 CFA 分析结果

构念	测项	因子载荷	Cronbach's α	联合信度	AVE
感知知识（PK）	PK1	0.80	0.75	0.84	0.57
	PK2	0.71			
	PK3	0.70			
	PK4	0.80			
信息需求（IN）	IN1	0.81	0.70	0.84	0.63
	IN2	0.80			
	IN3	0.77			
信息搜寻（IS）	IS1	0.82	0.72	0.84	0.64
	IS2	0.83			
	IS3	0.75			
系统式处理策略（SP）	SP1	0.84	0.75	0.86	0.67
	SP2	0.87			
	SP3	0.74			
风险感知（RP）	RP1	0.70	0.72	0.82	0.54
	RP1	0.74			
	RP1	0.78			
	RP1	0.72			
行为意向（BI）	BI1	0.59	0.71	0.82	0.53
	BI2	0.61			
	BI3	0.84			
	BI4	0.84			

6.4.2 数据分析方法

根据本章的研究模型，可构建如下 SEM：

$$\varphi_1 = \beta_{11}\gamma_1 + \varepsilon_1$$
$$\varphi_2 = \mu_{21}\varphi_1 + \beta_{21}\gamma_1 + \varepsilon_2$$
$$\varphi_3 = \mu_{31}\varphi_1 + \mu_{32}\varphi_2 + \beta_{31}\gamma_1 + \varepsilon_3$$
$$\varphi_4 = \mu_{43}\varphi_3 + \beta_{41}\gamma_1 + \varepsilon_4$$
$$\varphi_5 = \mu_{53}\varphi_3 + \mu_{54}\varphi_4 + \beta_{51}\gamma_1 + \varepsilon_5$$

其中，γ_1 表示感知知识；φ_1 表示信息需求；φ_2 表示信息搜寻；φ_3 表示系统式处理策略；φ_4 表示风险感知；φ_5 表示抵制行为意向；β 表示外生变量 γ 和内生变量 φ 之间的路径系数；μ 表示内生变量 φ 之间的路径系数；ε 表示内生变量的残差项。

该 SEM 对应的矩阵形式为

$$\begin{bmatrix} \varphi_1 \\ \varphi_2 \\ \varphi_3 \\ \varphi_4 \\ \varphi_5 \end{bmatrix} = \begin{bmatrix} 0 & 0 & 0 & 0 & 0 \\ \mu_{21} & 0 & 0 & 0 & 0 \\ \mu_{31} & \mu_{32} & 0 & 0 & 0 \\ 0 & 0 & \mu_{43} & 0 & 0 \\ 0 & 0 & \mu_{53} & \mu_{54} & 0 \end{bmatrix} \begin{bmatrix} \varphi_1 \\ \varphi_2 \\ \varphi_3 \\ \varphi_4 \\ \varphi_5 \end{bmatrix} + \begin{bmatrix} \beta_{11} \\ \beta_{21} \\ \beta_{31} \\ \beta_{41} \\ \beta_{51} \end{bmatrix} \gamma_1 + \begin{bmatrix} \varepsilon_1 \\ \varepsilon_2 \\ \varepsilon_3 \\ \varepsilon_4 \\ \varepsilon_5 \end{bmatrix}$$

6.4.3　SEM 分析结果

上述测量模型的分析结果表明测量模型是符合条件的。本章研究使用 PLS 来对假设模型进行路径分析，分析结果如图 6.2 所示。分析结果所评估的参数包括路径系数(b)、t 值(t)以及解释方差(R^2)。如下所述是对分析结果的详细讨论。

结果显示，感知到的知识对信息需求(H_1；$b=0.26$，$t=5.02$)，信息搜寻(H_2；$b=0.19$，$t=4.69$)，和系统式处理策略(H_4；$b=0.12$，$t=2.60$)均有显著的影响。因此，假设 1、2、4 均得到了验证。那些感知到自己拥有更多核知识的个体往往有更高的信息需求、信息搜寻意向和采用系统式处理策略的意向。

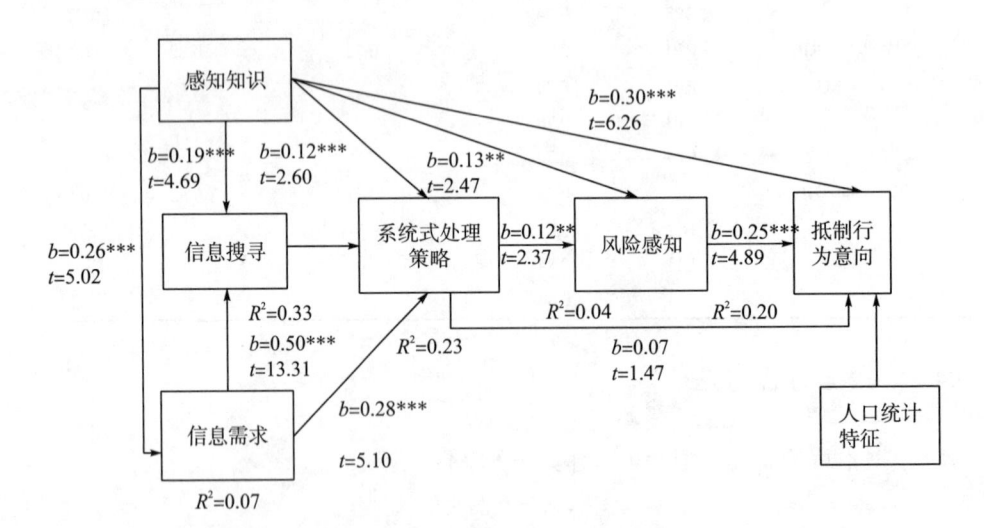

图 6.2　结构方程模型分析结果

注：*t>1.58；**t>1.96；***t>2.58；*p<0.05；**p<0.01。

第 6 章 风险感知和信息处理对公众抵制行为的影响分析

同时个体的信息需求刺激他们的信息搜寻意向(H_3; $b=0.50$, $t=13.31$),因此假设 3 得到了支持。个体较高的信息需求水平导致了他们采取系统式处理策略的意向较高(H_5; $b=0.28$, $t=5.10$),因此假设 5 得到了验证。信息搜寻是另一个可以影响系统式处理策略的重要因素(H_6; $b=0.21$, $t=3.72$),因此假设 6 得到了支持。感知到的知识(H_7; $b=0.13$, $t=2.47$)和系统式处理策略(H_8; $b=0.12$, $t=2.37$)均是预测风险感知的重要变量。然而,分析结果显示,感知到的知识和风险感知之间的关系与假设是相反的,因此假设 8 得到了支持,假设 7 并未得到支持。

核设施抵制行为意向影响因素的分析结果表明风险感知(H_9; $b=0.25$, $t=4.89$)和感知知识(H_{10}; $b=0.30$, $t=6.26$)均对核设施抵制行为意向有显著的正向影响,然而系统式处理策略(H_{11}; $b=0.07$, $t=1.47$)对核设施抵制行为意向并没有显著的影响。但是,本章研究得到的感知知识对核设施抵制行为意向的正向作用与假设预期并不一致。因此,假设 9 得到了支持,假设 10 和 11 均未得到验证。

研究得出,感知知识对风险感知和核设施抵制行为意向存在显著的影响,这与理论假设一致。但是,假设关系的方向并没有得到支持。为了更深入地了解感知知识的作用,本章研究进行了两个回归分析,并将风险感知和核设施抵制行为意向设置为因变量,将感知知识和感知知识的平方设置为自变量。表 6.3 和表 6.4 描述了回归分析的结果。表 6.3 表明感知知识对风险感知存在显著的正向作用,然而,感知知识的平方对风险感知并不存在显著的作用。结果表明,感知知识和风险感知之间的关系是线性的,而不是 U 形的。表 6.4 表明感知到的知识的系数是显著的。感知到的知识的平方显著地并且负向影响行为意向。因此,回归结果表明感知到的知识和行为意向之间的关系是凸曲线的部分。也就是说,感知知识和核设施抵制行为意向之间存在倒 U 形关系。

表 6.3 以风险感知为因变量的回归分析结果

变量	标准化系数	标准误差	t 值
感知知识	0.15***	0.05	3.31
感知知识平方项	-0.02	0.05	0.45

注:感知知识平方项是对感知知识去中心化后进行平方。***$p<0.01$, $R^2=0.02$,调整的 $R^2=0.02$。

表 6.4 以核设施抵制行为意向为因变量的回归分析结果

变量	标准化系数	标准误差	t 值
感知知识	0.32***	0.04	7.53
感知知识平方项	-0.12***	0.04	-2.68

注:***$p<0.01$, $R^2=0.13$,调整的 $R^2=0.13$。

最后，探究了人口统计特征(性别、年龄、教育程度以及家庭收入)与公众核设施抵制行为决策之间的关系。研究结果显示，性别和家庭收入与反核行为意向显著相关，而年龄和教育程度与反核行为意向并不相关。男性受访者以及家庭收入较低的受访者的核设施抵制行为意向更高。此外，风险距离对公众的核设施抵制行为意向也存在显著的影响，居住地距离核电站越近，公众的核设施抵制行为意向反而越低。

6.4.4 风险感知的中介效应检验

此外，本章的假设模型中假设感知知识和系统式处理策略既可以直接影响核设施抵制行为意向，也可以通过风险感知间接地影响核设施抵制行为意向。因此，本章研究还检验了风险感知的中介效应。依据 Baron 和 Kenny(1986)的建议，通过如下三步对风险感知的中介效应进行检验。第一步，先检验自变量对因变量的作用。第二步，检验自变量对中介变量的作用。第三步，检验自变量和中介变量对因变量的综合作用。当第一步和第二步中自变量对因变量和中介变量均有显著的影响，而第三步中自变量对因变量没有显著的影响，中介变量对因变量有显著的影响时，则表明中介变量是完全中介的。当第一步或者第二部中有一步不存在显著的影响，则表明中介变量不存在中介效应。当第一步和第二步均存在显著的影响，而第三步中自变量和中介变量对因变量均有显著的影响时，则表明中介变量是部分中介的。如下表 6.5 所示是风险感知的中介效应检验结果，分析结果表明，风险感知均部分中介了感知知识和系统式处理策略对核设施抵制行为意向的影响。

表 6.5　风险感知的中介效应检验结果

IV	M	DV	IV→DV	IV→M	IV+M→DV IV→DV	IV+M→DV M→DV	中介效应
感知知识	风险感知	核设施抵制行为意向	0.34***	0.15***	0.31***	0.25***	部分中介
系统式处理策略	风险感知	核设施抵制行为意向	0.18***	0.15***	0.13***	0.28***	部分中介

注：IV 表示的是自变量，M 表示的是中介变量，DV 表示的是因变量。

6.5　基于风险感知的公众核设施抵制行为意向分析结果讨论

本章研究基于 PADM 和 HSM，从风险感知的视角系统地探索了影响公众反核行为意向的因素。本章研究的主要发现有如下几点。首先，感知知识是影响信息需求、信息搜寻和系统式处理策略的重要因素。那些感知他们自己有更多核能知识的人往往表现出更高的信息需求意向、信息搜寻意向以及系统式处理信息的意向。先前有关核能的研究也探究了知识和信息行为之间的关系，本章研究的发现与 Kerstetter 和 Cho(2004) 以及 Ter Huurne 和 Gutteling(2008) 的研究一致。当人们对某一问题拥有更多的知识时，这些知识可以帮助他们判断所需要的信息以及提高信息获取的效率(Jepsen，2007)。而且，更多的知识可以帮助人们花费较少的认知成本来使用和理解信息，更进一步地刺激了他们搜索信息的意向(Brucks，1985)。本章研究中发现，感知到的知识和系统式处理策略之间存在正向的关系，这与先前的研究一致，例如 Kahlor 等 (2003) 和 Hovick 等 (2011) 的研究。

信息需求是信息搜寻的一个重要影响因素，信息需求和信息搜寻又可以显著地影响系统式处理策略。那些评估自己有更高信息需求的人，倾向于搜索信息和系统地处理信息。人们通常缺乏足够的知识来帮助他们判断在周边建设核电站的风险，知识的缺乏促使他们感知到较高的信息需求。紧接着，对信息的需求又刺激人们搜索信息并对这些信息进行系统式处理。这些发现支持了 RISP 模型的观点(Griffin, et al., 1999)。此外，本章研究发现，较高水平的信息搜寻意向促使人们完全系统地处理信息。这一研究发现支持了 Johnson 在 2005 年得出的研究结果。

此外，本章研究结果还支持感知的知识对预测风险感知存在显著的作用。那些感知到自己拥有更多核能知识的人更容易判断他们自己面临着更高水平的核风险。然而，本章研究得到的结果与之前的研究发现相反，先前的研究发现，风险情景下知识对公众的低风险判断存在正向的影响(Klerck and Sweeney，2007；Grasmück and Scholz, 2005)，这可能的解释是：研究发现此次调研的受访者感知自己拥有较低水平的核能知识(图 6.3)，因此，可以认为他们对核能知识是比较陌生或不了解的。本章研究中所测量的感知知识既包括正面的知识，也包括负面的知识。那些感知自己具备较少核能知识的受访者，通常接触到有关核能的正面和负面的知识是有限的，因此，他们表现出较低水平的风险感知。然而，那些感知到自己拥有较多核能知识的受访者往往接收到更多的正面和负面的核能信息。负面信息更容易导致人们对核能产生错误的观点，进而导致他们产生更高的风险感知(Sjöberg and Drottz-Sjöberg，1991)。

本章研究发现系统式处理策略对风险感知存在显著的正向影响。当人们系统地、深入地处理他们接收到的信息时，他们感知到核电站对他们的健康所造成的威胁是较大的，并且感知发生由核电站引起核事故的可能性更大。这一结果支持了 Trumbo(2002)、Trumbo 和 McComas(2003) 的研究。本章研究还验证了风险感知是一个预测核设施抵制行为意向的重要变量，这一研究结果与 PADM 中风险感知是风险应对的一个核心影响因素的观点一致。人们对给他们的健康造成威胁的核电站和核事故的担忧促使他们采取相应的行为，甚至反对在他们居住地附近建设核电站。

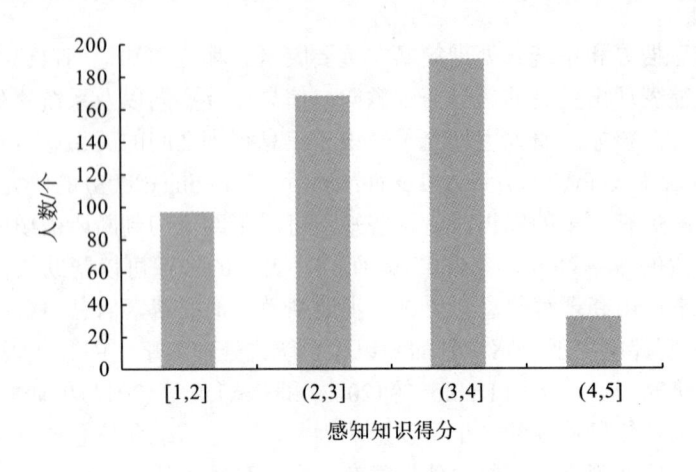

图 6.3　感知知识得分统计图

除此之外，感知到的知识对行为意向也存在显著的影响。表 6.4 中的回归分析结果表明，感知到的知识和核设施抵制行为意向之间的关系呈现倒 U 形，而非线性。本章研究结果指出，当公众感知他们拥有的核能知识处于中等水平时（题项得分为 3 分），其核设施抵制行为意向是最高的。造成这一结果的可能原因是：起初公众了解的核能知识水平较低时，核电设施对公众来说是相对陌生的。对核电设施的了解不充分，容易导致公众过高地评估核电设施存在的威胁。因此，在这一阶段随着感知知识的增加，公众的核设施抵制行为意向也不断增加。而当感知知识增加到一定程度时，公众从起初的不够了解进入到比较了解核电设施的阶段。此时，随着公众对核电设施了解程度的提高，他们可以更加理性地判断威胁，进而导致核设施抵制行为意向的降低。本章研究探讨了感知到的知识在预测公众采取应对核能抵制行为中的作用，并且得到了有意义的发现。后续的研究可以更深入地探讨感知知识和行为应对之间的关系。

然而，本章研究并没有发现系统式处理策略对行为意向的显著影响，那些系统式处理信息的人并不一定拥有较高的采取行为来应对核电站建设的意向。这一结果可能的解释是公众可以接收到有关核能的正向和负向的信息。然而，对信息的系统式处理可以导致人们对核能存在多种可能态度（如支持者、反对者和中立者）。因此，系统式处理策略和核设施抵制行为意向之间的关系并不明确，二者之间的关系并没有得到太多的学术关注，除了 Griffin 等（1999）、Hovick 等（2011）和 Wei 等（2014）有所研究。因此，后续的研究需要更深入地探讨系统式处理策略和风险行为应对之间的关系。最后，本章研究还发现男性受访者、家庭收入较低的受访者以及居住地距离核电站越近的受访者的核设施抵制行为意向更高。

6.6 本章小结

本章探讨了影响公众反核行为意向的因素，并通过整合 PADM 和 HSM 构建了一个从风险感知的视角研究公众反核行为意向的概念模型。研究组通过对海洋核电站附近的居民进行问卷调研获取本章研究的数据。通过 SEM 对假设模型进行验证。实证研究结果证实，个体感知到的有关核能的知识会刺激他们对信息需求和信息搜寻意向的评估，进而导致他们的风险感知，更进一步地引起个体对风险信息的处理，最后触发了个体的核风险感知和核设施抵制行为意向。风险感知一方面是影响公众抵制行为意向的关键因素，同时又部分中介了知识和信息行为对核设施抵制行为意向的影响。

第7章 公众风险应对行为意向的居住距离差异分析

基于前文对民用核设施的信息搜寻行为意向和抵制行为意向的研究，本章将深入剖析居住在核心区域(距核电设施10公里内)和非核心区域(距核电设施10公里外)两个群组的公众风险感知等因素对民用核设施风险应对行为影响的差异。采用 SEM 的多群组分析验证居住距离在两个模型中的调节作用，为有效制定风险沟通策略提供了理论和实践依据。

7.1 引　　言

福岛核事故后，科学杂志《自然》对世界各国的核"危险区"进行了分析，分析结果显示，如果以距离核反应堆75公里作为潜在核风险区，那么中国有7500万人居住在49个核电反应堆附近(Butler，2011)。核电的发展在中国未受到太大影响，但是，《"十三五"核工业发展规划》提出安全高效发展核电：到2020年中国核电装机容量和在建容量总计达到8800万千瓦以上。该规划还指出，随着核电的发展，未来必然要建新的核燃料产业园；内陆核电站的选址和海上核电已列入规划范围。也就是说，将来居住在核电站附近的居民数量将迅速增长。福岛核事故后，公众反核的声音变得更大，尤其是居住在拟建或在建核设施周边的居民。核设施附近的居民表现出更多的焦虑。最近几年发生的几起反核事件都是因为当地或附近居民的反对而引发了群体事件，最终导致相关核项目的暂停或撤销。核电的扩张会涉及更多的居民和区域，从而可能导致更严重的"核邻避情结"，而这种"核邻避情结"又会阻碍将来核电的发展。

这种"邻避"现象非常复杂，涉及不同种类的设施和与之相关的参与者(Schively，2007)。许多国家对"邻避设施"的选址和安全距离有明确的规定(Greenberg，2009)。但是，居民评估的安全距离总是大于政府所规定的距离(Ho et al.，2013)。例如，PX(对二甲苯)项目也是类似于核电站的一种"邻避设施"，近几年在中国遭到了广大公众的强烈反对。PX 项目在许多国家都有建设，韩国规定的安全距离是离市中心4公里，新加坡规定是5公里。然而在中国距离厦门沧海区中心 7 公里处有一个通过生态环境部(原国家环境保护部)的环评报告审查并获得国家发改委核准的 PX 项目因公众抗议而停止。这一现象说明了由政府规定的安全距离与公众所能接受的距离是不一致的。基于此问题,本章主要研究居住距离(居住地距离核电设施的空间半径)对公众民用核设施风险应对行为的差异。

有关邻避危机的研究表明,居住距离与风险感知的程度密切相关(van der Horst,2007)。且有些研究验证了居住距离对公众核电风险反应的影响。其中有研究表明居住在三哩岛核电站附近的居民比其他地区的居民有更大的风险反应(Baum et al.,1983;Davidson et al.,1982)。Hüppe 和 Weber(1999)发现居住距离和公众反对核电站的力度之间呈现倒U形关系。而张乐和童星(2014a)却发现,居住距离越远的居民,显现出更明显的反核情绪。然而,居住距离对民用核设施风险应对行为的调节作用还没有得到学者的关注。为进一步讨论不同居住距离在风险感知等因素对公众的民用核设施风险应对行为意向的影响情况,本章将在前两章构建的假设模型的基础上,以居住距离为变量,对样本进行多群组 SEM 分析,研究居住距离对公众核设施风险应对行为的调节作用。

7.2 以居住距离为调节变量的多群组分析

7.2.1 数据收集

本章研究涉及的变量除第 4 章和第 5 章研究中的所有变量外,还在人口统计特征中增加了受访者居住距离这一变量,该变量与第 4 章和第 5 章变量共同设计在同一份问卷中。居住距离的测量以《核动力厂环境辐射防护规定》为参考设置 5 个选项,分别是 5 公里以内,5~10 公里,10~20 公里,20~50 公里,50 公里以上。生态环境部(原国家环境保护部)发布的《核动力厂环境辐射防护规定》[1]指出,核动力厂址选择时,必须在其周围设置非居住区和规划限制区。为了确保发生核事故后能即时撤离,距核反应堆 0.5 公里范围内规定为非居住区(严禁常住居民居住的区域)的边界,距核反应堆 0.5~5 公里范围为规划限制区,其人口不该超过 1 万,另外 10 公里范围内人口不该超过 10 万(方栋 等,2013)。本章的调研对象同样选择山东省海阳核电站附近的居民。该变量调研地点的选择和调研过程已在第3章详述,在此不再赘述。本章研究按照距海阳核电站的距离将调研区域划分为核心区域和非核心区域,其中距离在10公里以内为核心区域,10公里以外为非核心区域。受访者人口统计特征信息如表 7.1 所示。本章调研的受访者中,居住在核电设施核心区域的样本有 206 个,非核心区域的样本有 281 个。本章研

---

[1] http://kjs.mep.gov.cn/hjbhbz/bzwb/hxxhj/fsxhjbz/201103/W020130206486608881932.pdf

究的主要目的是探究居住距离的调节作用，比较核心区域和非核心区域民用核设施风险应对行为意向与影响因素之间关系的差异。

表 7.1 受访者的人口统计特征（人数=487）

变量	种类	人数	百分比/%
性别	男性	288	59.1
	女性	199	40.9
年龄	≤20 岁	21	4.3
	21～30 岁	85	17.5
	31～40 岁	141	28.9
	41～50 岁	133	27.3
	>50 岁	107	22.0
教育程度	小学及以下	36	7.4
	中学	199	40.8
	高中或者大专	202	41.5
	大学本科及以上	50	10.3
家庭年收入	低于 30,000 元	165	33.9
	30,000～60,000 元	194	39.8
	60,000～100,000 元	105	21.6
	高于 100,000 元	23	4.7
居住距离	≤5km	44	9.0
	5～10km	162	33.2
	10～20km	163	33.5
	20～50km	106	21.8
	>50km	12	2.5

7.2.2 民用核设施风险信息搜寻行为意向的居住距离差异分析

民用核设施风险信息搜寻行为意向模型中各变量的独立样本 t 检验，如表 7.2 所示。由此表可见核心区域和非核心区域各变量之间的差异不显著。核心区域居民的感知知识、信息需求、信息搜寻行为意向都略低于非核心区域。

为分析不同居住距离各前因变量对民用核设施风险信息搜寻行为意向影响的差异，本章使用 AMOS 21.0 进行多群组分析。多群组的 SEM 分析的目的是探究假设模型适配于某一个群组，那么该模型中相对应的参数是否在其他群组中也是适配的（鲁芳 等，2015；张连刚，2010；李姜红，2015），即评估假设模型是否在不同群组间等同或具有参数不变性。多群组的 SEM 分析原理是将原先在单一样本的单一共变结构关系分割成数个平行的共变结构，进而对这些共变结构进行评估以确定影响因素对不同群组的影响是否具有等同性（张连刚，2010）。进行多群组SEM分析的目的是要找出最适配的模型，因而需要设置各种参数来限制。通过对六个模型输出结果适配度的比较分析(李姜红，2015)，可得到表7.3的结果：6个模型的χ^2/df值小于3，近似误差方根(RMSEA)值均小于或等于0.05，比较拟合指数(CFI)、Tucker-Lewis指数(TLI)均大于或等于0.9，表明6个模型均与样本数据适配良好。当预设模型为真时，从表7.4中可以看出，其他5个模型的归准适配度指数(NFI)、增值适配指数(IFI)、相对适配指数(RFI)和TLI值的增加量均小于0.05，表明预设模型与其他模型具有等同性，DF表示自由度；CMIN表示最小样本差异。因此，民用核设施风险信息搜寻行为意向的多群组分析的最终模型为预设模型，即对模型不做任何参数限制。

表 7.2　核心区域和非核心区域风险信息搜寻行为意向模型中各变量的独立样本 t 检验

变量	均值(标准差) 核心区域(n=206)	均值(标准差) 非核心区域(n=281)	t
感知知识(PK)	2.94(0.78)	3.02(0.93)	-0.97
风险感知(RP)	3.51(0.64)	3.50(0.87)	0.09
渠道信任(CB)	2.73(0.81)	2.82(0.92)	-1.24
信息需求(IN)	3.25(0.76)	3.36(0.91)	-1.41
信息搜寻行为意向(ISI)	2.95(0.82)	3.09(0.90)	-1.69

表 7.3　各模型适配度指数

模型	χ^2	df	χ^2/df	RMSEA	CFI	TLI
预设模型	410.57	218	1.88	0.04	0.92	0.91
测量系数相等模型	430.54	230	1.87	0.04	0.91	0.91
结构系数相等模型	446.81	238	1.88	0.04	0.91	0.90
协方差相等模型	456.99	241	1.90	0.04	0.90	0.90
结构残差相等模型	479.98	244	1.97	0.05	0.90	0.90
测量残差相等模型	507.47	262	1.94	0.04	0.90	0.90

表 7.4　嵌套模型分析

模型	DF	CMIN	NFI	IFI	RFI	TLI
预设模型	12	19.98	0.01	0.01	0.00	0.00
测量系数相等模型	20	36.24	0.02	0.02	0.00	0.00
协方差相等模型	23	46.42	0.02	0.02	0.00	0.00
结构残差相等模型	26	69.41	0.03	0.03	0.01	0.01
测量残差相等模型	44	96.90	0.04	0.04	0.01	0.01

图 7.1 是民用核设施风险信息搜寻行为意向模型的多群组分析结果。与第 4

章的图 4.2 中所示的整体样本分析比较，个别在整体样本分析中显著的路径在核心区域的样本中已经不再显著。如感知知识不再预测风险感知；感知知识也不再直接预测信息搜寻行为意向；风险感知不再预测信息需求。而非核心区域的样本中，除感知知识不再直接预测信息搜寻行为意向外，渠道信任也不再预测信息需求和信息搜寻行为意向。

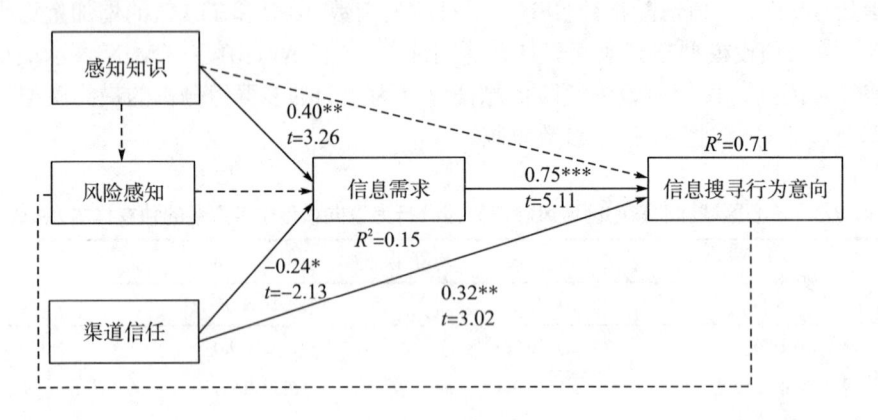

10 公里以内(n=206)

10 公里以外(n=281)

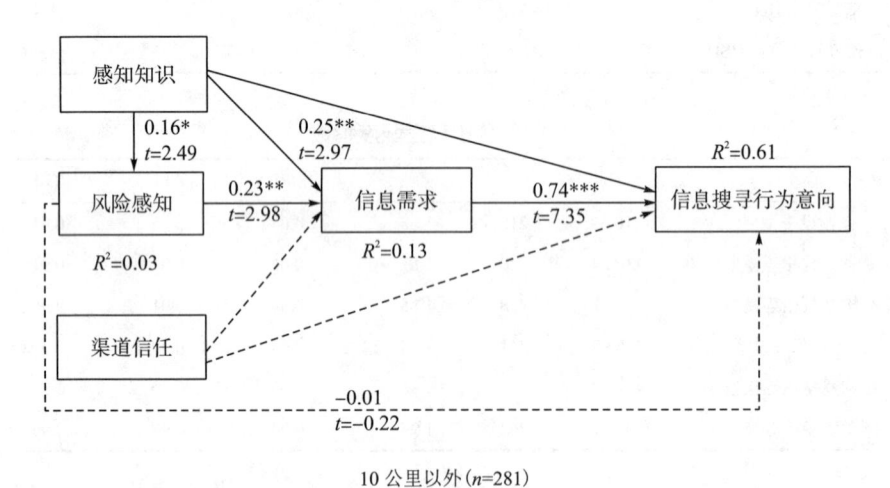

图 7.1 民用核设施风险信息搜寻行为意向模型的多群组分析结果

注：路径系数值为标准回归系数；虚线表示路径系数的 t 值小于 1.96；***p<0.001, t>3.29；**p<0.01, t>2.58；*p<0.05, t>1.96。

通过比较图 7.1 中两组模型的分析，结果表明前因变量对民用核设施风险信息搜寻行为的影响在核心区域和非核心区域两组样本之间存在显著的差异：①核心区域的感知知识对风险感知没有显著影响，而非核心区域有显著影响；②核心区域风险感知对信息需求没有显著影响,而非核心区域有显著影响;③非核心区域渠道信任对信息需求和信息搜寻行为意向没有显著影响,而核心区域有显著影响。

7.2.3 民用核设施抵制行为意向的居住距离的差异分析

民用核设施抵制行为模型中各变量的独立样本 t 检验如表 7.5 所示。本章调研的受访者中,居住在民用核设施核心区域的样本有 206 个,非核心区域的样本有 281 个。居住在核心区域和非核心区域的居民自我评价的公众参与、网络信息获取、利益感知、抵制民用核设施的行为意向有显著差异。居住在核心区域的居民其抵制民用核设施的行为意向要比非核心区域的更强烈。出乎研究组意料之外的是,居住在核心区域的居民其公众参与、网络信息获取和利益感知都低于非核心区域的居民。由此可见居住距离在核心区域和非核心区域存在着显著的差异。

表 7.5　民用核设施抵制行为意向模型中各变量的独立样本 t 检验

变量	均值(标准差) 核心区域(n=206)	均值(标准差) 非核心区域(n=281)	t
公众参与(PP)	2.16(1.09)	2.54(1.13)	-3.72***
网络信息获取(IA)	2.22(1.06)	2.56(1.13)	-3.52***
感知知识(PK)	2.94(0.78)	3.02(0.93)	-0.94
利益感知(PB)	3.53(0.67)	3.67(0.83)	-2.09*
风险感知(PR)	3.51(0.64)	3.50(0.87)	0.09
"核邻避情结"(NA)	3.45(0.88)	3.56(1.03)	-1.26
常规行为意向(CBI)	3.30(1.23)	2.95(1.29)	3.04**
示范行为意向(DBI)	3.18(0.86)	2.88(1.11)	3.35***

注:**$p < 0.05$;***$p < 0.01$。

为进一步分析不同居住距离各前因变量对民用核设施抵制行为意向影响的差异,本章同样使用 AMOS 21.0 进行多群组分析。通过对六个模型输出结果适配度的比较分析,可得到表 7.6 的结果:6 个模型的 χ^2/df 值小于 3,RMSEA 值均小于或等于 0.05,CFI、TLI 均大于或等于 0.9,表明 6 个模型均与样本数据适配良好。当预设模型为真时,从表 7.7 中可以看出,其他 5 个模型的归准适配度指数(NFI)、增值适配指数(IFI)、相对适配指数(RFI)和 TLI 值的增加量均小于 0.05,表明其他模型与预设模型具有等同性。因此,民用核设施抵制行为多群组分析的最终模型同样选择预设模型。

表 7.6　各模型适配度指数

模型	χ^2	df	χ^2/df	RMSEA	CFI	TLI
预设模型	1104.08	570	1.94	0.04	0.92	0.91
测量系数相等模型	1141.63	582	1.96	0.05	0.91	0.90
结构系数相等模型	1179.48	595	1.98	0.05	0.91	0.90
协方差相等模型	1211.29	598	2.03	0.05	0.91	0.90
结构残差相等模型	1258.53	605	2.08	0.05	0.91	0.90
测量残差相等模型	1297.95	633	2.05	0.05	0.91	0.90

表 7.7　嵌套模型分析

模型	DF	CMIN	NFI	IFI	RFI	TLI
测量残差相等模型	12	25.45	0.00	0.01	0.00	0.00
测量残差相等模型	25	55.96	0.01	0.01	0.00	0.00
测量残差相等模型	28	78.05	0.01	0.02	0.01	0.01
测量残差相等模型	35	123.35	0.02	0.02	0.01	0.01
测量残差相等模型	63	172.26	0.03	0.03	0.01	0.01

图 7.2 是公众民用核设施抵制行为意向模型多群组分析结果。与第 5 章的图 5.2 中所示的整体样本分析比较，个别在整体样本分析中显著的路径在核心区域的样本中已经不再显著。如网络信息获取不再预测感知知识；感知知识也不再预测利益感知、风险感知、"核邻避情结"和常规行为意向；风险感知也不再预测示范行为意向；"核邻避情结"不能预测常规行为意向。而非核心区域的样本中，除了风险感知不能预测常规行为意向外，其他的路径关系与整体样本的分析类似。

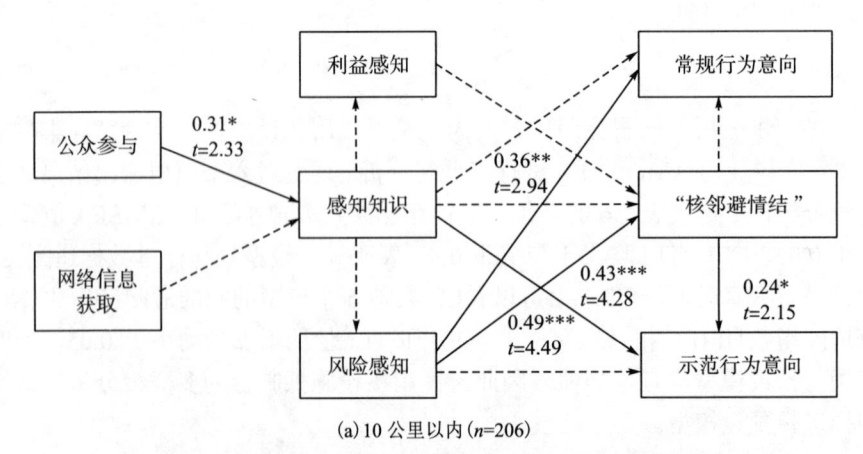

(a) 10 公里以内 (n=206)

图 7.2　民用核设施抵制行为意向模型的群组分析结果

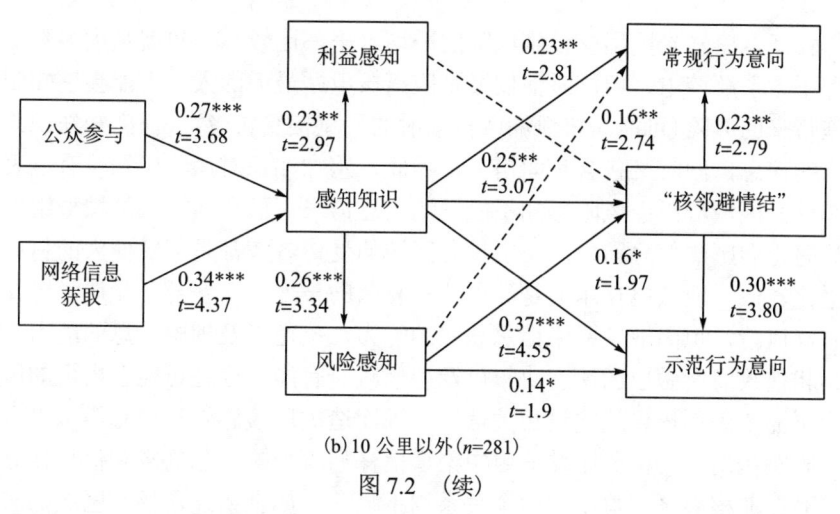

第 7 章　公众风险应对行为意向的居住距离差异分析　　103

```
                         0.23**
           利益感知 ─────────── 常规行为意向
              ↑    ╲  t=2.81      ↑
       0.27*** 0.23**  ╲  0.16**   0.23**
公众参与 ──── t=2.97    ╲ t=2.74   t=2.79
 t=3.68  ↘            ╲ 0.25**
          感知知识 ──────── "核邻避情结"
         ↗            t=3.07        ↑
网络信息  0.34*** 0.26***   0.16*    0.30***
获取 ──── t=4.37  t=3.34   t=1.97   t=3.80
                ↓     0.37***
            风险感知 ─────── 示范行为意向
                      t=4.55
                      0.14*
                      t=1.9
```

(b) 10 公里以外 (n=281)

图 7.2　（续）

注：路径系数值为标准回归系数；虚线表示路径系数的 t 值小于 1.96；***p<0.001, t>3.29；**p<0.01, t>2.58；*p<0.05, t>1.96。

通过比较图 7.2 中两组模型的分析，结果表明前因变量对民用核设施抵制行为的影响在核心区域和非核心区域两组样本之间存在显著的差异：①核心区域的网络信息获取对感知知识没有显著影响，而非核心区域有显著影响；②核心区域的感知知识对利益感知、风险感知、"核邻避情结"和常规行为意向没有显著影响，而非核心区域都有显著影响；③核心区域风险感知对示范行为意向没有显著影响，非核心区域风险感知对常规行为意向没有显著影响；④核心区域的"核邻避情结"对常规行为意向没有影响，而非核心区域有显著影响。

7.3　结　果　讨　论

本章主要探究了风险感知等前因变量对民用核设施风险应对行为中居住距离的调节作用，即居住在核心区域和非核心区域的两个群组面对核电风险时，前因变量对行为反应影响可能会存在的差异。

7.3.1　民用核设施风险信息搜寻行为意向差异分析的结果讨论

通过对民用核设施风险信息搜寻行为模型的多群组分析，整体样本的分析结果在两种居住距离的群体中并不总成立。主要存在如下差异：①核心区域组中风险感知不受感知知识的影响，而在非核心区域群组中感知知识正向影响风险感知。合理的解释是：从表 7.2 可知，居住在核心区域的受访者感知到的核电知识平均水平都较低，感知到民用核设施风险的平均水平都比较高。也就是大多数受访者其实都不太了解核电，但同时他们又是距离核电站最近的人，可能会感知到民用核设施带来的风险(可能是核泄漏或核辐射的最直接受害者)。而感知知识既有相对中立的信息，同时又包含负面信息，因此，感知知识对风险感知没有显著的影响。②核心区域群组中风险感知不能预测信息需求，而在非核心区域群组中风险感知显著正向影响信息需求。由于核心区域的受访者大都是年龄偏大的村民，文化水平比较低，而核电技术又是一项非常复杂的技术，即使部分受访者感知到核电具有高风险，也因缺乏网络信息获取的能力、渠道以及理解信息的能力，或者是因为相信政府所做出的所有决策以及相信政府有能力处理可能会出现的风险，而认为不需要民用核设施建设相关信息，因而造成风险感知对信息需求没有显著的正向影响作用。③核心区域群组中渠道信任显著影响信息需求和信息搜寻行为意向，而在非核心区域群组中两个关系均不显著。如上所述，核心区域的居民可能信任政府，也信任他们了解信息的渠道，从而激发他们利用信息渠道进行信息搜寻的意向。而在非核心区域的部分居民即使相信信息渠道能提供有用的核电信息，也会认为民用核设施建设可能不会给他们带来直接的威胁，而不会激发他们对核电风险信息搜寻的意愿。

7.3.2 民用核设施抵制行为意向的差异分析的结果讨论

通过对核心区域和非核心区域民用核设施抵制行为意向模型中各变量的独立样本 t 检验的结果来看(表 7.5)，居住在核心区域的居民其抵制民用核设施的行为意向要比非核心区域的公众更强烈。该差异合乎"邻避"这种社会现象(Krause et al., 2014；刘晶晶，2013)，在中国，因"邻避设施"兴建而遭到公众抵制的现象屡屡发生。这种"邻避"现象经常会造成许多"邻避设施"选址的变更或撤销。核电设施属于"邻避设施"的一种，即使能给附近的公众带来某些利益，但同时也存在潜在的风险。虽然风险发生概率小，但是风险一旦发生，造成的后果会非常严重，容易遭到核电设施附近公众的抵制。出乎意料的是，居住在核心区域的居民其公众参与、网络信息获取和利益感知都低于非核心区域(表 7.5)。合理的解释是：无论是在核心区域的公众还是非核心区域的公众，自我评价的公众参与度和网络信息获取水平都较低，低于中间值 3，即大多公众都可能未直接参与民用核设施的整个建设过程中，也未获取太多关于民用核设施建设的网络信息。海阳核电站从 1983 年的选址到 2009 开始修建，在过去的十几年时间里，中国公众核能参与程度非常低，且参与的主体专家多、普通公众少。原国家环境保护部 2006 年才发布《环境影响评价公众参与暂行办法》，然后 2008 年在此办法的基础上发布《核电厂环境影响评价公众参与实施办法(征求意见稿)》(张卿，2014)，这与核心区域公众的高参与意愿相矛盾，可能会导致核心区域的公众自我评价的参与程度和网络信息获取程度更低。关于核心区域的利益感知也低于非核心区域。合理解释是：居住在核心区域和非核心区域的居民其利益感知和风险感知都较高，高于中间值 3，核心区域的居民风险感知略高于非核心区域的居民，这可能是造成核心区域利益感知略低于非核心区域的理由。

通过对民用核设施抵制行为意向模型的多群组分析，整体样本的分析结果在两种居住距离的群体中并不总成立。就核心区域的样本分析来看，主要存在如下差异：①风险感知只影响常规行为意向，而不影响示范行为意向。合理的解释是：本章所调研的海阳核电站是在 1983 年入选为山东省的第一厂址，2005 年选址的居民开始搬迁到移民新村，2009 年开始动工修建，整个建设过程已经历了十几年的时间，居住在核心区域的居民大部分已经接受了该民用核设施的建设，所以即使风险感知高的居民，也不可能愿意采取较激烈的抵制行为(如上访、参加游行等抗议活动)，还是希望通过"理性表达"来表达自己对民用核设施建设的担忧。因此，风险感知只显著正向影响常规行为意向。②示范行为意向受感知知识和"核邻避情结"的影响，合理的解释是：感知知识既包含了公众对核电站运行机制的了解程度以及政府对核电站的监管和政策这样比较中立、没有太多感情色彩的信息的了解程度，同时又包含了核辐射对健康影响及以往核事故信息这些负面信息的了解程度，感知到自己了解核电知识的受访者可能因了解到更多核电设施的负面信息，因而更愿意采取示范行为而非常规行为。"核邻避情结"强烈的受访者，更不愿意民用核设施修建在他们居住地附近，而现实情况是该民用核设施已经在建设中，受访者感觉通过公开发表意见或通过请愿的方式"理性表达"方式已经不能改变现状，只有采取更激烈的抵制行为才能阻止民用核设施继续建在居住地附近。③风险感知和利益感知均不受感知知识的影响。合理的解释是：居住在核心区域的受访者感知到的核电知识平均水平都较低，感知到的民用核设施风险和利益的平均水平都比较高。也就是说大多数受访者其实都不太了解核电，同时他们又是距离民用核设施最近的人，既感知到民用核设施带来了实际利益，如经济补偿、集体搬迁至新居住地，同时又感知到民用核设施可能会带来风险，他们可能是核泄漏或核辐射的最直接受害者。而感知知识既有相对中立的信息，同时又包含负面信息，因此，感知知识对利益感知和风险感知没有显著的影响。④感知知识只受公众参与的影响，而不受网络信息获取的影响。合理解释是：对于核心区域的受访者大都是年龄偏大的农民，文化水平比较低，而核电技术又是一项非常复杂的技术，部分获取到更多有关民用核设施建设信息的受访者反倒认为自己对民用核设施的了解程度不够，因而造成网络信息获取对感知知识没有显著的正向影响作用。

7.4 本章小结

本章分析了居住距离对公众的民用核设施风险应对行为意向及其影响因素之间关系的调节作用，即深入剖析居住在核心区域(距核电设施 10 公里内)和非核心区域(距核电设施 10 公里外)两个群组的公众风险感知等因素对核设施风险应对行为影响的差异。本章主要研究居住距离在如下两个模型中的调节作用：民用核设施风险信息搜寻行为意向模型和抵制行为意向模型。研究发现，居住在不同区域居民的风险应对行为意向的 SEM 的结构路径及其系数存在显著差异。核心区域居民的风险感知对信息搜寻行为意向没有显著影响，而非核心区域居民的风险感知通过信息需求中介影响信息搜寻行为意向。核心区域的居民的渠道信任对信息需求和信息搜寻行为意向都有显著的影响，而非核心区域的居民的渠道信任对信息需求和信息搜寻行为意向都没有显著影响。核心区域居民的感知知识对风险感知、利益感知、"核邻避情结"、常规行为意向都没有显著影响，而非核心区域的居民的感知知识对这四个变量都有显著影响。核心区域居民风险感知对示范行为意向没有显著影响，而非核心区域居民的风险感知对常规行为意向没有显著影响。由此可见，居住距离对公众的风险应对行为意向与其影响因素之间的关系具有调节作用，制定风险沟通策略时，必须要考虑居住距离的影响作用。

第 8 章　民用核设施公众风险应对行为选择的判别分析

8.1　公众风险应对行为选择判别的必要性和可行性分析

民用核设施在为社会造福的同时，其可能带来的负面影响却只能由项目当地的公众来承担，例如放射性物质的释放。为此，民用核设施往往会遭到当地公众的强烈反对，如抵制民用核设施的建设、撤离核辐射区域、参加反核示威游行活动等。尤其是福岛核事故之后，世界核能产业的发展受到巨大的冲击，核能的安全性受到公众的广泛质疑，世界公众的反核情绪高涨。在中国也曾发生过多起反核运动，例如，2013 年发生在中国广东省江门市的公众反核运动，是福岛核事故之后发生在中国影响最大的反核运动之一，最终导致了该民用核设施的取消。这是由于事前政府没有预料到当地公众的反对情绪会如此强烈，也没有对当地公众的行为选择进行及时、准确的判别，缺乏及时、有效的沟通，最终导致项目的夭折，对中国民用核设施的建设带来较大的负面影响。因此，有效地判别民用核设施建设情景下公众的行为选择，对政府及时了解公众的行为趋势以及与公众及时进行沟通有着重要的意义。

公众对核设施的风险感知分析以及风险感知对公众风险应对行为的影响分析均基于 PADM 的信息流，作者系统研究了风险信息对风险感知的影响以及信息行为和风险感知对风险应对行为意向的影响。研究结果表明，公众的核风险感知受到众多因素的影响，包括公众从官方渠道获取信息、负面情绪、利益感知和收入；公众的风险应对行为意向也受到多种因素的影响，包括公众参与、网络信息获取、感知知识、风险感知、利益感知、"核邻避情结"、信息需求、渠道信任、系统式处理策略、性别、家庭收入和居住距离。在识别出关键影响因素后，可以根据这些关键因素来构建判别公众风险应对行为选择的指标体系，实现对公众行为选择的有效判别以及识别出影响判别行为选择的最重要因素。

基于公众核风险感知和风险应对行为意向影响因素的研究，本章从人口统计特征、核信息、信息行为和核能感知四个方面构建民用核设施公众风险应对行为选择判别指标体系。首先验证构建的指标体系判别公众风险应对行为选择的准确性，其次是试图识别出该指标体系中判别行为选择最重要的变量。为此，基于问卷调研数据，本章运用多层感知器神经网络分析实现上述两个目标。

8.2 民用核设施公众风险应对行为选择判别指标体系构建

民用核设施建设情景下，准确判别公众行为选择的前提是建立科学和系统的行为选择判别指标体系。本书的第 3 章探究了公众接收到有关核电站建设的信息是如何影响其核风险感知。研究结果证实，公众从官方信息渠道、新媒体渠道和个人渠道接收到有关核能的信息，通过对这些信息的理解与记忆形成了公众的核能知识和核事故知识，这些知识又进一步引起了公众对核能的利益感知和风险感知。上述结果表明了公众核风险感知的形成是基于其接收到的信息以及感知到的核能和核事故知识。上述研究结果证实了公众接收到的信息在其核风险感知形成过程中的重要性，在此基础上，第 4 章进一步探究了公众的信息需求、渠道信任如何影响其信息搜寻行为。研究结果表明，公众对信息渠道越信任，越愿意使用这些渠道搜寻信息，信息需求也进一步引起了信息搜寻行为。第 5 章进一步研究公众参与、感知知识、风险感知和"核邻避情结"如何影响其抵制行为。第 6 章进一步探究了公众的信息行为如何影响其风险感知和风险应对行为意向。研究结果表明，感知到的有关核电的知识引起了公众对信息非充分性的评估。由于信息的需求进一步引起了公众的信息搜寻行为，公众的信息搜寻行为又会激发其对搜索到的信息进行系统式处理，进而引起公众的风险感知评估，最终导致公众采取风险应对行为的意向。

依据上述四章的研究结果识别出影响公众核风险感知和风险应对行为意向的关键因素，本章将从如下几个方面构建判别公众风险应对行为选择的指标。

人口统计特征：包括性别、家庭收入和居住距离。公众风险应对行为意向影响因素分析结果表明，四项人口统计特征（性别、年龄、学历、家庭收入）中只有性别和家庭收入与公众的风险应对行为意向有显著的相关性。因此，风险应对行为意向判别指标体系中只包括了性别和家庭收入。此外，居住距离与公众风险应对行为意向之间的显著相关性也得到了证实。所以，居住距离也被纳入判别公众风险应对行为选择的指标体系中，并将其归类为人口统计特征。

核设施信息：包括官方信息获取、新媒体信息获取、个人信息获取、感知知识。这里核设施信息指的是公众接收的和了解的有关核能和核事故的信息，既包括公众从多种信息渠道（官方信息渠道、新媒体信息渠道和个人信息渠道）接收的信息，还包括公众感知到的有关核能和核事故的知识。公众核风险感知影响因素分析结果证实，官方信息渠道对公众的核风险感知有显著影响。公众风险应对行为意向的影响因素分析结果进一步证实了公众的核风险感知对其风险应对行为意向有显著影响。因此，认为官方信息渠道可以通过核风险感知实现对风险应对行为意向

第 8 章 民用核设施公众风险应对行为选择的判别分析

的影响。此外,感知知识是影响公众风险应对行为意向的因素,这也从另一个方面证实了公众接收到的信息将会影响其采取风险应对行为的意向。

信息行为:包括渠道信任、信息需求、信息搜寻和系统式处理策略。公众风险应对行为意向的影响因素分析结果指出,信息需求和信息搜寻显著地影响系统式处理策略,系统式处理策略显著地影响风险感知,风险感知又显著地影响风险应对行为意向。因此,可以认为公众的信息行为(信息需求、信息搜寻和系统式处理策略)可以通过风险感知影响其风险应对行为意向。

核设施感知:包括利益感知、负面情绪和风险感知。公众核风险感知的影响因素分析结果显示,利益感知和负面情绪对风险感知有显著的影响,风险感知对风险应对行为意向的显著影响又在公众风险应对行为的影响因素分析中得到了证实。利益感知作为风险感知的前因变量,而风险感知又会影响风险应对行为意向,因此,负面情绪和利益感知对风险应对行为意向的显著影响可以通过风险感知实现,所以将其纳入风险应对行为判别的指标体系中是合理的。风险感知是风险应对行为意向的直接影响因素,因此也将其纳入风险应对行为选择判别的指标体系中。综上所述,公众的民用核设施风险应对行为选择判别指标体系的构建如图 8.1 所示。

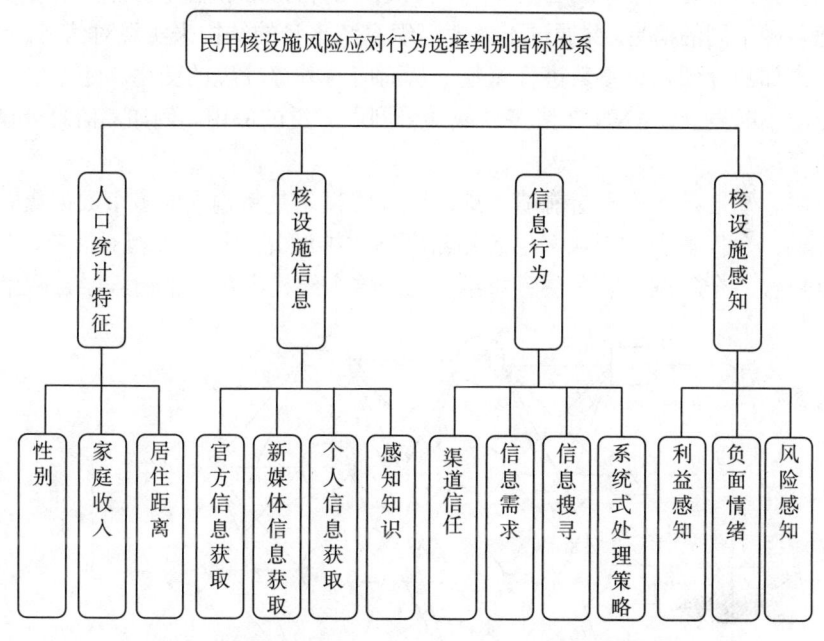

图 8.1 民用核设施风险应对行为选择判别指标体系

本章在第 3 章、第 4 章、第 5 章和第 6 章的基础上构建指标体系,对公众的风险应对行为选择进行判别。本章研究采用的样本和前几章所使用的样本一致,共有样本数据 487 份，并包含了前几章所涉及的绝大部分变量，包括人口统计特征(性别、家庭收入和居住距离)、官方信息获取、新媒体信息获取、个人信息获取、感知知识、信息需求、信息搜寻、系统式处理策略、利益感知、负面情绪、风险感知和风险应对行为意向。

8.3 基于多层感知器神经网络的公众风险应对行为选择判别分析

8.3.1 多层感知器神经网络简介

20 世纪 80 年代以来，人工神经网络(artificial neural network，ANN)兴起于人工智能领域。ANN 通过模仿人脑神经网络结构，并建立数学模型，由多个神经元按照不同的连接方式组成复杂的网络系统。由于 ANN 的模式识别能力较好，而且是将信息存储在整个网络系统中，因而局部神经网络出现故障或者损坏并不会影响整个神经网络结果的正确性。因此，相较于传统的计算方法，ANN 具有较强的鲁棒性和容错能力。此外，ANN 具有的自适应、自组织和自学习能力决定了它可以处理各种不同的信息，并通过不断地组织系统本身的结构来实现对信息的学习，并对其内部的存储权重参数进行调整，从而应对外界环境的变化。随着信息技术和理论的不断发展，ANN 在诸多领域都得到了广泛的应用，例如，信息处理、风险评估等。

多层感知器是一种多层前馈 ANN 模型，该模型是将输入的多个数据集映射到单一的输出数据集上。组成多层感知器网络的神经元结构一般相对简单，图 8.2 是一个包含两个隐藏层的多层感知器结构。这个结构中包含了输入层、两个隐藏

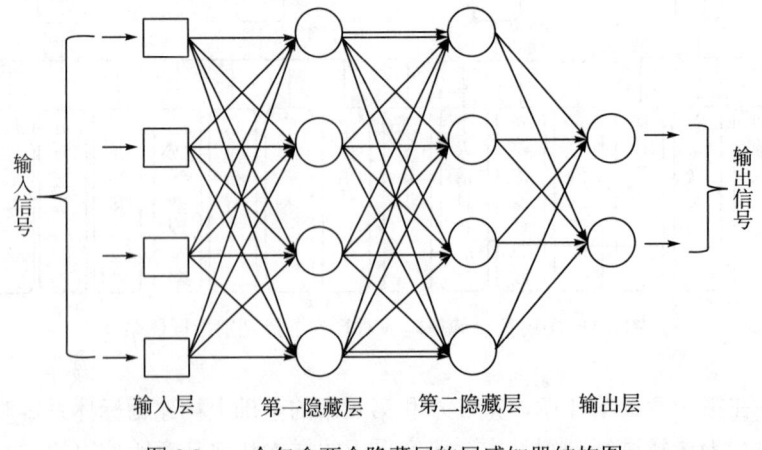

图 8.2　一个包含两个隐藏层的层感知器结构图

层和输出层。多层感知器结构中的神经元有层级关系，一般同一层神经元之间是相互独立的、不会相互接触。而在全连接的情况下，相邻两层的神经元之间是两两连接的。输入层实现的是数据输入，隐藏层实现对数据的处理，输出层实现数据输出。因此，多层感知结构处理数据的过程如下：首先，数据通过输入层进入网络结构；其次，第一隐藏层接收输入的数据并通过该层的神经元对数据进行处理，再将处理后的数据传向第二隐藏层；最后，通过神经网络的输出层输出最终的数据。

8.3.2 多层感知器神经网络判别分析参数设置

准确地判别公众是否会采取风险应对行为对政府有效地进行核邻避风险管理是十分重要的，因此本章研究试图通过第 3 章、第 4 章、第 5 章和第 6 章分析得出的影响公众风险应对行为的因素对公众是否会采取风险应对行为进行判别分析。多层感知器神经网络可以将输入的多个数据集映射到单一的输出数据集上，本章研究采用多层感知器神经网络设置影响公众反核行为选择的因素为输入端数据，设置公众是否会采取反核行为为输出层数据。研究所涉及的风险应对行为有：公开发表反对建设核电站的意见、签署反对建设核电站的请愿书、到政府主管部门上访以及参加游行等抗议活动，并采用李克特量表来测度公众采取上述行为反对建设核电站的意向。本章研究先试图对公众是否会采取风险应对行为进行判别，并将公众的行为意向划分为会采取相应的行为(=1)和不会采取相应的行为(=0)。具体来说，当公众采取某项行为的意向得分低于 3 分时，则视为他们不会采取此项行为；当公众采取某项行为的意向得分高于或者等于 3 分时，则视为他们会采取此项行为。

多层感知器神经网络的算法可以通过多种软件实现，例如 MATLAB 和 SPSS。使用 MATLAB 进行多层感知器神经网络分析是通过算法编程实现，而使用 SPSS 软件则是通过相应的对话框操作实现。此外，相比较于 MATLAB 软件，使用 SPSS 软件进行多层感知器分析还可以判断出各指标因素所起的作用，并识别出关键指标。因此，本章研究中采用了 SPSS 软件来进行多层感知器神经网络分析，并通过运行 SPSS statistics 21.0 来实现。运用 SPSS statistics 实现多层感知器分析的具体过程为：首先，需要将输入数据和输出数据以 Excel 表格的形式保存，通过 SPSS statistics 21.0 打开数据文件；其次，通过 SPSS statistics 21.0 的"随机数字生成器"对话框对随机数进行设置，并在设置起点的固定值选项中键入"9191972"作为值；再次，创建分区变量将目标样本进行分区，通过"计算变量"对话框，生成分区变量。分区变量的数值表达式为 2*rv.bernoulli(0.7)-1，上述表达式将随机生成概率参数为 0.7 的 Bernoulli 变量为分区值。生成分区变量的取值将为 1 或者-1，其中分区变量取值为 1 的个案将会被分配给训练样本，分区变量取值为-1 的个案将会被分配给保持样本。训练样本中包含的是用于训练神经网络的数据记录，而保持样本则是一个用于评估最终的神经网络的独立数据记录集。最终，大约有70%的个案的分区值将为1，并被分配给训练样本，大约有30%的个案的分区值将为-1，并被分配给保持样本。完成了上述参数设置后，可以进行多层感知器神经网络分析。在多层感知器的变量对话框中，设置是否采取风险应对行为为因变量，并将所有影响公众风险应对行为选择的因素设置为因子。

8.3.3 民用核设施公众风险应对行为选择判别分析

本章研究首先对公众是否会采取风险应对行为进行判别分析。如上所述，多层感知器神经网络分析中，设置公众是否会采取风险应对行为因变量，并将所有的自变量设置为因子。下面描述的是使用多层感知器神经网络判别公众是否采取风险应对行为的结果。表 8.1 所示的是总体样本处理结果汇总。结果显示，总体的样本有 487 个，其中 344 个样本是训练样本，135 个样本是保持样本，8 个样本在分析中被排除。

表8.1　总体样本处理结果汇总

		N	百分比/%
样本	训练	344	71.8
	保持	135	28.2
有效		479	100.0
已排除		8	
总计		487	

表8.2　模型汇总结果

训练	交叉熵错误	91.4
	百分比错误预测	7.0%
	中止使用的规则	实现的培训错误标准 (0.0001) 中的相对变化
	培训时间	0:00:00.345
保持	百分比错误预测	22.2%

表 8.2 所示的是模型汇总结果，包括了训练样本和保持样本应用最终训练的网络的相关信息。表中结果显示，交叉熵错误取值为 91.4，显示该结果是由于输出层使用 softmax 激活函数。训练样本中的百分比错误预测取值为 7.0%，指的是训练样本中有 7.0%的训练个案分类不正确。保持样本中的百分比错误预测取值为 22.2%，指的是保持样本使用最终网络有 22.2%的比例显示不正确

第8章 民用核设施公众风险应对行为选择的判别分析

的分类。

表 8.3 所示的分类结果描述的是网格应用的实际结果。如果样本中某个个案的预测概率大于 0.5，则预测结果相应为 1。对于每个样本来说，正确的预测值显示在个案交叉分类对角线上的单元格中，不正确的预测值显示在个案交叉分类偏离对角线的单元格中。因此，分类表的结果表明，训练样本中，219 个会采取风险应对行为的受访者中有 216 个分类正确，125 个不会采取风险应对行为的受访者中有 104 个分类正确。整体上，93.0%的训练个案分类正确，这也与模型汇总表中的 7.0%显示不正确项相对应。因此，可以认为该模型能够识别出个案的百分比还是很高的。保持样本是帮助验证模型的有效性，结果显示在总体个案中，该模型可以正确分类 77.8%的个案。这也意味着，保持样本模型预测的准确性达到了 77.8%。因此可以认为，当使用本章研究构建的指标体系去判别核电站附近的公众是否会采取风险应对行为时，有 77.8%的可能性能够准确判别。

表 8.3 分类结果

样本	已预测	已预测 0	已预测 1	正确百分比/%
训练	0	104	21	83.2
	1	3	216	98.6
	总计百分比/%	31.1	68.9	93.0
保持	0	32	23	58.2
	1	7	73	91.3
	总计百分比/%	28.9	71.1	77.8

表 8.4 所示的是自变量重要性表，显示了自变量的重要性和标准化的重要性。其中，重要性显示的是针对不同自变量值观测网络模型预测值变化量，数值越大则表示该自变量在观测网络模型预测中越重要。标准化的重要性依据重要性的最大值划分，用百分比表示。结果显示，在公众风险应对行为选择判别中最重要的三个变量是感知知识、系统式处理策略以及风险感知，然后是负面情绪、官方信息获取、新媒体信息获取、家庭收入、个人信息获取以及利益感知，最后是居住距离、信息搜寻、信息需求和性别。

表 8.4 自变量的重要性

自变量	重要性	标准化的重要性/%
感知知识	0.153	100.0
系统式处理策略	0.098	64.1
风险感知	0.093	60.6

续表

自变量	重要性	标准化的重要性/%
负面情绪	0.092	60.1
官方信息获取	0.081	59.5
新媒体信息获取	0.076	55.8
家庭收入	0.072	53.5
个人信息获取	0.069	51.5
利益感知	0.069	51.2
居住距离	0.062	47.1
信息搜寻	0.055	42.6
信息需求	0.045	36.0
性别	0.035	29.6

8.3.4 分区域的公众风险应对行为选择判别分析

本章研究的分析结果证实了居住距离对公众的风险应对行为意向有显著的影响，离核电站的距离越近，公众的风险应对行为意向越高。因此，本章还对不同区域公众的风险应对行为选择进行判别，并将结果进行比较分析，试图发现不同区域公众的行为选择判别是否存在差异。本章研究中调研样本的选取是依据居民居住地离核电站的距离，分别调研了距离海阳核电站 5 公里以内、5~10 公里、10~20 公里、20~50 公里以及 50 公里以外的居民。按照离核电站的距离将调研的区域划分为核心区域和非核心区域，其中距离核电站 10 公里以内为核电站核心区域，距离核电站 10 公里以外为非核心区域。下面是对不同区域的公众反核行为选择判别结果进行具体描述。

同样地，设置公众是否采取风险应对行为为因变量，并将所有的自变量设置为因子。表 8.5 所示分别是对核心区域和非核心区域样本进行多层感知器神经网络分析后得到的案例处理汇总结果。结果显示，本章研究中处于核电站核心区域的样本有 206 个，非核心区域的样本有 281 个。其中，核心区域的样本中有 138 个作为训练样本，60 个作为保持样本，8 个样本被排除在分析中。非核心区域的样本中有 186 个作为训练样本，92 个样本作为保持样本，3 个样本不包括在分析中。

第8章 民用核设施公众风险应对行为选择的判别分析

表 8.5 案例处理汇总结果

		核心区域				非核心区域	
		N	百分比/%			N	百分比/%
样本	训练	138	69.7	样本	训练	186	66.9
	保持	60	30.3		保持	92	33.1
有效		198	100.0	有效		278	100.0
已排除		8		已排除		3	
总计		206		总计		281	

表 8.6 所示是模型汇总结果表。左边显示的是核心区域样本分析结果，该结果表明，交叉熵错误值为 0.071，训练样本中的百分比错误预测取值为 0，表明训练个案分类全部正确。保持样本中的百分比错误预测取值为 25.0%，表明保持样本使用最终网络有 25.0%的不正确分类。右边显示的是非核心区域样本分析结果，其中交叉熵错误值为 32.702，训练样本中的百分比错误预测取值为 4.3%，表明训练个案中有 4.3%显示不正确的分类。保持样本中的百分比错误预测取值为 30.4%，表明保持样本使用最终网络有 30.4%的不正确分类。

表 8.6 模型汇总结果

		核心区域			非核心区域
		交叉熵错误	0.071	交叉熵错误	32.702
训练		百分比错误预测	0	百分比错误预测	4.3%
		中止使用的规则	已实现的培训错误比例标准(0.001)	中止使用的规则	已超过的最大时程数 (100)
		培训时间	0:00:00.120	培训时间	0:00:00.152
保持		百分比错误预测	25.0%	百分比错误预测	30.4%

表 8.7 所示的分类表显示使用网格的实际结果。同样地，左边显示的是核心区域样本的分析结果，表明91个会采取风险应对行为的样本全部分类正确，47个不会采取风险应对行为的样本也是全部分类正确。从总体上来看，训练个案全部分类正确，正与模型汇总表中显示的不正确项为 0 相对应。因此，可以认为该模型能够识别出的个案的百分比是非常高的。保持样本可以帮助验证模型的有效性，结果显示在总体个案中，模型可以对 75.0%的个案进行正确分类，表明训练样本模型预测的准确性达到 75.0%。因此可以认为，当使用本章研究构建的指标体系去判别核电站附近核心区域的公众是否会采取反核行为时，有75.0%的可能性能够准确判别。

表 8.7 分类结果

样本	核心区域 已预测				样本	非核心区域 已预测			
	已预测	0	1	正确百分比/%		已预测	0	1	正确百分比/%
训练	0	47	0	100.0	训练	0	76	6	92.7
	1	0	91	100.0		1	2	102	98.1
	总计百分比/%	34.1	65.9	100.0		总计百分比/%	41.9	58.1	95.7
保持	0	8	7	53.3	保持	0	21	16	56.8
	1	8	37	82.2		1	12	43	78.2
	总计百分比/%	26.7	73.3	75.0		总计百分比/%	35.9	64.1	69.6

右边显示的是非核心区域样本的分析结果，表明在 104 个会采取风险应对行为的样本中有 102 个样本分类正确，在 82 个不会采取风险应对行为的受访者中有 76 个样本分类正确。整体上来看，全部的训练个案中有 95.7% 分类正确，这与模型汇总表中显示的 4.3% 的不正确项相对应，表明该模型可以以较高的百分比识别出样本中的个案。保持样本中的结果显示，模型正确分类个案占总体个案的 69.6%。这也意味着，总体来说，训练样本模型预测的准确性达到了 69.6%。上述结果表明，当使用本章研究构建的指标体系去判别核电站非核心区域附近的公众是否会采取风险应对行为时，有 69.6% 的可能性能够准确判别。

表 8.8 所示是自变量的重要性。结果显示，在核心区域样本中，判别公众风险应对行为选择指标体系中最重要的四个变量是新媒体信息获取、系统式处理策略、感知知识以及风险感知。其次是信息搜寻、信息需求、利益感知和家庭收入。最后是负面情绪、官方信息获取、个人信息获取和性别。在非核心区域样本中，公众风险应对行为选择判别指标体系中官方信息获取、风险感知、新媒体信息获取和负面情绪是最重要的变量。其次是信息搜寻、个人信息获取、系统式处理策略和感知知识。最后是利益感知、信息需求、家庭收入和性别。

表 8.8 自变量的重要性

核心区域			非核心区域		
自变量	重要性	标准化的重要性/%	自变量	重要性	标准化的重要性/%
新媒体信息获取	0.120	100.0	官方信息获取	0.138	100.0
系统式处理策略	0.109	90.4	风险感知	0.121	95.6
感知知识	0.106	88.5	新媒体信息获取	0.117	85.9

续表

核心区域			非核心区域		
自变量	重要性	标准化的重要性/%	自变量	重要性	标准化的重要性/%
风险感知	0.105	87.4	负面情绪	0.103	76.2
信息搜寻	0.098	81.8	信息搜寻	0.102	68.7
信息需求	0.086	80.1	个人信息获取	0.092	68.5
利益感知	0.081	75.6	系统式处理策略	0.091	68.3
家庭收入	0.074	71.0	感知知识	0.068	52.9
负面情绪	0.067	65.1	利益感知	0.057	45.3
官方信息获取	0.061	60.3	信息需求	0.046	44.5
个人信息获取	0.053	54.0	家庭收入	0.034	23.2
性别	0.040	33.0	性别	0.024	16.0

8.4 本章小结

本章基于第3章、第4章、第5章和第6章的研究结果，通过提取影响公众风险应对行为的关键因素，从人口统计特征、核设施信息、信息行为和核能感知四个方面构建了判别公众风险应对行为选择的指标体系，包括人口统计特征(性别、家庭收入和居住距离)、官方信息获取、新媒体信息获取、感知知识、信息需求、信息搜寻、系统式处理策略、利益感知和风险感知。此外，本章研究还通过问卷调研的实证数据采用多层感知器神经网络对指标体系判别公众风险应对行为选择的有效性进行了分析，并识别出判别公众风险应对行为选择的关键因素。

本章通过构建的指标体系对公众是否会采取风险应对行为进行判别。多层感知器神经网络分析的结果表明，从人口统计特征、核设施信息、信息行为和核设施感知四个方面构建的指标体系有77.8%的可能性能够准确判别公众是否会采取风险应对行为。因此，可以认为该指标体系能有效判别民用核设施建设情景下公众的行为选择。此外，多层感知器神经网络分析的结果还指出，感知知识、系统式处理策略、风险感知以及官方信息获取在判别公众风险应对行为选择中是最重要的四个变量。

本章研究发现公众居住地距核电站的距离可以显著地影响公众的风险应对行为意向，因此，本章还对核电站附近的核心区域(10公里以内)和非核心区域(10公里以外)公众的行为选择分别进行了判别。运用多层感知器神经网络分析的结果表明，本章研究的指标体系判别核电站附近核心区域公众是否会采取风险应对行为的准确率为75.0%，判别核电站附近非核心区域公众是否会采取风险应对行为的准确率为 69.6%。由此可见，本章研究的指标体系可以较准确地判别核心区域公众的风险应对行为选择。此外，研究结果还表明，指标体系中变量在判别核心区域和非核心区域公众的风险应对行为选择中的作用也不同。在核心区域，新媒体信息获取、系统式处理策略、感知知识、风险感知是判别公众风险应对行为选择指标体系中最重要的四个变量。而在非核心区域，官方信息获取、风险感知、新媒体信息获取以及感知知识在判别公众风险应对行为选择指标体系中是最重要的四个变量。

第9章 民用核设施建设中的风险沟通研究

本章基于风险沟通模型基本框架,通过案例研究方法分析民用核设施建设过程中信息释放、公众参与、公众从各种渠道获取信息的程度以及对当地政府和核电企业的信任程度,结合前八章的研究结果,提出民用核设施的风险沟通对策和建议,为政府和核电企业有效的风险管理提供新的理论和实践依据。

9.1 引　　言

过去近四十年间,从美国三哩岛核事故到苏联的切尔诺贝利重大核事故,再到日本福岛重大核事故,公众对核能安全性的关注度日益增加。如前文所述,公众的核电风险感知显著影响其风险应对行为。特别是核设施周边的公众对核能的抵制行为严重影响核能产业的发展和政策的制定。为了提高公众对核能的接受性,核能管理组织或机构日益关注风险沟通的作用。风险沟通是指利益相关者各方之间信息交换的过程,其主要目的是通过对潜在风险技术的信息交流改变各方的风险应对行为(Lee,1986)。研究核邻避情景下核能产业风险沟通对于核能决策过程中提高中国核能管理水平具有重要的理论和实践意义。发达国家的历史经验表明,公众的态度对核电产业发展具有重要作用,信息透明程度、公众参与程度、公众对核能知识的了解程度、对政府公信力和核电企业的信任度是核能风险管理与决策的决定因素(Whitfield et al.,2009)。随着中国核电产业的扩张,核安全和核风险管理已经成为我国核电发展过程中面临的重要挑战,引起政府、核电企业和公众的日益关注。近年来我国核电重大项目"邻避效应"日益凸显的现状表明,风险沟通是破解核电"邻避效应"的重要途径。西方发达国家在核电的风险沟通方面有许多实践经验。美国核能管理委员会认为,核能发展需要与各方利益相关者保持对话,获得支持;与各利益方建立起战略伙伴关系,制定长期的沟通计划,对风险问题达成共识,保持信息一致性。至今,国内外学者主要通过定性和案例研究的方法对核电风险沟通进行研究(Perko,2011;雷翠萍 等,2011;苏旭 等,2012;曾繁旭 等,2015)。

本章通过对山东海阳核电站周边居民的分层抽样调查和网络数据的收集,依据前面章节的研究结果,以定量、定性和案例相结合的方法研究风险沟通,为中国的民用核设施建设风险管理提供理论依据和决策支持。

9.2 研究方法

9.2.1 风险沟通基本框架

本章基于风险沟通模型基本框架(贺桂珍和吕永龙,2013)(图9.1),分析民用核设施建设过程中风险信息传输这一过程中信息源、信息渠道和信息接收者的特征。信息源发出的信息经过加工处理后可直接通过信息渠道发送给信息接收者,也可通过传播者认知和理解后再通过信息渠道发送给信息接收者。接收者收到信息后可通过信息渠道进行沟通反馈,也可能做出行为反应。如果个体的行为反应没有得到管理者的重视或沟通不理想,则可能会引发社会行动或群体行动,传播者再通过信息渠道对群体行动进行报道,反馈到信息源,引起信息源进行政策调整。民用核设施建设风险沟通模型中风险信息源包括政府部门及管理者,如国务院、国家发改委、生态环境部等,科研机构或专家、核电企业。信息源发出的风险信息以媒体发布、报告、个人访谈等形式直接传给接收者,或者通过传播者对风险信息经过加工处理后再通过信息渠道传送给信息接收者。信息渠道包括官方信息渠道(如电视、广播、报纸等)和新媒体信息渠道(如新闻网站、社交媒体等)。传播者包括其他公共机构、媒体、利益相关者和意见领袖等。信息的接收者为特定目标听众、普通公众、社会组织成员和利益相关者。

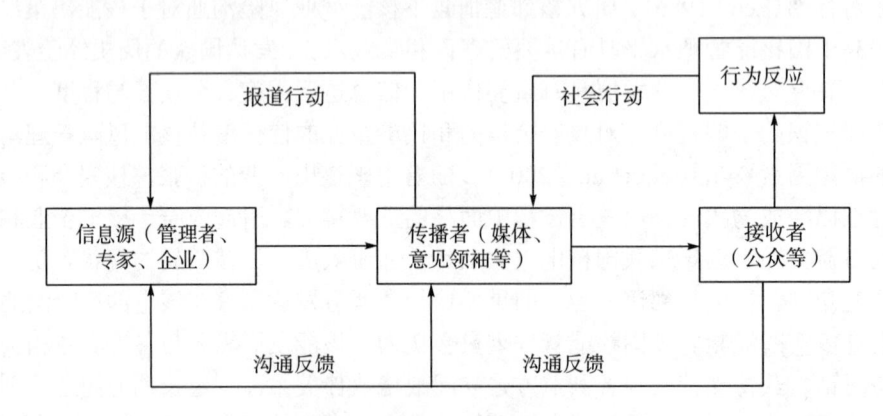

图9.1 风险沟通模型基本框架

9.2.2 数据收集

为了调研海阳核电站建设过程中的风险沟通和信任,本章研究涉及的变量除前面章节研究中所涉及的公众参与、网络信息获取以外，还增加了公众对政府和核电企业的信任，官方信息渠道和个人信息渠道的信息获取。为方便对信息渠道进行研究，Dunwoody 和 Griffin(2014)把信息渠道一分为二，即媒体渠道(电视、报纸、无线广播和互联网等)和个人渠道(朋友、邻居、同事和该领域的专家等)。本章研究又将媒体渠道划分为官方信息渠道和新媒体信息渠道。因此，本章的信息获取包括从新媒体渠道、官方信息渠道和个人渠道三种渠道获取信息的程度。这些变量与前面章节变量共同设计在同一份问卷中。本章的调研对象同样选择山东省海阳核电站附近的居民。除利用问卷设计进行数据收集以外，本章还利用CNKI 数据库、百度新闻和山东核电有限公司网站进行网络数据收集。2003 年，中国电力投资集团开始启动海阳民用核设施的筹建工作，因此本章研究以"海阳核电"为关键词在 CNKI 报纸数据库、百度新闻选取 2003 年 1 月至 2015 年 12 月的数据，分别收集了 1773 条和 4646 条与"海阳核电"有关的信息。山东核电有限公司隶属于国家电力投资集团，该公司全面负责海阳核电站的设计、建造再到运营管理。山东核电有限公司网站2007 年上线，因此项目组搜集了山东核电有限公司网站上从 2007 年至 2015 年的新闻和文档，共收集 4869 条该公司网站发布的与海阳核电有关信息。

9.3 数据分析

9.3.1 风险信息源分析

风险沟通的信息源包括一手信息源和二手信息源。一手信息源是指自然灾害和技术危机事件，如洪灾、地震、爆炸、污染、辐射等。专家、研究员通过对一手信息源进行观察和技术分析获得实际和潜在风险信息，然后传递给政府管理人员、科研机构和特殊利益团体等，形成二手信息源。由于各利益方关注问题的角度不同，在二手信息源的风险评价和管理中就发挥着不同作用。中国核能决策和信息发布是由国家政府部门、核电企业和科研机构组成的"铁三角"所主导。国务院是核能战略政策和规划的最高机构。中华人民共和国国家发展和改革委员会(简称国家发改委)负责核能发展计划的起草和核电站的选址。国家能源局受国家发改委的管控，执行国家能源委员会的日常工作。国家核安全局受生态环境部的管控，是核电站经营许可、管理和监督的关键行政机构；负责核安全和辐射开发政策、法规、标准和监督管理；起草核应急计划；实施核事故调查；进行辐射环境—心理监控。当地核与辐射安全管理办公室隶属生态环境部，负责当地核电站的监管，包括辐射监控和核事故响应计划。国家核事故应急协调委员会在核事故发生时负责核应急响应。截至 2016 年底，16 个省建立了省应急响应中心。这些政府组织复杂且责任重叠，给治理安排带来了困难。中国所有核企业都是国有企业，受国有资产监督管理委员会(国资委)监督。仅有三个国有核企业拥有运营核电站的许可：中国电力投资公司、中国广核集团以及中国核工业集团公司。核能研究和工程机构隶属核公司，由国家研究机构和大学研究所组成，包括：中国科学院、清华大学、北京大学、厦门大学、西安交通大学和上海交通大学。这些机构的专家和政企的核能组织之间有着紧密的联系和依赖关系。尽管政府采取了许多措施来防止人类和环境遭到损害，但是，在核能的发展决策中，公众几乎没有发挥任何作用。

核电站建设项目为国家重点项目，由国务院统一规划和批准立项。核电站建设项目的前期准备工作包括立项、选址、环境影响评估、厂址核安全评估，并由专门的科研机构进行。地方环境保护厅(局)没有直接参与，只是间接获知整个过程，负责在项目审批后对核电站周边的辐射状况进行监测。环境影响评估报告由核能研究机构开展，国家安全局和生态环境部负责审批。总之，核电站建设的一手信息由国家发改委、国家能源局、国家核安全局、生态环境部、核电企业和科研院所形成，然后通过电视、报纸、电台、网站等媒体发布。

1983年初，山东省成立核电工程筹备组，省长挂帅，成员有山东电力局和山东电力设计院。当年年中，筹备组开始在黄海沿岸选址，包括海阳和荣成等共6个优选位置。海阳最终以优越的地理位置、水文和气象条件被选为核电站适宜建设地。经过初步可行性研究、选址和技术选择，国务院和国家发改委于2007年4月批准海阳民用核设施开展一期工程的前期准备工作。2009年3月，国务院和国家发改委批准海阳民用核设施开展二期工程的前期准备工作。2009年9月，海阳核电站一期工程正式开工。海阳民用核设施从批准立项到施工建设的整个过程中，国家机构特别是国务院和国家发改委是关键的决策者，同时电力机构和企业是主要的实施者。国家核安全局是核电站选址、建设、试运营、正式运营和退役阶段的主要监察部门。

地方政府和机构承担不同责任并组织实施不同举措。隶属山东省环境保护厅的核与辐射安全管理处于2009年成立，主要负责核电站外的辐射防控和监控管理工作。核电站应急管理由山东省国防科学技术工业办公室设计完成。山东省环境保护厅在烟台市和海阳市也分别设立了核与辐射安全管理办公室。地方环境保护办公室较少参与当地核电的整个决策过程，也没有权利检查和监控海阳核电站内部管理。福岛核事故后，山东省核与辐射安全监测中心和地方环境保护办公室执行应急辐射监控，并通过互联网、电视和报纸发布监控数据。从2011年7月至8月，国家能源局、国家核安全局和中国地震局对海阳核电设施实施全面的安全检查。

2003年，中国电力投资集团开始启动海阳民用核设施的筹建工作。本章为了分析海阳核电站从厂址规划到建设的整个过程中的风险沟通和信息释放，以"海阳核电"为关键字，从CNKI报纸数据库及百度新闻中搜索2003~2015年相关信息的释放数量。从图9.2可以看出，2007年国家发改委批准海阳民用核设施一期工程开展前期准备工作后，无论是报纸的报道数量还是新媒体的信息释放数量都在增加。特别是新媒体的不断发展，有关海阳民用核设施的信息释放数量也在急速增加。2003～2006年，新媒体关于海阳民用核设施的信息释放数量与报纸等传统媒体的信息释放量差距不大，而且数量都极少。2007年开始快速增长，特别是2009年3月，国家发改委批准海阳民用核设施开展二期工程前期准备工作，2009年9月，海阳核电站一期工程正式开工，报纸和媒体的信息释放量急速增长。尤其是新媒体不断成熟，逐渐代替了报纸等传统媒体，信息释放量远高于报纸。2011年3月福岛重大核事故发生后，中国所有民用核设施的审批工作暂停，并且对所有正在建设和已经运营的民用核设施进行安全大检查，包括在建的海阳核电站。2011年有关海阳民用核设施的信息释放又有所下降。2014年国务院发布能源发展战略行动计划，重启民用核设施的审批，2014年的报纸和新媒体有关海阳核电站的信息释放量都有所增长，新媒体的信息释放量到2015年达到最高。

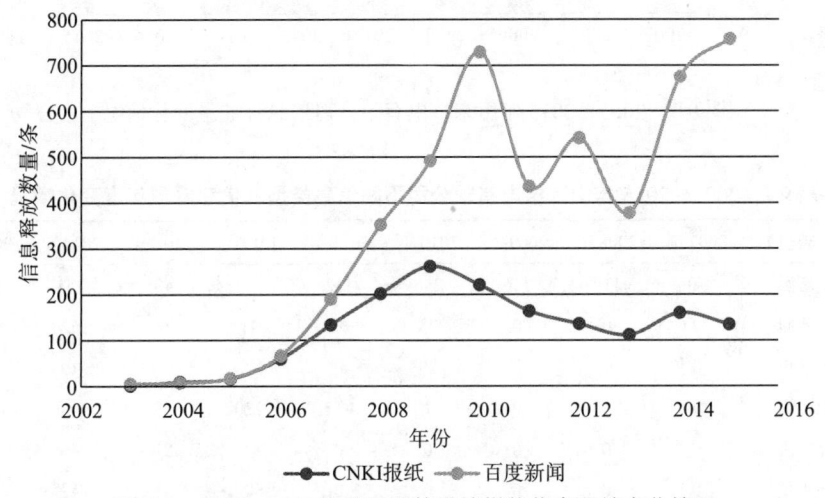

图9.2 2003～2015海阳民用核设施媒体信息释放变化情况

研究组从山东核电有限公司网站[①]上收集了所有发布的新闻和文档。2004年9月，由中国电力投资集团控股的山东核电有限公司成立，该公司全面负责海阳核电站的设计到建造再到运营管理。该公司网站于2007年5月投入使用，因2007年国家发改委批准海阳民用核设施开展一期工程的前期准备工作后，公司开始释放信息，2007～2015年的信息释放量变化情况如图9.3所示。到2011年信息释放总量飞速增长，这与新媒体和传统报纸所释放的信息总量似乎有些不太相符。实际上山东核电有限公司发布的公司新闻和集团要闻，在2011年略低于2012年，

---

① http://www.sdnpc.com

但是福岛核事故后，从国家到企业都认识到加强信息沟通的重要性，2011年的行业资讯量大幅度增加，如表9.1所示。2013年公司的行业资讯量大幅度增加，总的信息释放量最高。同年增加了公司文化和公众沟通专栏的信息释放，由此可见该公司也逐渐认识到风险沟通和信任的重要性。

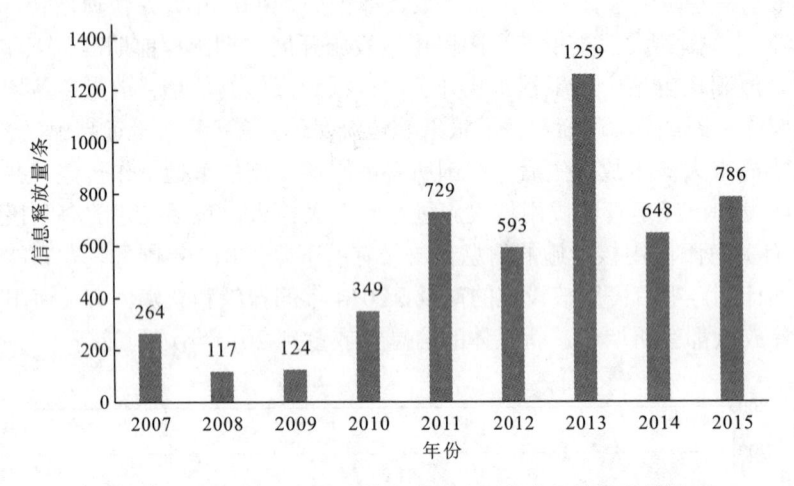

图9.3　2007～2015年山东核电有限公司信息释放量变化情况

表9.1　2007～2015年山东核电有限公司不同信息类型的信息释放年度变化情况

信息类型	2007年	2008年	2009年	2010年	2011年	2012年	2013年	2014年	2015年
公司新闻	70	116	116	246	162	317	401	151	167
集团要闻	0	0	0	73	68	41	67	52	117
媒体聚焦	0	1	8	29	38	15	24	19	19
行业咨询	194	0	0	1	461	220	538	340	396
企业文化	0	0	0	0	0	0	216	46	57
社会责任	0	0	0	0	0	0	1	12	16
公众沟通	0	0	0	0	0	0	12	28	14

9.3.2　信息获取和公众参与分析

在中国，关于核能规划、核电站建设、运营、辐射释放和核事故的数据和信息都被"国有化"，被国家机构和国有企业管控。国务院和国家发改委管控能源规划，包括核能的发展。核事故和核风险信息被国务院授权的国家机构掌控。这些国家机构决定通过官方渠道(政府网站和国家新闻机构)发布信息。省、市环保局官员从媒体，特别是国家核安全管理局网站、国家原子能机构网站获取核能规划、核事故和核风险的信息。地方政府官员和村干部从电视、报纸和网络获取信息。而当地公众并没有很好地被告知核设施信息。

由图 9.4 可知，受访者认为从本市或县电视台、广播、报刊获取海阳核电站建设信息较多(46.2%)，其次是亲戚、朋友、同事和邻居(36%)以及国家或省电视台、电台和报纸(35.7%)，然后是所住社区的公告栏(27.3%)。通过社交网络、主要新闻网站、地方政府网站和核电企业网站、网络搜索引擎等新媒体获取海阳核电站建设信息的均比较少，分别为 22.3%、22.2%、24.0%、24.4%，均低于 25.0%。

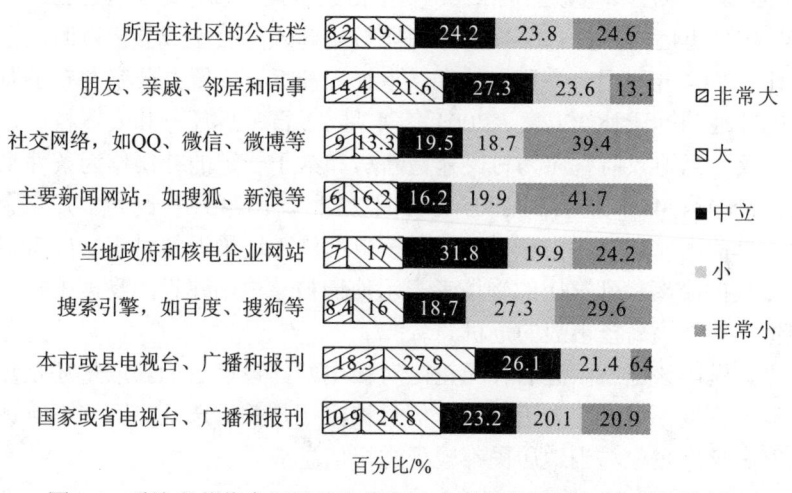

图 9.4 受访者从信息渠道获取核电站建设信息的程度(李克特量表)

由图 9.5 可知，在海阳核电站的整个建设过程中，公众参与程度相当有限，受访者被告知建设海阳核电站及其风险信息的参与程度最高(25.7%)，参与程度最低的是征询关于海阳核电站的意见，如选址等(19.7%)。根据 2003 年的《中华人民共和国环境影响评价法》和 2006 年的《环境影响评估公众参与暂行办法》，规定公众参与环境影响评估是一个强制性要求。山东核电有限公司和环境影响评价实施机构在核电站选址附近的市民中执行了一次有关核电站建设的调查。山东核电有限公司通过公司网站、烟台市政府信息网、水母网、烟台日报和齐

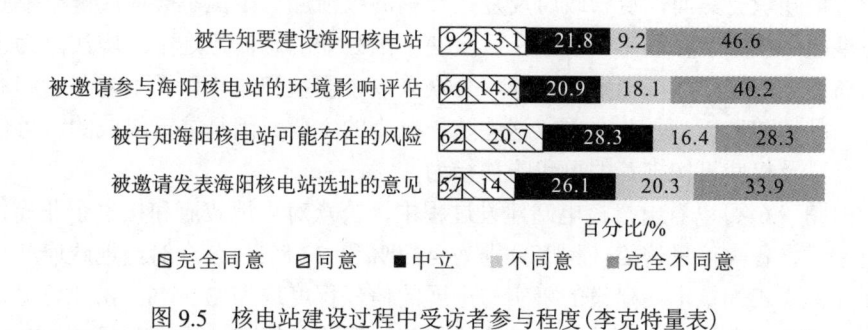

图 9.5 核电站建设过程中受访者参与程度(李克特量表)

鲁晚间新闻发布了五次公告，即 2008 年 7 月和 8 月，2009 年的 5 月和 6 月发布了海阳民用核设施的环境影响评估公告。在 2009 年 6 月 12 日，山东核电有限公司也举行了一次关于海阳核电站环境影响评估的小组讨论。来自海阳市政府机构、海阳核电站附近居民和环境影响评估机构的 28 名代表参与小组讨论并对环境评估报告提出了非常有限的意见。

在海阳核电站开始建设前，一共有 7295 位居民居住在距离核电站选址 5 公里以内。位于原冷家庄和董家庄的 2500 多位村民居住在核电站工程施工地附近，搬迁到离核电站更远的新村。2003 年，海阳核电建设办公室成立，协助这个村庄的村民拆迁。2004 年 3 月，海阳财政局、审计局和拆迁安置办公室发布了海阳民用核设施的征地和拆迁补偿方案。2004 年 4 月 23 日，拆迁办和安置村民之间签署了赔偿协议。当地政府答应为村民建造新房和给予一定的补偿作为条件来鼓动村民搬迁。2004 年 4 月 25 日到 2005 年 4 月 23 日，1024 户村民和十几家企业搬迁到新址。目前，邵家村和张家村是距离核电站施工地最近的村庄，离海阳核电站大约 5 公里的距离。邵家庄的受访者表示他们被核电站建设的噪声干扰，而且担心会发生类似于福岛核事故的危机。

总之，海阳核电站附近居民无论是对核电站建设信息的获取量还是参与整个项目建设的程度都很低。无论是关于信息披露还是关于选址、环境影响评估等，当地政府和核电企业与当地居民都较少进行信息沟通。

9.3.3 公众对核电企业和政府在核电站建设决策过程中的信任程度

2008 年颁布的《环境信息公开办法（试行）》没有核电信息公开、辐射安全和风险的具体法律条款。为了应对福岛危机引起的混乱局面，生态环境部和国家核安全局才颁布了有关核能安全信息披露的程序和公告。福岛核危机后，为了帮助公众对当下形势的理解和减少恐慌，环境心理保护机构在全国范围内实施应急辐射监控，并通过互联网、电视、电台和报纸发布这些监控数据。例如，卫计委通过各种媒体向公众发布辐射保护指南，帮助公众对核风险的理解，同时还提供核风险防护知识。然而，尽管政府反复宣称福岛核泄漏对中国不会造成健康威胁，福岛事故后核辐射释放带来的潜在风险使中国公众的恐慌还是不断增加。为了应对福岛核电站爆炸后核辐射的泄露，公众采取了买盐和碘片以及不吃海鱼和海带等海产品的防护行为。公众采取这些防护行为的主要原因是缺乏权威的、可信赖的信息以及权威机构推荐的自我防护行为。

由图 9.6 可以看出，核电站建设过程中，公众对当地政府和核电企业提供的核电站建设各类信息的信任程度分别为 42.9%和 37.8%。公众对当地政府和核电企业能如实告知核电站建设的事实与进展的信任程度均为 37.6%。由此可见，公众对当地政府和核电企业的信息披露的信任程度不是很高，均没有超过 50%。公众对核电企业具备管理好核电站的专业知识和技术的信任度为 68.9%，对应对和解决核事故的各种能力的信任程度为 53%。公众认为当地政府较为公平、能平衡各利益方的利益的信任度为 49.9%，能够为地方民众争取最大利益（如补偿）的信任程度为 49.4%相对较高，均接近 50%。

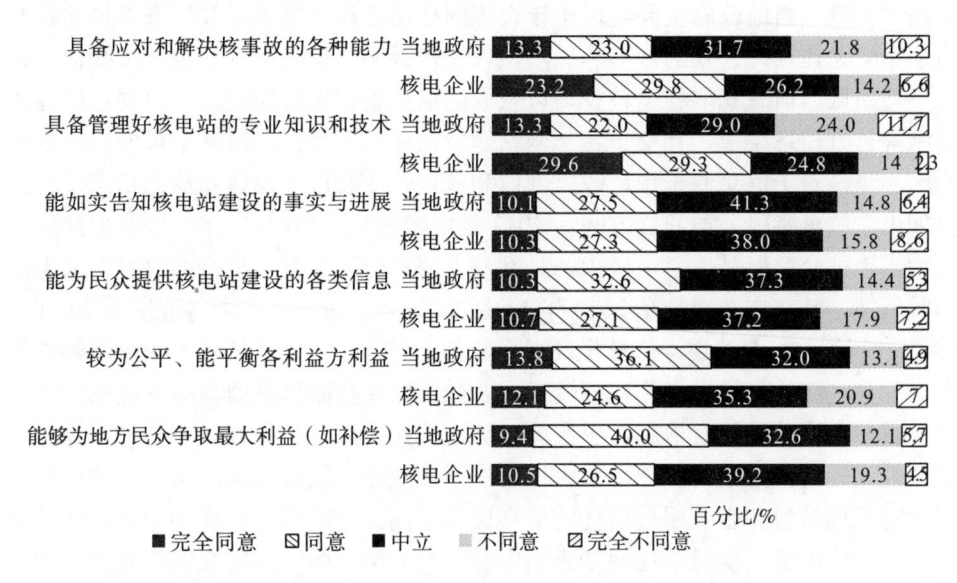

指标	对象	完全同意	同意	中立	不同意	完全不同意
具备应对和解决核事故的各种能力	当地政府	13.3	23.0	31.7	21.8	10.3
	核电企业	23.2	29.8	26.2	14.2	6.6
具备管理好核电站的专业知识和技术	当地政府	13.3	22.0	29.0	24.0	11.7
	核电企业	29.6	29.3	24.8	14	2.3
能如实告知核电站建设的事实与进展	当地政府	10.1	27.5	41.3	14.8	6.4
	核电企业	10.3	27.3	38.0	15.8	8.6
能为民众提供核电站建设的各类信息	当地政府	10.3	32.6	37.3	14.4	5.3
	核电企业	10.7	27.1	37.2	17.9	7.2
较为公平、能平衡各利益方利益	当地政府	13.8	36.1	32.0	13.1	4.9
	核电企业	12.1	24.6	35.3	20.9	7
能够为地方民众争取最大利益（如补偿）	当地政府	9.4	40.0	32.6	12.1	5.7
	核电企业	10.5	26.5	39.2	19.3	4.5

百分比/%

■完全同意　☒同意　■中立　▨不同意　☐完全不同意

图 9.6　公众对核电企业和当地政府的信任程度（李克特量表）

9.4　研　究　结　论

　　日本的福岛核事故对世界核能、核政策和公众的风险感知影响至深。日本政府在应对核事故的过程中，日本的媒体和公众对核事故信息发布机制不满意，信息不透明、混乱、发布滞后造成了公众对日本政府核事故危机应对能力的不信任。有不少研究者指出，缺乏信息透明和公众参与也是日本核监管失败的主要原因(He et al.，2013；Wang and Chen，2012)。福岛核事故对日本的核能发展造成了巨大的冲击。2012 年 7 月 16 日，约 17 万日本公众在东京市中心举行了规模最大的一次反核集会，抗议日本重启核反应堆。许多西方国家重新考虑他们在使用核能方面的态度。然而，在 2012 年的首尔核安全峰会上，中国政府继续认为核能是应对气候变化和保障能源安全的重要途径。与当今全球核能发展的国际形势不同，中国的核能有其特殊性，在核能发展的过程中，并没有严重的抗议或有关核能议题的大型争辩，也并未真正改变其信息透明和公众参与，但核能产业却迅速发展。

　　本章通过对在建民用核设施的信息释放、公众的信息获取、公众参与和公众对当地政府和核电企业信任的案例研究表明，核能决策和信息发布是由国家政府部门(特别是国务院、国家发改委、国家核安全管理局)、核电企业和科研机构形成的"铁三角"主导的。官方信息渠道、新媒体信息渠道、核电企业网站既是主要的二手信息源又是公众获取信息的主要渠道，其信息的释放完全受决策主导者的决策影响。当地政府主要是民用核设施的推动者和实施者，几乎未参与项目的决策和信息传播。公众的参与和民用核设施建设的信息获取几乎也被边缘化。公众参与率低、信息获取程度较少，可获取的信息渠道主要还是通过电视、广播、报纸等官方信息渠道，社交平台、网站等新媒体利用率低。这其中可能有两方面原因：一是对于信息源来说，政府部门和核电企业利用新媒体释放的信息量少。例如山东核电有限公司的官方网站 2013 年才增加公众沟通栏目信息，主要沟通对象为当地公众，但是信息量极少，且网站无信息交互平台，公众的信息需求无法即时反馈，其官方微博是在 2014 年 11 月 24 日才上线，总的微博数量为 200 篇，658 位粉丝，54 人关注，信息量及受众数都相当少。二是从接收者来解释，受访者大部分是当地村民，文化程度较低，通过新媒体获取信息的利用率较低。

目前中国的核能发展相对于国际形势还算比较顺利，没有太严重的抗议或有关核能议题的大型争辩，主要原因还是在于公众对中国政府及国有企业的信任。尽管对当地政府和企业明确信任的受众比例不高，但明确不信任的受众比例还是比较低，大部分公众对信任问题表示中立。一方面，中国政府在国家发展中的主导作用得到了公众的认可；另一方面，中国政府在过去对一些自然灾害，如 2008 年对汶川地震的应急能力也得到了公众的认可。但是，这些年在中国发生的食品安全事件、环境污染，如水污染、雾霾、化工厂污染等也让公众对当地政府发布的信息及应急能力产生了些许的担忧。因此，重新构建公众对政府和企业的信任，是核能健康发展所必需的。构建公众的信任，除了提高核电的安全技术水平，还必须通过信息释放和公众参与等措施加强与公众的风险沟通。

9.5 风险沟通的对策和建议

中国作为全球核能发展的大国，为了促使核能产业健康发展，减少公众的风险感知，及时调和公众所采取的风险应对行为，除了从技术上考虑核安全性以外，还要关注公众对技术风险认知和风险应对行为的反应，分析公众对民用核设施风险应对行为的影响因素，从信息释放机制、公众参与、加强宣传与教育和提高政府的公众信任度等方面进行深刻反思，加强与公众的风险沟通，提高民用核设施风险管理水平。针对本书的研究结果，提出以下对策和建议。

9.5.1 构建满足公众信息需求、多样化的信息释放机制

本书研究结果表明,在风险情景下,信息需求不仅是信息搜寻行为意向的关键影响因素,同时也在其他决定因素对信息搜寻行为意向的影响中起中介作用。本书的研究结果还表明,信息获取通过影响公众的感知知识,进而影响公众对民用核设施的抵制行为意向。管理者应该关注公众的信息需求,并且通过权威的、正式的、易访问的信息渠道,如政府或企业的官方网站、有影响力的综合门户网站和论坛、微博和微信等发布民用核设施整个建设过程的相关信息。福岛核事故的历史教训告诉我们,提供即时可靠且透明的信息在风险管理中是至关重要的(Zeng et al.,2017)。对于构建信息释放机制,本书提出以下几方面建议。

1. 构建满足公众信息需求的信息释放机制

信息披露、信息公开是一种单向的信息传递,是从政府或企业到社会公众和其他利益相关者的一种单向沟通。因此,信息释放不等于信息披露、信息公开。信息释放应该要满足公众和利益相关者的信息需求,应该重视他们接收到信息后的反馈(黄维娜,2014)。例如,通过对山东核电有限公司官方网站的访问,发现该网站只是单向的发布信息,并没有与公众和其他利益相关者之间沟通的平台,无法了解公众的信息需求,因此发布的信息不一定能满足公众和其他利益相关者的信息需求。对于政府和核电企业,采取"主动披露、定期沟通、交流互动"的形式,一方面在民用核设施的建设过程中,从立项、选址、环境影响评估到最后建设的每一个阶段主动披露相关信息,运营后也要及时向公众释放核电机组运行状况及相关数据,充分保障公众和其他利益相关者对民用核设施建设和运营过程的知情权。还可与移动、电信和联通三大运营商合作,通过手机定期向核电站周边公众发送民用核设施建设过程中的公众关心的主要信息。另一方面,建立网络互动交流平台,及时准确地回复公众急切关心的问题。

2. 建立整合多渠道的信息释放平台

随着通信技术和网络技术的迅速发展,公众信息获取的渠道也向多样化的趋势发展,除了电视、广播、报刊等依旧是目前公众获取信息的主要渠道外,各级政府和核电企业的官方网站、主流新闻网站和论坛、搜索引擎、社交网络平台如QQ、微博、微信等新媒体已经是公众信息获取的重要渠道,而且社会公众通过新媒体获取信息是将来的主流趋势。本书研究结果表明,公众对信息渠道的信任直接影响公众的信息需求和信息搜寻行为意向。目前,电视、广播和报纸等官方信息渠道还是公众获取信息的主要渠道。对于社会公众来说,这些渠道的信息更具有权威性,释放的信息更值得信任。因此,可通过调查公众使用这些渠道的主要

时间段,在相应的时间段发布有关核能发展的国家政策解读、与民用核设施有关的视频、声音或文字等信息。除此之外,政府和核电企业在增设官方微博和公众微信号的同时要增加其权威性、扩大其影响力,让更多的公众通过正规渠道获取有用的信息,避免从非正规渠道获取负面信息;还可以组建多名技术专家成立微博、微信团队,不仅解读国家政策,同时提供技术解释,能随时解答网络群众提出的问题。

9.5.2 构建涉核网络舆情的监测引导机制

本书研究表明,民用核设施风险情景下,风险感知高和感知知识较多的公众会引发他们对风险信息的需求,进一步激发他们根据自身信息需求的偏好完成信息搜寻行为。本书研究还发现,信息获取通过影响公众的感知知识,进而影响公众对民用核设施的抵制行为,感知知识对抵制行为意向是倒 U 形的影响关系。因此,如果公众从非正规的信息渠道获取到不完整的甚至是错误的信息,可能会增加公众的风险感知,过高的风险感知可能会激发公众非理性的风险应对行为。例如,江门的反核事件,一些网络哄客借助微博等网络媒体,想方设法起哄作恶,事件本身可能与他们没有关联,所发表的言论也并不能真实代表民意。缺乏科学、理性的认知,与该事件有直接利益关系的数量庞大的普通网民,因相信谣言,从而增加其风险感知,导致非理性的风险应对行为。因此,各级政府、核电企业、核安全监管部门应当协调沟通,建立涉核舆情监测系统,预测公众对核安全信息的需求量,用以监控和预测公众的风险感知和风险应对行为。政府部门需要通过舆情监测系统对网络舆情进行监测、对可能存在的社会风险进行预估。通过网络舆情预警机制和准确全面的研判机制,开展涉核舆情的监测、统计、分析和研判,正确引导涉核网络舆情。

9.5.3 规范民用核设施建设决策的公众参与机制

本书研究表明,公众参与正向影响感知知识,进而影响公众对民用核设施风险的抵制行为。通过公众参与的过程,可以拓宽参与者的认知领域,获取更多准确的信息,从而增加参与者的感知知识。而从调研的数据来看,公众参与率较低。公众参与民用核设施建设决策的主要目的是提供一个参与者可以面对面相互沟通的平台,让公众了解国家核能政策,民用核设施的规划、选址、建设成本和规模、利益以及对环境的影响和可能存在的风险。通过相互交流,参与者可以自由地表达对民用核设施建设的意见和看法,使得从规划到建设再到投入运营的整个过程成为提高公众正确认知、理性思考的过程。因此,构建民用核设施建设决策的公众参与机制,营造一个规范、和谐的氛围,可消除不真实、不准确的信息带来的消极影响，同时增加了民用核设施周边公众与民用核设施的利益关系。本书研究还表明，居住距离在影响因素与风险应对行为之间起到了调节作用。虽然本研究未发现不同区域公众参与与感知知识有显著的差异，但是感知知识对抵制行为意向影响的差异还是显著的。因此，有关部门需要在对公众参与的方式、途径和程序进一步规范的同时，还要考虑居住距离的影响作用，明确参与者范围，鼓励公众多层次、多方式、多渠道参与到民用核设施的建设过程中。

9.5.4 多途径宣传与普及核电知识

本书研究表明，感知知识在民用核设施风险应对行为模型中起到了最重要的作用。感知知识不仅能预测风险感知和利益感知，而且还可以预测信息需求、"核邻避情结"、风险信息搜寻行为意向和抵制行为意向。核电知识风险沟通是一个持续不断的过程，这个持续不断的过程其实就是一个核电知识教育和普及的过程。因此，需要建立核电知识普及的长效机制，不断加大核电知识普及的投入力度。从学校、社区等关键渠道入手，一方面普及民用核设施的优势，包括经济利益、清洁能源和环境保护等。另一方面从技术方面普及核电安全性知识。在科普的过程中，把以往"宣传—展览—科普—发布"这种单向的、以说教为主的科普方式改为"倾听—沟通—对话—参与"的双向沟通。通过当地政府和学校的合作，把核电科普知识纳入核设施周边学校的科普课程中，让学生们正确认知核电、核设施的同时提高科学素养。从内容形式上，可以通过核电厂参观的方式，组织周边居民、学生、老师等团体免费参观核电厂，保证参观团队有组织、有纪律、有讲解。让社会公众通过参观核电基地，了解核电，消除不必要的担忧。还可以通过核电知识竞赛、形象生动的核电知识视频、纪录片等方式在不同文化层次的社会公众中科普核电知识。本书研究结果表明，居住距离在感知知识对风险感知、利益感知、"核邻避情结"和抵制行为意向的影响中起着显著的调节作用。非核心区域居民的感知知识显著影响风险感知、利益感知、"核邻避情结"和抵制行为意向，反而核心区域不太显著。该研究结论正好解释了江门鹤山反核事件的现象，该事件中核燃料项目建设周边公众因征地拆迁已经做好搬迁的准备，却因为江门市和周边城市公众，如中山、佛山、广州等地公众的游行示威、抵制而最终取消。因此，在对核心区域公众科普的同时，也要在非核心区域加强核电科普。

9.5.5 提高各级政府和核电企业的公众信任度

信任已经在各种风险情景下被研究，研究范围包括气候变化、移动电话的辐射、辐射废物处理和转基因食品等(Mah et al., 2014; Siegrist et al., 2012)。许多有关核风险情景下的研究表明，信任是影响公众对核能接受性的关键因素(He et al.，2014；Mah et al.，2014)。在风险沟通领域，信任也是作为主要因素被研究（Tateno and Yokoyamn，2013；Trettin and Musham，2000)。本书主要调研了海阳核电站周边居民对当地政府和核电企业的信息释放、知识掌握和核事故应急能力以及公平性方面的信任程度。研究结果表明，公众对当地政府和核电企业各方面的信任程度都不是特别高。因此，提高各级政府和企业的公众信任度是确保风险沟通顺利进行的首要条件。如何提高各级政府的公众信任度，已经超出了核电产业的范围，成为整个社会需要解决的问题。建立长期稳固的信任基础，必须加强法律和法规制度建设，规范各级政府部门的公共权利，增强政府行为的可信度。对于核电企业而言，增加对公众的关注和关怀，以信息透明的态度营造一种开放环境，提供周边公众的就业机会或给予适当的经济补偿，支持周边社区的交通、医疗和教育等公共事业的发展，提高企业社会责任，树立社区企业的形象，清除公众对企业已形成的罔顾公众利益、唯利是图的负面印象。

9.6 本章小结

中国核电的健康发展不仅需要提高核安全技术和核事故的应急响应能力，而且需要增加公众对各级政府部门和核电企业对核电风险管理的信任。本章研究基于风险沟通框架，通过对山东海阳核电站周边居民的分层抽样调查和网络数据的收集，用案例研究的方法分析海阳核电站建设过程中信息释放、公众参与、公众从各种渠道获取信息的程度以及公众对当地政府和核电企业的信任，研究民用核设施风险沟通，提出对策和建议。本章研究发现核电的发展和决策主要是由国家政府部门、核电企业和科研机构组成的"铁三角"主导的，官方信息渠道、新媒体信息渠道和核电企业网站作为二手信息源，信息释放的增量与核电站建设阶段的政策和国家核电发展政策有关；公众参与核电站建设过程的参与率低，主要通过官方信息渠道获取信息；公众对当地政府和核电企业释放信息、对核事故的应急响应能力等的信任都不是特别高。本章结合前面章节的研究结果，从信息释放机制、涉核舆情引导机制、公众参与机制、核电知识普及、提高公众信任度五个方面提出风险沟通的对策和建议。

第 10 章 结论与展望

10.1 研究结论

  核电作为低碳能源，是新能源的重要组成部分，是中国未来能源可持续发展的重要基础。然而，"后福岛时代"，核电的发展是一个备受争议的话题，"邻避效应"是核电产业发展过程中面临的最突出问题，提出有效的公众风险沟通策略是核电健康发展所必须解决的。本书以山东海阳核电站附近居民为调查样本，通过实证方法研究了公众对民用核设施的风险应对行为意向，主要探究了公众的社会心理因素对民用核设施风险信息搜寻行为意向和抵制行为意向的影响，且更深入地探究了居住距离在社会心理因素对风险应对行为意向影响中的调节作用。此外，本书还通过网络数据的收集和案例研究的方法分析民用核设施建设过程中信息释放、公众参与、公众从各种渠道获取信息的程度，以及公众对当地政府和核电企业的信任程度，并结合风险应对行为意向的研究，提出了民用核设施风险沟的通对策和建议。基于以上研究，我们得出如下结论：

  (1)公众从官方信息渠道(电视、报纸以及电台)获取有关核电站建设信息的程度越高，他们感知到自己了解的核能知识、核事故知识以及核能利益均越高。公众依赖网络信息渠道(百度、搜搜等)、地方政府网站、新闻网站(新浪、搜狐等)、社交网络(QQ、微信、微博等)以及个人渠道获取有关核电站建设信息的程度越高，他们感知到自己了解的核能知识、核事故知识越高。另外，公众感知到他们了解的核能知识越多，他们的利益感知则越高，而当公众感知到他们了解的核事故知识越多，他们的风险感知则越高。公众感知到核电站建设带来的利益与他们感知到核电站建设带来的风险之间存在倒 U 形关系。

  (2)民用核设施建设风险情景下，公众的信息需求作为核心中介变量，在风险信息搜寻行为意向中起到了重要作用。公众对民用核设施风险信息搜寻行为意向的概念模型的实证结果表明，在各种社会心理因素中，影响风险信息搜寻行为意向的主要因素是信息需求，信息需求直接显著地影响着信息搜寻行为意向。公众面对民用核设施建设的风险，信息需求会增加，从而导致公众的信息搜寻行为意向也增加。实证结果还表明，感知知识对预测风险感知、风险信息需求和信息搜寻行为意向都具有显著的作用。感知到了解核电知识比较多的公众越需要核电风险信息,也越愿意付出行动去搜寻该信息。同时,感知知识对风险感知也有显著的正向影响作用。此外,公众对信息渠道越信任,越愿意使用这些信息渠道去搜寻他们想要的风险信息。但是,信任渠道对信息需求却有着显著的负向作用。公众的风险感知高,用于评估风险的信息就不充分,进而增加了其信息需求。然而,公众的风险感知并没有直接而是间接地通过信息需求影响信息搜寻行为意向。

(3)"核邻避情结"等社会心理因素是民用设施周边公众对核设施采取抵制行为意向主要决定因素。公众对民用核设施抵制行为意向的概念模型的实证结果表明,"核邻避情结"、感知知识和风险感知三个社会心理因素显著影响公众对民用核设施的抵制行为意向。其中"核邻避情结"直接影响抵制行为意向。民用核设施周边的公众越是反对在他们附近建核设施,越是有采取抵制行为的意愿,包括常规和示范抵制行为意向。感知知识和抵制行为意向之间呈现倒 U 形关系,当感知知识为某个中间值时,公众的抵制行为意向是最强烈的,且感知知识对示范抵制行为意向的影响比对常规行为意向的影响更显著。公众对民用核设施的风险感知越高,越反对核设施建在他们附近,也越愿意采取非理性的抵制行为。除此之外,感知知识和"核邻避情结"之间也呈现倒 U 形关系。在测量感知知识时,研究组既测量了公众对核电站利弊的了解程度,也测量了公众对比较中性知识的了解程度。因此,本书研究结果表明,感知知识对风险感知和利益感知都有显著的正向影响。公众参与和信息获取通过感知知识中介影响抵制行为意向。

(4)个体感知到的有关核能的知识会刺激他们对信息需求和信息搜寻意向的评估,从而导致他们的风险感知,然后进一步地引起个体对风险信息的处理,最后触发个体的核风险感知和核设施抵制行为意向。风险感知一方面是影响公众抵制行为意向的关键因素,同时又部分中介了知识和信息行为对核设施抵制行为意向的影响。

(5)民用核设施建设风险情景下,居住距离在社会心理因素对风险应对行为意向的影响中具有显著的调节作用。本书研究发现,居住在核心区域(离核设施 10 公里以内)和非核心区域(离核设施 10 公里以外)的居民面对民用核设施风险时,其社会心理因素对行为反应的影响存在显著的差异。居住在不同区域的居民的风险应对行为意向及其影响因素的 SEM 结构路径及其系数存在差异,研究发现,核心区域居民的风险感知对信息搜寻行为意向没有显著影响,而在非核心区域居民的风险感知通过信息需求中介影响信息搜寻行为意向。核心区域的居民的渠道信任对信息需求和信息搜寻行为意向都有显著的影响,而在非核心区域的居民的渠道信任对信息需求和信息搜寻行为意向都没有显著影响。核心区域居民的感知知识对风险感知、利益感知、"核邻避情结"、常规行为意向都没有显著影响,而非核心区域的居民的感知知识对这四个变量都有显著影响。核心区域居民风险感知对示范行为意向没有显著影响,而非核心区域居民的风险感知对常规行为意向没有显著影响。由此可见,居住距离对公众的风险应对行为意向及其影响因素之间的关系具有显著的调节作用,在制定风险沟通策略时,必须要考虑居住距离的影响作用。

(6) 从人口统计特征、核设施信息、信息行为和核设施感知四个方面构建的指标体系能够较准确的判别公众是否会采取核设施风险应对行为。感知知识、系统式处理策略、风险感知以及官方信息获取在判别公众风险应对行为选择中是最重要的四个变量。相比较于非核心区域,本书研究的指标体系可以更准确地判别核心区域公众的核设施风险应对行为的选择。此外,研究结果还表明,指标体系中变量在判别核心区域和非核心区域公众的核设施风险应对行为选择中的作用也不同。在核心区域,新媒体信息获取、系统式处理策略、感知知识和风险感知是判别公众核设施风险应对行为选择指标体系中最重要的四个变量。而在非核心区域,官方信息获取、风险感知、新媒体信息获取,以及感知知识在判别公众核设施风险应对行为选择指标体系中是最重要的四个变量。

(7) 从信息释放机制、涉核舆情引导机制、公众参与机制、核电知识普及、提高公众信任度五个方面提出加强风险沟通的对策和建议。中国核电的健康发展不仅需要提高核安全技术和核事故的应急响应能力,而且需要增加公众对各级政府部门和核电企业对核电风险管理的信任。本书研究发现,核电的发展和决策主要由国家政府部门、核电企业和科研机构组成的"铁三角"主导的,官方信息渠道、新媒体信息渠道和核电企业网站作为二手信息源,信息释放的增量与核电站建设阶段的政策和国家核电发展政策有关;公众参与核电站建设过程的参与率低,主要通过官方渠道获取信息;公众对当地政府和核电企业释放信息、对核事故的应急响应能力等的信任度都不是特别高。结合前面的研究结果,本书从信息释放机制、公众参与机制、核电知识普及、提高公众信任度四个方面提出政策建议,为政府和核电企业有效干预和调控公众核电风险感知及风险应对行为提供重要的理论和现实依据。

10.2 理论贡献

本书紧跟国内外学术研究前沿,综合运用公共危机管理、管理科学、行为科学、社会心理学、风险沟通等相关理论和相关研究成果,关注公众面对民用核设施建设可能带来风险时的行为反应,理论创新和实践研究并重,理论贡献主要体现在如下几个方面:

(1) 构建了公众对民用核设施风险信息搜寻行为意向的理论模型,丰富了信息搜寻行为的研究领域。本书在 RISP 模型、FRIS、PRISM 的基础上,构建民用核设施建设情景下公众的风险信息搜寻行为意向的假设模型。基于对实际情况的调查研究,对整合模型进行了修正和简化,更好地从风险感知的角度来解释民用核设施建设情景下公众的风险信息搜寻行为意向,并通过问卷调查、数据收集和 SEM 数据分析方法来验证该模型。本书证实了渠道信任对信息需求和信息搜寻行为意向的影响作用,并发现了感知知识对风险感知的负向影响作用。本书丰富了风险信息搜寻行为在环境和健康风险领域的研究。

(2)构建了公众对民用核设施抵制行为意向的理论模型,拓展了 PADM 的应用领域。本书将抵制行为分为常规行为和示范行为,整合了 PADM 和"核邻避情结"的影响因素,归纳分析民用核设施建设情景下影响个人抵制行为意向的因素,构建公众对民用核设施抵制行为的概念模型,并通过实证调查和结构方程验证了该模型。本书将 PADM 从自然灾难和灾害领域的应用拓展到技术风险领域,实现了对 PADM 的延伸和深化,同时发现了"核邻避情结"对抵制行为意向的正向影响作用,并发现了感知知识与"核邻避情结"、抵制行为意向的倒 U 形关系。

(3)通过整合 PADM 和 HSM,将 HSM 中的信息处理策略纳入 PADM 的信息流中,构建了一个包含更加完整信息流的假设模型来解释公众抵制行为决策,并通过在核设施风险领域的实证研究证实了信息行为对风险感知和行为决策的影响。

(4)首次探究了居住距离在风险应对行为意向中的调节作用。本书通过对居住距离在风险信息搜寻行为意向和抵制行为意向两个模型中的调节作用的深入研究,发现居住距离在这两个模型中都具有调节作用,为民用核设施风险沟通提供了理论依据,针对不同区域提出相应的风险沟通对策。

10.3 研究不足与展望

(1)本书在前人的研究模型和研究成果基础上,构建了核电站建设情景下公众风险应对行为意向的假设模型,并通过实证调研,利用 SEM 对变量间的关系进行了验证,得到了具有重要理论和现实意义的研究结论,为提出风险沟通对策和建议提供了理论基础。但从样本选择来讲,本书的样本选择的是山东海阳核电站周边的居民,山东海阳核电站是正在建设的核电站,拟建核设施和已经运营的核设施周边的居民对民用核设施的感知、态度和应对风险的行为可能存在差异性。因此,在未来的研究中,将扩大研究样本范围,提高研究的外部效度,得出更有普适性的研究结论。

(2)本书的量表选择是基于前人的研究,结合民用核设施风险情景做以少量修改的结果,但是个别测度题项在本书中效果不佳。为了提高构念的信度和效度,个别测度题项被删除。尽管数据能较好地拟合概念模型,但还是因为一些信息的缺失而导致部分变量的解释方差不高。因此,今后的研究将针对这一问题,开发高质量的量表,并将可能存在的影响因素加入模型中。

(3)本书的风险应对行为主要考虑了民用核设施建设过程中的积极应对行为,

第 10 章 结论与展望

即信息搜寻行为和抵制行为，而未将规避风险行为(如搬迁)考虑在内，今后将针对规避风险行为进行深入研究。

(4)本书深入研究了居住距离在风险应对行为意向中的调节作用，并得出了具有理论和实践意义的结论，但居住区域是以距核电设施 10 公里为界限来划分的，有些变量的差异还不够显著。因此，今后的研究在扩大样本的基础上要扩大居住距离的界限，可以选择在已建核电站、拟建核电站和未建核电站三个区域的样本做差异分析。

参 考 文 献

陈婷婷.2015.影响核电站公众参与行为的因素分析——基于X核电站的实证研究[J].生态经济(中文版),31(1):172-175.

程琥.2012.公众参与社会管理机制研究[J].行政法学研究,(1):27-32.

邓理峰,周志成,郑馨怡.2016.风险-收益感知对核电公众接受度的影响机制分析——基于广州大学城的调研[J].南华大学学报(社科版),17(4):5-13.

方栋,李红,谢卫亮.2013.小型堆选址相关标准的适用性讨论[J].辐射防护通讯,(5):6-12.

龚文娟.2008.当代城市居民环境友好行为之性别差异分析[J].中国地质大学学报(社会科学版),8(6):11-17.

贺桂珍,吕永龙.2013.新建核电站风险信息沟通实证研究[J].环境科学,34(3):1218-1224.

侯光辉,王元地.2014.邻避危机何以愈演愈烈——一个整合性归因模型[J].公共管理学报,(3):80-92.

黄维娜.2014.我国核电企业社会责任信息沟通策略选择——以中广核"公众沟通"为例[J].财政监督,(14):16-18.

惠志斌,何小菁,吴建华.2004.试论国家综合性危机信息管理系统的建立[J].情报杂志,(8):5-6.

雷翠萍,孙全富,苏旭.2011.风险沟通在核能发展中应用[J].中国职业医学,38(2):164-166.

李姜红.2015.中国劳动者工作满意度影响因素行业与地区差异分析[D].大连:东北财经大学.

李炜炜,王桂敏,李晶,等.2015.从江门反核事件看涉核舆情的预防与消解[J].核安全,14(2):75-80.

刘晶晶.2013.国内外邻避现象研究综述[J].生产力研究,246(1):193-196.

刘中梅,王续琨,侯海燕,等.2014.邻避理论与公众接受技术风险的因素识别分析——以公众对辽宁沿海经济带化工业的风险感知为例[J].改革与战略,30(1):86-89.

陆绍凯.2011.风险可评估性对风险感知的影响——基于在校大学生就业风险的实证研究[J].管理评论,23(12):124-132,138.

鲁芳,余琦,司文峰.2015.基于多群组结构方程模型的快递服务满意度研究[J].湖南工业大学学报,(2):94-101.

罗亚娟.2009.乡村工业污染中的环境抗争——东井村个案研究[J].学海,2:91-97.

欧阳薇.2009.欧洲风险沟通研究述评[D].兰州:兰州大学.

宋艳,孙典,苏子逢.2017.核电站项目公众风险感知的影响因素[J].中国科技论坛,5(7):143-152.

苏旭,秦斌,张伟,等.2012.核与辐射突发事件公众沟通、媒体交流与信息发布[J].中华放射医学与防护杂志,32(2):118-119.

陶威锭,申世飞,康晓文.2016.基于结构方程模型的核电接受度影响因素研究[J].武汉理工大学学报(信息与管理工程版),38(4):397-400.

王佃利,徐晴晴.2012.邻避冲突的属性分析与治理之道——基于邻避研究综述的分析[J].中国行政管理,(12):83-88.

王飞.2014.风险感知视角下的公众防护型行为决策研究[D].合肥:中国科学技术大学.

王锋,胡象明,刘鹏.2014.焦虑情绪、风险认知与邻避冲突的实证研究——以北京垃圾填埋场为例[J].北京理工大学学报(社科版),16(6):61-67.

王炼,贾建民.2014.突发性灾害事件风险感知的动态特征——来自网络搜索的证据[J].管理评论,26(5):169-176.

魏玖长,赵定涛.2006.危机信息的传播模式与影响因素研究[J].情报科学,(12):1782-1785.

谢尔顿·克里姆斯基,多米尼克·戈尔丁.2005.风险的社会理论学说.徐元玲,孟毓焕,徐玲,等译[M].北京:北京出版社.

谢晓非,徐联仓.1995.风险认知研究概况及理论框架[J].心理科学进展,3(2):17-22.

闫坤如,龙翔.2016.工程伦理学[M].广州:华南理工大学出版社.

闫坤如.2016.技术风险感知视角下的风险决策[J].科学技术哲学研究,184(1):73-78.

杨波.2013.公众核电风险的认知过程及对公众核电宣传的启示[J].核安全,(1):55-59.

曾繁旭,戴佳,王宇琦.2015.风险行业的公众沟通与信任建设:以中广核为例[J].中国地质大学学报(社会科学版),15(1):68-77.

曾志伟,邓欣蓉,孙晓琳.2013.试析我国核电发展中的公众参与现状及其提升对策[J].南华大学学报(社科版),14(2):1-4.

张海燕,葛怡,李凤英,等.2010.环境风险感知的心理测量范式研究述评[J].自然灾害学报,(1):78-83.

张乐,童星.2014a.公众的"核邻避情结"及其影响因素分析[J].社会科学研究,(1):105-111.

张乐,童星.2014b.价值、理性与权力:"邻避式抗争"的实践逻辑——基于一个核电站备选厂址的案例分析[J].上海行政学院学报,15(1):84-95.

张连刚.2010.基于多群组结构方程模型视角的绿色购买行为影响因素分析——来自东部、中部、西部的数据[J].中国农村经济,(2):44-56.

张卿.2014.对我国民用核能公众参与现状的反思和建议——以江西彭泽核电争议为切入点[J].研究生法学,(2):82-92.

张向和.2010.垃圾处理场的邻避效应及其社会冲突解决机制的研究[D].重庆:重庆大学.

朱正威,王琼,吕书鹏.2016.多元主体风险感知与社会冲突差异性研究——基于 Z 核电项目的实证考察[J].公共管理学报,2:97-106.

Aaker J, Maheswaran D. 1997. The effects of cultural orientation on persuasion[J]. Journal of Consumer Research, 24:315-328.

Achterberg P, Houtman D, van Bohemen S, et al. 2010. Unknowing but supportive? Predispositions, knowledge, and support for hydrogen technology in the Netherlands[J]. International Journal of Hydrogen Energy, 35(12):6075-6083.

Adams J. 1995. Risk[M]. London:UCL Press.

Aegerter I, Bucher P. 1993. Public participation in political decisions on nuclear energy: the Swiss practice. In: Public participation in nuclear decision-making: proceedings of an international workshop[J]. OECD, Paris:164-167.

Aertsens J, Mondelaers K, Verbeke W, et al. 2011. The influence of subjective and objective knowledge on attitude, motivations and consumption of organic food[J]. British Food Journal, 113(10-11):1353-1378.

Ajzen I, Fishbein. 1980. Understanding Attitudes and Predicting Social Behavior[M]. Englewood Cliffs, NJ: Prentice-Hall.

Ajzen I. 1988. Attitudes, Personality, and Behavior[M]. Milton Keynes: Open University Press.

Ajzen I. 1991. The theory of planned behavior[J]. Organizational Behavior & Human Decision Processes, 50(2):179-211.

Alaszewski A. 2005. A person-centred approach to communicating risk[J]. Plos Medicine, 2(2):93-95.

Anderson A A, Brossard D, Scheufele D A. 2014. The "nasty effect:" Online incivility and risk perceptions of emerging technologies[J]. Journal of Computer-Mediated Communication, 19(3):373-387.

Baron R M, Kenny D A. 1986. The moderator-mediator variable distinction in social psychological research: conceptual, strategic, and statistical considerations[J]. Journal of Personality and Social Psychology, 51 (6):1173-1182.

Baum A, Gatchel R J, Schaeffer M A. 1983. Emotional, behavioral, and physiological effects of chronic stress at Three Mile Island[J]. Journal of Consulting & Clinical Psychology, 51 (4): 565-572.

Bei L T, Widdows R. 1999. Product knowledge and product involvement as moderators of the effects of information on purchase decisions: a case study using the perfect information frontier approach[J]. Journal of Consumer Affairs, 33: 165-186.

Boholm A. 1998. Comparative studies of risk perception: a review of twenty years of research[J]. Journal of Risk Research, 1(2):135-163.

Bradbury J, Branch K, Focht W, et al. 1999. Trust and Public Participation in Risk Policy Issues[C]. Social Trust and the Management of Risk:117-127.

Brucks M. 1985. The Effects of product class knowledge on information search behavior[J]. Journal of Consumer Research, 12(1):1-16.

Bubeck P, Botzen W J W, Aerts J H. 2012. A review of risk perceptions and other factors that influence flood mitigation behavior[J]. Risk Analysis, 32:1481-1495.

Butler D. 2011. Nuclear safety: Reactors, residents and risk[J]. Nature, 472(7344):400-401.

Caiani M, Borri R. 2012. Between violent and non-violent action strategies: A study on extreme-right organizations in Italy and Spain[J]. IHS Political Science Series,152(2):307-316.

Carlson J P, Vincent L H, Hardesty D M, et al. 2009. Objective and subjective knowledge relationships: A quantitative analysis of consumer research findings[J]. Journal of Consumer Research, 35(5):864-876.

Gattinara P C, Froio C. 2014. Discourse and practice of violence in the Italian extreme right: frames, symbols, and identity-building in CasaPound Italia[J]. International Journal of Conflict & Violence, 8(1):154-170.

Chaiken S. 1980. Heuristic versus systematic information processing and the use of source versus message cues in persuasion[J]. Journal of Personality and Social Psychology, 39: 752-766.

Choi Y S, Kim J S, Lee B W. 2000. Public's perception and judgment on nuclear power[J]. Annals of Nuclear Energy, 27(4):295-309.

Choi Y S, Lee S H, Cho N Z, et al. 1998. Development of the public attitude model toward nuclear power in Korea[J]. Annals of Nuclear Energy, 25(12): 923-936.

Christoph I B, Bruhn M, Roosen J. 2008. Knowledge, attitudes towards and acceptability of genetic modification in Germany[J]. Appetite, 51: 58-68.

Connor M, Siegrist M. 2010. Factors influencing people's acceptance of gene technology: the role of knowledge, health expectations, naturalness, and social trust[J]. Science Communication, 32: 514-538.

Cook P A, Bellis M A. 2001. Knowing the risk: relationships between risk behaviour and health knowledge[J]. Public Health, 115(1):54-61.

Corner A, Venables D, Spence A, et al. 2011. Nuclear power, climate change and energy security: exploring British public attitudes[J]. Energy Policy, 39(9):4823-4833.

Costa-Font J, Rudisill C, Mossialos E. 2008. Attitudes as an expression of knowledge and "political anchoring": the case of nuclear power in the United Kingdom[J]. Risk Analysis, 28(5):1273-1287.

Council N R. 1989. Improving Risk Communication[M]. Washington.D.C:National Academies Press.

Dan V D H. 2007. NIMBY or not? Exploring the relevance of location and the politics of voiced opinions in renewable energy siting controversies[J]. Energy Policy, 35(5): 2705-2714.

Davidson D J, Freudenburg W R. 1996. Gender and environmental risk concerns: a review and analysis of available research[J]. Environment and Behavior, 28(3):302-339.

Davidson L M, Baum A, Collins D L. 1982. Stress and control-related problems at three mile island[J]. Journal of Applied Social Psychology, 12(5):349-359.

Dawar N, Pillutla M M. 2000. Impact of product-harm crises on brand equity: the moderating role of consumer expectations[J]. Journal of Marketing Research, 37(2):215-226.

de Groot J I, Steg L. 2010. Morality and nuclear energy: perceptions of risks and benefits personal norms, and willingness to take action related to nuclear energy[J]. Risk Analysis, 30: 1363-1373.

de Groot J I, Steg L, Poortinga W. 2013. Values, perceived risks and benefits, and acceptability of nuclear energy[J]. Risk Analysis, 33(2):307-317.

Dear M. 1992. Understanding and overcoming the NIMBY syndrome[J]. Journal of the American Planning Association, 58(3): 288-300.

Dervin B. 1999. On studying information seeking methodologically: the implications of connecting metatheory to method[J]. Information Processing & Management An International Journal, 35(6):727-750.

Desai V M. 2011. Mass media and massive failures: Determining organizational efforts to defend field legitimacy following crises[J]. Academy of Management Journal, 54(2):263-278.

Duggan F, Banwell L. 2004. Constructing a model of effective information dissemination in a crisis[J]. Information Research, 5(3): 178-184.

Dunwoody S, Griffin R J. 2014. The role of channel beliefs in risk information seeking[J]. Behavior Research & Therapy,12(4):220-233.

Eagly A H, Chaiken S. 1993. The Psychology of Attitudes[M]. New York, NY: Harcourt Brace Jovanovich College Publishers.

Einwiller S A, Carroll C E, Korn K. 2010. Under What Conditions Do the News Media Influence Corporate Reputation? The Roles of Media Dependency and Need for Orientation[J]. Corporate Reputation Review, 12(4):299-315.

Feng T, Keller L R, Wu P, et al. 2014. An empirical study of the toxic capsule crisis in China: risk perceptions and behavioral responses[J]. Risk Analysis, 34(4): 698-710.

Finucane M L, Alhakami A, Slovic P, et al. 2000. The affect heuristic in judgments of risks and benefits[J]. Journal of Behavioral Decision Making, 13(1):1-17.

Fischhoff B, Slovic P, Lichtenstein S, et al. 1978. How safe is safe enough? A psychometric study of attitudes towards technological risks and benefits[J]. Policy Sciences, 9(2):127-152.

Fischhoff B, Bostrom A, Quadrel M J. 2009. Risk perception and communication[J]. Risk Analysis, 14(8):183-203.

Fishbein M, Ajzen I. 1975. Belief, Attitude, Intention and Behavior[M]. Reading, MA:Addison-Wesley.

Flynn J, Slovic P, Mertz C K. 1994. Gender, race, and perception of environmental health risks[J]. Risk Analysis, 14(6): 1101-1108.

Fornell C, Larcker D F. 1981. Evaluating structural equation models with unobservable variables and measurement error[J]. Journal of Marketing Research, 18(1):39-50.

Fox-Cardamone L, Hinkle S, Hogue M. 2000. The correlates of antinuclear activism: attitudes, subjective norms, and efficacy[J]. Journal of Applied Social Psychology, 30(3): 484-498.

Gatersleben B, Steg L, Vlek C. 2002. Measurement and determinants of environmentally significant consumer behavior[J]. Environment and Behavior, 34(3):335-362.

Ge Y, Peacock W G, Lindell M K. 2011. Florida households' expected responses to hurricane hazard mitigation incentives[J]. Risk Analysis, 31(10):1676-1691.

Glaser A. 2012. From brokdorf to fukushima: the long journey to nuclear phase-out[J]. Bulletin of the Atomic Scientists, 68(6):10-21.

Godbold N. 2006. Beyond information seeking: towards a general model of information behaviour[J]. Information Research: An International Electronic Journal, 11(4):4.

Goodfellow M J, Williams H R, Azapagic A. 2011. Nuclear renaissance, public perception and design criteria: an exploratory review[J]. Energy Policy, 39(10):6199-6210.

Grasmück D, Scholz R W. 2005. Risk perception of heavy metal soil contamination by high-exposed and low-exposed inhabitants: the role of knowledge and emotional concerns[J]. Risk Analysis, 25(3): 611.

Greenberg M R. 2009. NIMBY, CLAMP, and the location of new nuclear-related facilities: US national and 11 site-specific surveys[J]. Risk Analysis, 29(9): 1242-1254.

Griffin R J, Dunwoody S, Neuwirth, K. 1999. Proposed model of the relationship of risk information seeking and processing to the development of preventive behaviors[J]. Environmental Research, 80(80):230-245.

Griffin R J, Yang Z, Ellen H T, et al. 2008. After the flood : anger, attribution, and the seeking of information[J]. Science Communication, 29(3):285-315.

Griffin R, Dunwoody S, Yang Z J. 2012. Linking risk messages to information seeking and processing[J]. Annals of the International Communication Association, 36(1):323-362.

Grothmann T, Patt A. 2005. Adaptive capacity and human cognition: The process of individual adaptation to climate change[J]. Global Environmental Change, 15(3):199-213.

Hadjilambrinos C. 2000. Understanding technology choice in electricity industries: a comparative study of France and Denmark[J]. Energy Policy, 28 (15):1111-1126.

Hair J F, Anderson R E, Tatham R L, et al. 1998. Multivariate data analysis[J]. Technometrics, 31(3):103-104.

Harris J, Blair E A. 2006. Functional compatibility risk and consumer preference for product bundles[J]. Journal of the Academy of Marketing Science, 34(1):19-26.

He G Z, Mol A P J, Zhang L,et al. 2013. Public participation and trust in nuclear power development in China[J]. Renewable & Sustainable Energy Reviews, 23: 1-11.

He G Z, Mol A P J, Zhang L, et al. 2014. Nuclear power in China after Fukushima: understanding public knowledge, attitudes, and trust[J]. Journal of Risk Research, 17(4):435-451.

Ho J C, Kao S F, Wang J D, et al. 2013. Risk perception, trust, and factors related to a planned new nuclear power plant in Taiwan after the 2011 Fukushima disaster[J]. Journal of Radiological Protection, 33(4):773-789.

Ho S S, Lee E W J, Detenber B H, et al. 2014. Seeking information about climate change: effects of media use in an extended PRISM[J]. Science Communication, 36(3):270-295.

Hovick S, Freimuth V S, Johnson-Turbes A, et al. 2011. Multiple health risk perception and information processing among african americans and whites living in poverty[J]. Risk Analysis, 31(11):1789-1799.

Hovick S R, Kahlor L, Liang M C. 2014. Personal cancer knowledge and information seeking through PRISM: the planned risk information seeking model[J]. Journal of Health Communication, 19(4):511-527.

Huang L, Duan B L, Bi J, et al. 2010. Analysis of determining factors of the public's risk acceptance level in China[J]. Human and Ecological Risk Assessment, 16(2):365-379.

Huang L, Zhou Y, Han Y T, et al. 2013. Effect of the Fukushima nuclear accident on the risk perception of residents near a nuclear power plant in China[J]. Proceedings of the National Academy of Sciences of the United States of America, 110(49):19742-19747.

Huang S K, Lindell M K, Prater C S, et al. 2012. Household evacuation decision-making in response to Hurricane Ike[J]. Natural Hazards Review, 13(4):283-296.

Hubbard P. 2009. NIMBY[M]// International Encyclopedia of Human Geography.

Huijts N M A, Molin E J E, Steg L. 2012. Psychological factors influencing sustainable energy technology acceptance: A review-based comprehensive framework[J]. Renewable and Sustainable Energy Reviews, 16(1): 525-531.

Hung H V, Shaw R, Kobayashi M. 2007. Flood risk management for the RUA of hanoi: importance of community perception of catastrophic flood risk in disaster risk planning[J]. Disaster Prevention & Management, 16(2):245-258.

Hüppe M, Weber J. 1999. Effects of distance, age and sex upon attitudes toward nuclear power plants: an empirical study[J]. Zentralblatt Für Hygiene Und Umweltmedizin, 202(2): 331-344.

Ibuka Y, Chapman G B, Meyers L A, et al. 2010. The dynamics of risk perceptions and precautionary behavior in response to 2009 (h1n1) pandemic influenza[J]. Bmc Infectious Diseases, 10(1):1-11.

Ipsos-Reid. 2003. Canadian Attitudes Towards Nuclear Energy Tracking Survey Results[R].Canadian Nuclear Association, Ottawa.

Irwin S A, Swain R A, Christmon C A, et al. 2000. Evidence for altered Fragile-X mental retardation protein expression in response to behavioral stimulation [J]. Neurobiology of Learning & Memory, 73(1):87-93.

Jepsen A L. 2007. Factors affecting consumer use of the Internet for information search[J]. Journal of Interactive Marketing, 21(3):21-34.

Johnson B B. 2005. Testing and expanding a model of cognitive processing of risk information[J]. Risk Analysis, 25(3):631-650.

Johnson E J, Russo J E. 1984. Product familiarity and learning new information[J]. Journal of Consumer Research, 11(1):542-550.

Joss S. 1999. Introduction: public participation in science and technology policy- and decision-making-ephemeral phenomenon or lasting change?[J].Science & Public Policy,(5): 290-293.

Kahlor L. A, Dunwoody S, Griffin R J. 2003. Studying heuristic–systematic processing of risk communication[J]. Risk Analysis, 23:355-368.

Kahlor L. 2010. PRISM: a planned risk information seeking model[J]. Health Communication, 25(4): 345-356.

Kahlor L A. 2007. An augmented risk information seeking model: the case of global warming[J]. Media Psychology, 10(3): 414-435.

Kasperson R E, Renn O, Slovic P, et al. 1988. The social amplification of risk: a conceptual framework[J]. Risk Analysis, 8(2):177-187.

Katsuya T. 2001. Public response to the tokai nuclear accident[J]. Risk Analysis, 21(6):1039-1046.

Kellens K, Zaalber R, De M P. 2012. The informed society: an analysis of the public's information-seeking behavior regarding coastal flood risks[J]. Risk Analysis, 32(8): 1369-1381.

Kerstetter D, Cho M H. 2004. Prior knowledge, credibility and information search[J]. Annals of Tourism Research, 31(4):961-985.

Keselman A, Slaughter L, Patel V L. 2005. Toward a framework for understanding lay public's comprehension of disaster and bioterrorism information[J]. Journal of Biomedical Informatics, 38(4): 331-344.

Kettle N P, Dow K. 2014. The role of perceived risk, uncertainty, and trust on coastal climate change adaptation planning[J]. Environment & Behavior, 48(4):579-606.

Kim J, Paek H J. 2009. Information processing of genetically modified food messages under different motives: an adaptation of the multiple-motive heuristic systematic model[J]. Risk Analysis, 29:1793-1806.

Kim M S, Hunter J E. 1993. Relationships among attitudes, behavioral intentions, and behavior: a meta-analysis of past research, Part 2[J]. Communication Research, 20(3): 331-364.

Kim N H, Cho T J, Kim Y B, et al. 2015. Implications for effective food risk communication following the Fukushima nuclear accident based on a consumer survey[J]. Food Control, 50: 304-312.

Kim Y, Kim W, Kim M. 2014. An international comparative analysis of public acceptance of nuclear energy[J]. Energy Policy, 66:475-483.

Klerck D, Sweeney J C. 2007. The effect of knowledge types on consumer-perceived risk and adoption of genetically modified foods[J]. Psychology & Marketing, 24(2):171-193.

Kline R B. 2010. Principles and practice of structural equation modeling[J]. Journal of the American Statistical Association, 101(12).

Krause R M, Carley S R, Warren D C, et al. 2014. "Not in (or under) my backyard":geographic proximity and public acceptance of carbon capture and storage facilities[J]. Risk Analysis, 34(3):529-540.

Kunreuther H. 2002. Risk analysis and risk management in an uncertain world 1[J]. Risk Analysis, 22(4):655-664.

Kuttschreuter M. 2006. Psychological determinants of reactions to food risk messages[J]. Risk Analysis An Official Publication of the Society for Risk Analysis, 26(4):1045-1057, 1013.

Lasswell H D. 1948. The Structure and Function of Communication in Society[M]. New York: Institute for Religious,

Social Studies.

Lee T R. 1986. Effective communication of information about chemical hazards[J]. Science of the Total Environment, 51(2):149-183.

Lemyre L, Jennifer E. C. Lee, Pierre Mercier, et al. 2006. The structure of Canadians' health risk perceptions: Environmental, therapeutic and social health risks[J]. Health Risk & Society, 8(2):185-195.

Loewenstein G F, Weber E U, Hsee C K. 2001.Risk as feelings[J]. Psychological Bulletin, 127(2): 267.

Lindell M K, Hwang S N. 2008. Households' perceived personal risk and responses in a multihazard environment[J]. Risk Analysis, 28(2): 539-556.

Lindell M K, Perry R W. 1992. Behavioral Foundations of Community Emergency Planning[C]. Hemisphere Publishing Corp.

Lindell M K, Perry R W. 2000. Household adjustment to earthquake hazard: a review of research[J]. Environment and Behavior, 32(4): 461-501.

Lindell M K, Perry R W. 2004. Communicating environmental risk in multiethnic communities[J]. Thousand Oaks, CA:Sage.

Lindell M K, Perry R W. 2012. The protective action decision model: theoretical modifications and additional evidence[J]. Risk Analysis, 32(4): 616-632.

Lindell M K, Lu J C, Prater C S. 2005. Household decision making and evacuation in response to Hurricane Lili[J]. Natural Hazards Review, 6(4): 171-179.

Liu S, Huang J C, Brown G L. 1998. Information and risk perception: a dynamic adjustment process[J]. Risk Analysis, 18(6):689.

Mah D N Y, Hills P, Tao J. 2014. Risk perception, trust and public engagement in nuclear decision-making in Hong Kong[J]. Energy Policy, 73: 368-390.

Marks G, Von Winterfeldt D. 1984."Not in my back yard": influence of motivational concerns on judgments about a risky technology[J]. Journal of Applied Psychology, 69(3): 408-415.

Mcdaniels T L. 1988. Chernobyl's effects on the perceived risks of nuclear power: a small sample test[J]. Risk Analysis, 8(3): 457-461.

Mileti D S, Peek L. 2000. The social psychology of public response to warnings of a nuclear power plant accident[J]. Journal of Hazardous Materials, 75(2-3): 181-194.

Moore N. 2002. A Model of Social Information Need[J]. Journal of Information Science, 28(28): 297-304.

Müllerkalthoff T, Möller J. 2003. The effects of graphical overviews, prior knowledge, and self-concept on hypertext disorientation and learning achievement[J]. Journal of Educational Multimedia & Hypermedia, 12(2): 117-134.

NERC, 2010. High-impact, low-frequency event risk to the north american bulk power system[R/OL].NERC, Princeton, New Jersey, U.S.A. http//www.nerc.com/files/HILF-060210.pdf.

Nunnally J C. 1978. Psychometric Theory[M]. New York: McGraw-Hill.

O'Connor R E, Bard R J, Fisher A. 1999. Risk perceptions, general environmental beliefs, and willingness to address climate change[J]. Risk Analysis, 19(3):461-471.

Pantin H M, Schwartz S J, Prado G, et al. 2003. Posttraumatic stress disorder symptoms in hispanic immigrants after the september 11th attacks: severity and relationship to previous traumatic exposure[J]. Hispanic Journal of Behavioral Sciences, 25(1): 56-72.

Park C W, Mothersbaugh, D L, Feick L. 1994. Consumer knowledge assessment[J]. Journal of Consumer Research, 21(1):71-82.

Peacock W G, Brody S D, Highfield W. 2005. Hurricane risk perceptions among florida's single family homeowners[J]. Landscape & Urban Planning, 73(2-3): 120-135.

Perko T. 2011. Importance of risk communication during and after a nuclear accident[J].Integrated Environmental Assessment & Management, 7(3): 388-392.

Perry R W, Lindell M K. 2008. Volcanic risk perception and adjustment in a multi-hazard environment[J]. Journal of Volcanology and Geothermal Research, 172(3-4): 170-178.

Peters E M, Burraston B, Mertz C K. 2004. An emotion‐based model of risk perception and stigma susceptibility: Cognitive appraisals of emotion, affective reactivity, worldview, and risk perceptions in the generation of technological stigma[J]. Risk Analysis An Official Publication of the Society for Risk Analysis, 24(5): 1349-1367.

Pfefferbaum B, Jacobs A K, Houston J B. 2015. Children's disaster reactions: the influence of family and social factors[J]. Current Psychiatry Reports, 17(7):57.

Pidgeon N, Lorenzoni I, Poortinga W. 2008. Climate change or nuclear power— No thanks! A quantitative study of public perceptions and risk framing in Britain. [J]. Global Environal Change, 18 (1): 69-85.

Pieniak Z, Aertsens J, Verbeke W. 2010. Subjective and objective knowledge as determinants of organic vegetables consumption[J]. Food Quality and Preference, 21 (6): 581-588.

Power M. 2004. The Risk Management of Everything Rethinking the Politics of Uncertainty[M]. London: Demos.

Prati G, Zani B. 2013. The effect of the fukushima nuclear accident on risk perception, antinuclear behavioral intentions, attitude, trust, environmental beliefs, and values[J]. Environment and Behavior, 45(6):782-798.

Renn O. 2015. Stakeholder and public involvement in risk governance[J]. International Journal of Disaster Risk Science, 6(1): 8-20.

Renn O, Schweizer P J. 2009. Inclusive risk governance: concepts and application to environmental policy making[J]. Environmental Policy & Governance, 19(3): 174-185.

Rogers R W, Cacioppo J T, Petty R. 1983. Cognitive and Physiological Processes in Fear Appeals and Attitude Change: A Revised Theory of Protection Motivation[M].Social Psychology: A Sourcebook.

Ronis D L. 1992. Conditional health threats: Health beliefs, decisions, and behaviors among adults[J]. Health Psychology Official Journal of the Division of Health Psychology American Psychological Association, 11(2):127-134.

Schively C. 2007. Understanding the NIMBY and LULU phenomena: reassessing our knowledge base and informing future research[J]. Journal of Planning Literature, 21(3):255-266.

Scholz R, Siegrist M. 2010. Low risks, high public concern? The cases of persistent organic pollutants (POPs), heavy metals, and nanotech particles[J]. Human & Ecological Risk Assessment An International Journal, 16 (1):185-198.

Schuitema G, Anable J, Skippon S, et al. 2013. The role of instrumental, hedonic and symbolic attributes in the intention to adopt electric vehicles[J]. Transportation Research Part A, 48(2):39-49.

Seidl R, Moser C, Stauffacher M, et al. 2013. Perceived risk and benefit of nuclear waste repositories: four opinion clusters[J]. Risk Analysis, 33(6):1038-1048.

Shannon C E. 1948. A mathematical theory of communication[J]. Acm Sigmobile Mobile Computing & Communications Review, 27(3):379-423.

Shaw R, Kobayashi K S H, Kobayashi M. 2004. Linking experience, education, perception and earthquake preparedness[J]. Disaster Prevention & Management, 13(1): 39-49.

Shriver T E, Webb G R. 2009. Rethinking the scope of environmental injustice: perceptions of health hazards in a rural native American community exposed to carbon black[J]. Rural Sociology, 74(2):270-292.

Siegrist M. 2000. The influence of trust and perceptions of risks and benefits on the acceptance of gene technology[J]. Risk Analysis, 20(2): 95-204

Siegrist M. 2006. A causal model explaining the perception and acceptance of gene technology1[J]. Journal of Applied Social Psychology, 29(10): 2093-2106.

Siegrist M. 2007. Public acceptance of nanotechnology foods and food packaging: the influence of affect and trust[J]. Appetite, 49(2):459-466.

Siegrist M. 2010. Predicting the future: review of public perception studies of nanotechnology[J]. Human & Ecological Risk Assessment, 16(4): 837-846.

Siegrist M, Visschers V H M. 2013. Acceptance of nuclear power: the Fukushima effect[J]. Energy Policy, 59:112-119.

Siegrist M, Connor M, Keller C. 2012. Trust, confidence, procedural fairness, outcome fairness, moral conviction, and the acceptance of GM field experiments[J]. Risk Analysis, 32(8):1394-1403.

Siegrist M, Earle T C, Gutscher H. 2003. Test of a trust and confidence model in the applied context of electromagnetic field (EMF) risks[J]. Risk Analysis, 23(4): 705-716.

Siegrist M, Sutterlin B, Keller C. 2014. Why have some people changed their attitudes toward nuclear power after the accident in Fukushima? [J]. Energy Policy, 69:356-363.

Simonson I, Huber J, Payne J. 1988. The relationship between prior brand knowledge and information acquisition order[J]. Journal of Consumer Research, 14(4): 566-578.

Sjöberg L, Drottz-Sjöberg B M. 1991. Knowledge and risk perception among nuclear power plant employees[J]. Risk Analysis An Official Publication of the Society for Risk Analysis, 11(4):607-618.

Sjöberg L. 2004. Principles of risk perception applied to gene technology[J]. Embo Reports, 5(S1):47-51.

Sjöberg L. 1998. Risk perception: Experts and the public[J]. European Psychologist, 3(1): 1-12.

Sjöberg L. 1999. Risk perception in Western Europe[J]. Ambio, 28(6): 543-549.

Skov T, Cordtz T, Jensen L K, et al. 1991. Modifications of health behaviour in response to air pollution notifications in copenhagen[J]. Social Science & Medicine, 33(5): 621.

Slovic P, Fischhoff B, Lichtenstein S. 1980. Facts and Fears: Understanding Perceived[M]. Slovic, P., Fischhoff, B., & Lichtenstein, S. (1980). Facts and Fears: Understanding Perceived Risk. Societal Risk Assessment. Springer US.

Slovic P, B Fischhoff A, Lichtenstein S. 2003. Behavioral Decision Theory[J]. Annual Review of Psychology,

28(1):1-39.

Slovic P. 1999. Trust, emotion, sex, politics, and science: Surveying the risk-assessment battlefield[J]. Risk Analysis, 19(4): 689-701.

Slovic P. 1978. Perception of risk[J]. Science, 236(3): 112-112.

Slovic P. 1992. Perceptions of risk: reflections on the psychometric paradigm[J].Social Theories of Risk, Praeger, 236(3): 112.

Slovic P, Finucane M L, Peters E, et al. 2004. Risk as analysis and risk as feeling: some thoughts about affect, reason, risk, and rationality[J]. Risk Analysis, 24(2):311-322.

Smerecnik C M R, Mesters I, Candel M J J M, et al. 2012. Risk perception and information processing: the development and validation of a questionnaire to assess self-reported information processing[J]. Risk Analysis, 32(1): 54-66.

Sorensen J H. 2000. Hazard warning systems: review of 20 years of progress[J]. Natural Hazards Review, 1(2):119-125.

Spielberger C D. 1972. Conceptual and Methodological Issues in Anxiety Research. [M]. Anxiety, Elsevier Ltd.

Stoutenborough J W, Sturgess S G, Vedlitz A. 2013. Knowledge, risk, and policy support: public perceptions of nuclear power[J]. Energy Policy, 62:176-184.

Sun C W, Lyu N, Ouyang X L. 2014. Chinese public willingness to pay to avoid having nuclear power plants in the neighborhood[J]. Sustainability, 6(10): 7197-7223.

Sun C W, Zhu X. 2014. Evaluating the public perceptions of nuclear power in China: evidence from a contingent valuation survey[J]. Energy Policy, 69: 397-405.

Tateno S, Yokoyama H M. 2013. Public anxiety, trust, and the role of mediators in communicating risk of exposure to low dose radiation after the Fukushima Daiichi Nuclear Plant explosion[J]. Journal of Science Communication, 12(2):1-22.

Taylor M R. 2012. Review and evaluation of research literature on public nuclear risk perception and implications for communication strategies[R]. University of Western Sydney, Penrith, New South Wales.

Ter Huurne E F J. 2008 . The theoretical and empirical development of FRIS: A framework of risk information seeking[J]. Revista Brasileira De Ensino De Física, 26(1):1-10.

Ter Huurne E F J, Gutteling J. 2008. Information needs and risk perception as predictors of risk information seeking[J]. Journal of Risk Research, 11(7): 847-862.

Terpstra T, Lindell K, Gutteling J M. 2009. Does communicating (flood) risk affect (flood) risk perceptions? Results of a quasi-experimental study[J]. Risk Analysis, 9: 1141-1155.

Terpstra T, Lindell M K. 2012. Citizens' perceptions of flood hazard adjustments: an application of the protective action decision model[J]. Environment and Behavior, 45(8): 993-1018.

Trettin L, Musham C. 2000. Is trust a realistic goal of environmental risk communication? [J]. Environment and Behavior, 32(3): 410-426.

Trumbo C W, Mccomas K A. 2003. The function of credibility in information processing for risk perception[J]. Risk Analysis, 23(2): 343-353.

Trumbo C W. 1999. Heuristic-systematic information processing and risk judgment[J]. Risk Analysis, 19:391-400.

Trumbo C W. 2002. Information processing and risk perception: an adaptation of the heuristic-systematic model[J].

Journal of Communication, 52:367-382.

Valentine S, Sovacool B. 2010. The socio-political economy of nuclear power development in Japan and South Korea[J]. Energy Policy, 38 (12): 7971-7979.

Van der Horst D. 2007. NIMBY or not? Exploring the relevance of location and the politics of voiced opinions in renewable energy siting controversies[J]. Energy Policy, 35(5): 2705-2714.

Van Kleef E, Fischer A R H, Khan M, et al. 2010. Risk and benefit perceptions of mobile phone and base station technology in bangladesh[J]. Risk Analysis, 30(6): 1002-1015.

Vasterman P, Yzermans C J, Dirkzwager A J E. 2005. The role of the media and media hypes in the aftermath of disasters[J]. Epidemiologic Reviews, 27(1): 107-114.

Venables D, Pidgeon N, Simmons P, et al. 2009. Living with nuclear power: a Q-method study of local community risk perceptions. [J]. Risk Analysis, 29(8):1089-1104.

Venables D, Pidgeon N F, Parkhill K A, et al. 2012. Living with nuclear power: Sense of place, proximity, and risk perceptions in local host communities[J]. Journal of Environmental Psychology, 32 (4): 371-383.

Visschers V H M, Siegrist M. 2013. How a nuclear power plant accident influences acceptance of nuclear power: results of a longitudinal study before and after the Fukushima disaster[J]. Risk Analysis, 33(2): 333-347.

Visschers V H M, Wallquist L. 2013. Nuclear power before and after Fukushima: the relations between acceptance, ambivalence and knowledge[J]. Journal of Environmental Psychology, 36: 77-86.

Visschers V H M, Keller C, Siegrist M. 2011. Climate change benefits and energy supply benefits as determinants of acceptance of nuclear power stations: investigating an explanatory model[J]. Energy Policy, 39(6): 3621-3629.

Wang M Z, Huang S Y, Liu Y, et al. 2015. Study on Strategy of Public Risk Communication in Nuclear Power Field Based on Markov Process[J]. Atomic Energy Science & Technology, 49(B05):455-460.

Wachinger G, Renn O, Begg C, et al. 2013. The risk perception paradox—Implications for governance and communication of natural hazards[J]. Risk Analysis, 33(6): 1049-1065.

Wallquist L, Visschers V H M, Siegrist M. 2010. Impact of knowledge and misconceptions on benefit and risk perception of CCS[J]. Environmental Science & Technology, 44(17): 6557-6562.

Wallquist L, Visschers V H M, Dohle S, et al. 2012. The role of convictions and trust for public protest potential in the case of carbon dioxide capture and storage (CCS) [J]. Human & Ecological Risk Assessment, volume, 18(18): 919-932.

Wang S, Fan J, Zhao D, et al. 2014. Predicting consumers' intention to adopt hybrid electric vehicles: using an extended version of the theory of planned behavior model [J]. Transportation, 43(1):123-143.

Wang Q, Chen X. 2012. Regulatory transparency-How China can learn from Japan's nuclear regulatory failures?[J]. Renewable & Sustainable Energy Reviews, 16(6):3574-3578.

Weber O, Scholz R W, Bühlmann R, et al. 2001. Risk perception of heavy metal soil contamination and attitudes toward decontamination strategies[J]. Risk Analysis, 21(5): 967.

Wei J, Zhao D, Liang L. 2009. Estimating the growth models of news stories on disasters[J]. Journal of the American Society for Information Science & Technology, 60(9):1741-1755.

Wei J, Wang F, Lindell M K. 2015a. The evolution of stakeholders' perceptions of disaster: a model of information flow[J]. Journal of the Association for Information Science & Technology, 67(2):441-453.

Wei J, Wang F, Zhao D. 2012. A risk perception model: simulating public response to news reports in China[J]. Information Research, 17(2):411-436.

Wei J, Zhao M, Wang F, et al. 2015b. An empirical study of the volkswagen crisis in China: customers' information processing and behavioral intentions[J]. Risk Analysis, 36(1):114-129.

Wei J, Zhao M, Wang F, et al. 2016. The effects of firm actions on customers' responses to product recall crises: analyzing an automobile recall in China[J]. Journal of Risk Research, 19(4): 425-443.

Whitfield S C, Rosa E A, Dan A, et al. 2009. The future of nuclear power: value orientations and risk perception[J]. Risk Analysis, 29(3):425-437.

Whitmarsh L. 2009. Behavioural responses to climate change: asymmetry of intentions and impacts[J]. Journal of Environmental Psychology, 29(1):13-23.

Williams C K. 2012. Applying a Model of Risk Information Seeking to A Newly Discovered Drug Risk[D]. Atlanta: University of Georgia.

Wilson T D. 1999. Models in information behaviour research[J]. Journal of Documentation, 55(3): 249-270.

Wilson T D. 2000. Human Information Behavior[J]. Informing Science, 3(2):49-56.

Wolsink M. 2007. Wind power implementation: the nature of public attitudes: equity and fairness instead of 'backyard motives'[J]. Renewable & Sustainable Energy Reviews, 11(6): 1188-1207.

Wynne B. 2007. Public participation in science and technology: performing and obscuring a political-conceptual category mistake[J]. East Asian Science Technology & Society An International Journal, 1(1): 99-110.

Xiao N, Sharman R, Rao H R, et al. 2014. Factors influencing online health information search: an empirical analysis of a national cancer-related survey [J]. Decision Support Systems, 57(1): 417-427.

Yates J F, Stone E R. 1992. The risk construct[J]. Risk Taking Behavior, 1-25.

Yuan X, Zuo J, Ma R, et al. 2015. How would social acceptance affect nuclear power development? A study from China[J]. Journal of Cleaner Production, 163: 179-186.

Zavyalova A, Pfarrer M D, Reger R K, et al. 2012. Managing the message: the effects of firm actions and industry spillovers on media coverage following wrongdoing[J]. Academy of Management Journal, 55(5): 1079-1101.

Zeng J, Wei J, Zhao D, et al. 2017. Information-seeking intentions of residents regarding the risks of nuclear power plant: an empirical study in China[J]. Natural Hazards, 87(2): 739-755.

Zhang M, Liu G L. 2015. The effects of consumer's subjective and objective knowledge on perceptions and attitude towards genetically modified foods: objective knowledge as a determinant[J]. International Journal of Food Science and Technology, 50(5):1198-1205.

Zhao M, Zhao D, Wei J, et al. 2015. The effects of firm action messages on the information processing and risk perception of customers[J]. Risk Management, 2015, 17(4):205-225.

Zhu W, Wei J, Zhao D. 2016. Anti-nuclear behavioral intentions: the role of perceived knowledge, information processing, and risk perception[J]. Energy Policy, 88:168-177.

附　录

关于民用核设施建设认知的调查问卷

尊敬的先生/女士：

您好！

感谢您参与本次的问卷调查！本次主要调查公众对海阳民用核设施建设认知的具体情况。希望您能抽出宝贵的 10 分钟，请根据您的认知和理解如实填写问卷。您的选择对我们的研究非常重要。您的答案不存在对错之分，且匿名填写，并保证不对外公开，只作学术研究使用，请您放心如实填写。再次由衷地感谢您的积极配合！

——中国科学技术大学民用核设施研究组

第一部分　情景介绍

　　海阳核电站位于山东省海阳市（隶属烟台市）留格庄镇的原董家庄和原冷家庄，距离海阳市 22 公里，距离烟台市 93 公里，距离青岛市 107 公里。早在 1983 年，海阳核电站以优越的气候条件和地理位置入选为山东省的第一厂址，总投资一千亿元人民币，建设规划六台百万千瓦级的核电机组。2009 年 9 月，海阳核电站一期工程正式开工，采用先进的第三代核电技术——AP1000，建成两台压水堆核电机组，投资约四百亿元人民币，预计 2017 年并网发电。预计到 2020 年，六台机组全部建成后的海阳核电站将成为中国最大的核电站。海阳核电站的运行将会改善山东省的供电紧张的现状，促进海阳市乃至整个山东省地方经济的快速发展。

第二部分　调查题项

　　通过上述材料，请您根据个人的认知填写下列题目（在数字上打√或画○）。其中，数字 1 表示非常不同意，2 表示不同意，3 表示中立，4 表示同意，5 表示非常同意。

一、通过阅读背景信息，根据您个人认知填写下列题目：

您通过如下下列渠道获取关于海阳核电站建设信息的程度	非常少 ◄――► 非常多
本市、县电视台、广播和报刊	1　2　3　4　5
国家或省电视台、广播和报刊	1　2　3　4　5
地方政府网站	1　2　3　4　5
网络搜索（百度、搜搜等）	1　2　3　4　5
社交网络（QQ、微信、微博等）	1　2　3　4　5
主要新闻网站（搜狐、新浪等）	1　2　3　4　5
朋友、亲戚、邻居和同事	1　2　3　4　5
社区公告栏	1　2　3　4　5
您认为您能从下列渠道获取海阳核电站建设的准确信息吗？	非常不准确 ◄――► 非常准确
当地政府网站	1　2　3　4　5
社交媒体（如QQ、微信和微博）	1　2　3　4　5
个人（亲戚、朋友、邻居和同事）	1　2　3　4　5
您是否需要了解关于海阳核电站建设的信息？	完全不同意 ◄――► 完全同意
我需要了解更多关于海阳核电站建设的信息	1　2　3　4　5
我愿意了解更多关于海阳核电站建设进展的信息	1　2　3　4　5
我需要政府通过多种渠道（短信/政府通告/社区公告）发布关于海阳核电站建设的信息	1　2　3　4　5
您如何处理搜索到的海阳核电站的相关信息？	完全不同意 ◄――► 完全同意
我会思考自己可能会采取什么行动应对海阳核电站建设	1　2　3　4　5
我会思考海阳核电站信息与我知道的其他信息有什么关系	1　2　3　4　5
我会试着去思考海阳核电站信息对我日常生活的影响	1　2　3　4　5
您是否愿意搜寻关于海阳核电站建设的信息？	完全不同意 ◄――► 完全同意
我想去搜寻关于海阳核电站建设的信息	1　2　3　4　5
我必须搜寻关于海阳核电站建设的信息	1　2　3　4　5
我每天都会关注关于海阳核电站建设的最新信息	1　2　3　4　5
海阳核电站建设决策过程中，您对地方政府和核电企业的表现评价	完全不同意 ◄――► 完全同意
地方政府的原则 — 在建设核电站决策上能够为地方民众争取最大利益（如补偿）	1　2　3　4　5
核电企业	1　2　3　4　5
地方政府的原则 — 在建设核电站决策上较为公平，能够平衡各级政府、相关企业和地方民众等各方的利益	1　2　3　4　5
核电企业	1　2　3　4　5
地方政府的原则 — 能为民众及时提供有关核电站建设的各类信息	1　2　3　4　5
核电企业	1　2　3　4　5

续表

地方政府的原则	能够如实告知有关核电站建设的相关事实与进展	1	2	3	4	5
核电企业		1	2	3	4	5
地方政府的原则	具备管理好核能的专业知识和技术	1	2	3	4	5
核电企业		1	2	3	4	5
地方政府的原则	具备应对和解决核事故的各种能力	1	2	3	4	5
核电企业		1	2	3	4	5
您对核电站、核能、核事故的了解程度：		完全不同意 ←			→	完全同意
我了解核能发电的运行机制		1	2	3	4	5
我了解核辐射对人类健康的影响		1	2	3	4	5
我了解中国政府对核电站的监管制度和政策		1	2	3	4	5
我了解以往核事故的详细内容		1	2	3	4	5
您对海阳核电站建设的风险认识		完全不同意 ←			→	完全同意
核电站的建设对附近居民的健康和生命存在较大的威胁		1	2	3	4	5
核电站建设过程中可能会对周边环境造成污染		1	2	3	4	5
核电站的建设对后代的健康和生命存在较大的威胁		1	2	3	4	5
核电站运行后可能会发生造成重大健康和财产损失的核事故		1	2	3	4	5
海阳核电站带来的好处		完全不同意 ←			→	完全同意
核能发电比化石能源（石油、煤炭）发电会产生更低价、更多的电力		1	2	3	4	5
海阳核电站的建设能增加当地居民的经济补偿和就业机会		1	2	3	4	5
海阳核电站的建设能改善当地区域公共基础设施的配套		1	2	3	4	5
海阳核电站的建设能促进当地的经济增长		1	2	3	4	5
如果海阳核电站建在您家附近10公里内，您的心情会怎样？		完全不同意 ←			→	完全同意
担心		1	2	3	4	5
失望		1	2	3	4	5
生气		1	2	3	4	5
愤怒		1	2	3	4	5
海阳核电站建设过程中，您是否参与了下列活动？		完全不同意 ←			→	完全同意
被告知要建设海阳核电站		1	2	3	4	5
被告知海阳核电站的可能存在的风险		1	2	3	4	5
被邀请发表海阳核电站选址的意见		1	2	3	4	5
被邀请参与海阳核电站的环境影响评估		1	2	3	4	5
您对海阳核电站建设在您家附近持怎样的态度？		完全不同意 ←			→	完全同意

续表

我反对海阳核电站的建设在附近，因为它会污染周边环境	1	2	3	4	5
我反对海阳核电站的建设在附近，因为它会危害个人健康	1	2	3	4	5
如果要抵制建民用核设施，您认可下列哪些行为？	完全不同意 ←→ 完全同意				
公开发表反对建民用核设施的意见	1	2	3	4	5
签署反对建民用核设施的请愿书	1	2	3	4	5
到当地政府主管部门上访	1	2	3	4	5
参加游行示威等抗议活动	1	2	3	4	5

二、根据您个人行为习惯，填写下列题目：(1～3题，请圈出时间段)

1. 您通常（"通常"是指一周4次或4次以上）在什么时间段内观看当地的电视新闻？

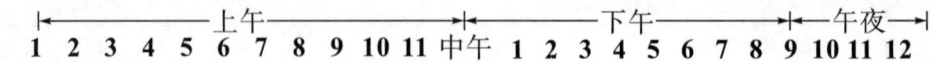

　　｜———上午———｜———下午———｜—午夜—｜
　　1 2 3 4 5 6 7 8 9 10 11 中午 1 2 3 4 5 6 7 8 9 10 11 12

2. 您通常(通常是指一周4次或4次以上)在什么时间段内阅读当地的新闻报纸或浏览地方新闻网站？

　　｜———上午———｜———下午———｜—午夜—｜
　　1 2 3 4 5 6 7 8 9 10 11 中午 1 2 3 4 5 6 7 8 9 10 11 12

3. 您通常(通常是指一周4次或4次以上)在什么时间段内浏览社交网络(QQ、微信、微博等)？

　　｜———上午———｜———下午———｜—午夜—｜
　　1 2 3 4 5 6 7 8 9 10 11 中午 1 2 3 4 5 6 7 8 9 10 11 12

4. 您常用的社交网络有＿＿＿＿＿＿(多选)
□新浪微博　　　□腾讯微博　　　□微信朋友圈　　　□豆瓣　　　□天涯
□网易或搜狐微博　　□QQ空间　　□境外社交网络(Facebook、twitter等)
□其他

5. 您登陆社交网络的频率是＿＿＿＿＿＿(单选)
□每天至少一次　　　□两三天一次　　　□基本一周一次
□不怎么用　　　□从不

6. 您每天登陆社交网络的时长大概是多少？＿＿＿＿＿＿(单选)
□30分钟以内　　□30～60分钟　　□1～2小时　　□2～4小时
□4小时以上

三、个人信息(单选或填空，匿名填写，绝不公开)

1. 您的性别：A. 男　　　　B. 女
2. 您的年龄是（　　）岁。
3. 您的教育程度是（　　）
A. 小学或以下　　　B. 初中　　　　C. 高中或大专　　　　D. 本科及以上
4. 您的家庭年收入是（　　）
A. 3 万元及以下　　　B. 3 万～6 万元　　C. 6 万～10 万元　　　D. 10 万元以上
5. 您的居住地与海阳核电站的厂址的距离有多远？（　　）
A. 5 公里以内　　　　　B. 5～10 公里　　　　C. 10～20 公里
D. 20～50 公里　　　　E. 50 公里以上

再次感谢您的支持与参与！祝您生活愉快！